Corel Draw 8 *Fx*

LUIS F. MONTALBÁN

Corel Draw 8

FX

PARANINFO

1998

Este libro se ha realizado íntegramente
con la versión 8 de Corel Draw

PARANINFO

© Editorial Paraninfo
ITP An International Thomson Publishing company
Magallanes, 25; 28015 Madrid ESPAÑA
Teléfono: 91 4463350 Fax: 91 4456218
(itesparaninfo.pedidos@mad.servicom.es)

Para más información:

ITE/LATIN AMERICA
Séneca, 53
Colonia Polanco
11560 México D.F. México
Tel: 525-281-2906 Fax: 525-281-2656
(ewinter @mail.internet.com.mx)

Puerto Rico/Caribbean/Venezuela
Michael Rabell, Senior Sales Rep.
268 Muñoz Rivera Ave,
Suite 510, 5th Floor
Hato Rey, PR 00918
Tel: 787 758 7580 Fax: 787 758 7573
(102154.1127 @compuserve.com)

América del Sur
Tel/Fax (562)5244688
e-mail Ldevore@ibm.net
Santiago CHILE
Tel/Fax (541)777-0960
e-mail sdeluque@ba.net
Buenos Aires, ARGENTINA

INTERNATIONAL THOMSON PUBLISHING
One Main Street, 6th Floor
Cambridge, MA 02142
Tel: 617 528 3104 Fax: 617 423 43 25

Directora Editorial: Mª Teresa Gómez-Mascaraque
Editora de Producción: Mónica Elvira

Impreso en España
Printed in Spain

ISBN: 84-283-2484-0

Depósito Legal: M-28.018-1998

(072/57/11)

Closas Orcoyen, S.L. Polígono Igarsa Naves 21-22-23 y 24. Paracuellos del Jarama (Madrid)

A Paloma...

...Tú siempre tù,
frágil, gentil,
enamorada de lo enamorado,
sueño que busca despertar,
Adiós del mar.
Cascada de fina dulzura,
volcán rugiente,...

por tu amor y paciencia ante tantas horas robadas.

Índice

1 Introducción

El porqué de este libro

Siempre he sido del pensar, que la mejor forma de conocer una aplicación al 99%, es con el trabajo día a día y llegar a dominarla es "piciándola" múltiples veces. Todos sabemos que el libro más completo sobre un programa es su manual original, pero como también sabemos todos "no hay quien los entienda", por eso nace este libro, con la humilde idea de que sea útil ante el primer contacto con esta nueva versión, o simplemente como guía de las mejoras que presenta.

El libro está dirigido tanto a los que se aventuran por primera vez ante el apasionante mundo del diseño gráfico, como aquellos profesionales que quieran conocer las nuevas mejoras de esta nueva versión.

Su finalidad es dar a conocer paso a paso el potencial de CorelDraw 8 para su utilización personal o profesional. Si en algún momento servimos de ayuda para aclarar dudas o como guía para plasmar su imaginación, habrá valido la pena todo el trabajo realizado.

CorelDraw 8

Antes del primer contacto con CorelDraw 8, cosa que me pasa siempre con las nuevas actualizaciones, me preguntaba si los buenos de sus programadores habrían conseguido introducir esas pequeñas modificaciones que buenamente crees que podrían mejorar cualquier programa, por ejemplo "por qué no ponen un acceso directo a tal cosa", "cuando van incluir esa opción que he visto en otro programa", "ójala pudiera hacer esto directamente...", etc.

Pues bien Corel, desde mi punto de vista, ha conseguido hacer realidad muchas de estas incógnitas con su versión 8, mejoras que hacen mucho más fácil dar forma a esas ideas que sólo antes veías en tu imaginación.

Cuando hablamos de CorelDraw nos estamos refiriendo a uno de los más completos programas de diseño gráfico profesional, que existe en el mercado actualmente. Tras sus constantes renovaciones, la *firma* Corel ha conseguido un producto de altísima calidad, con el que es, casi posible, hacer todo lo que seas capaz de imaginar.

CorelDraw es un programa de dibujo vectorial, que se caracteriza por su gran versatilidad y facilidad de manejo, podrás realizar cualquier clase de dibujo, basándote en objetos; líneas, cuadrados, círculos, polígonos regulares e irregulares, cuadrículas, espirales, definiendo su contorno y su relleno.

Cada objeto puede ser una unidad particular o formar parte de un diseño complejo, desde el más simple al más complicado, desde dibujo humorístico hasta el más elaborado dibujo técnico, podrás interrelacionar dibujos, fotografías, diseños 3D, gráficos avanzados, textos de cualquier tipo y en resumen todo lo que seas capaz de diseñar, y una vez terminado, publicarlo en cualquier formato, incluido Internet.

¿Cómo lo hemos organizado?

Hemos creído que la mejor forma de conocer el enorme potencial de CorelDraw 8 es con la práctica, con lo cual, este libro está estructurado de una forma gradual, es decir, empezando por la base del dibujo, hasta llegar al diseño gráfico avanzado.

Los capítulos estarán divididos por trabajos que algunas veces se relacionarán entre sí para ver las posibilidades de la aplicación. Opciones que en el diseño puntual no se utilizan, como puede ser la grabadora de comandos, interrelación entre aplicaciones diferentes de Corel incluidas en esta versión, etc., y que pueden hacer que el trabajo sea mucho más fluido.

Por supuesto usted podrá seguir los diseños que vamos a realizar paso a paso o crear sus propios diseños aplicando las múltiples opciones que iremos viendo, de cualquier forma le recomendamos, que si es la primera vez que se enfrenta a CorelDraw siga la secuencias de los diferentes capítulos.

Convencionalismos

A lo largo de este libro y para que el texto sea más fluido evitando reiteraciones vamos a mostrar cómo haremos referencia a eventos o cadena de eventos que se repiten constantemente:

A la acción de utilizar el ratón con su botón izquierdo lo llamaremos "Clic"; con el botón derecho "**Clic**, negritas", esto significa que si leyese "Clic, Clic" usted deberá apretar dos veces el botón izquierdo del ratón. La manifestación del ratón en pantalla, puntero, se hará a través del símbolo ↗. Para seleccionar una opción determinada que esté dentro de un submenú la cadena se marcaría con el símbolo ⇨.

Por lo que una cadena de comandos, quedaría de la siguiente forma:

⇨ ORGANIZAR ⇨ TRANSFORMAR ⇨ ROTAR

que significaría hacer clic en el *menú organizar*, seleccionar "clic" *transformar* y seleccionar "clic" la acción *rotar*, esta acción abriría la *persiana transformar* donde podríamos cambiar los parámetros necesarios y aplicar la acción a un objeto determinado.

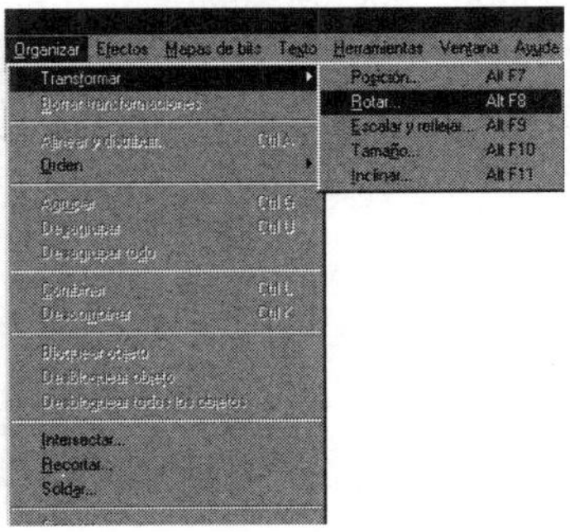

Primer contacto con CorelDraw 8

La pantalla de inicio de Corel 8 que vemos a continuación tiene la virtud de que todas las herramientas, sus componentes, variantes, ect., estarán siempre a mano, pudiéndola personificar hasta el mínimo detalle con lo cual se acomodará a nuestras necesidades.

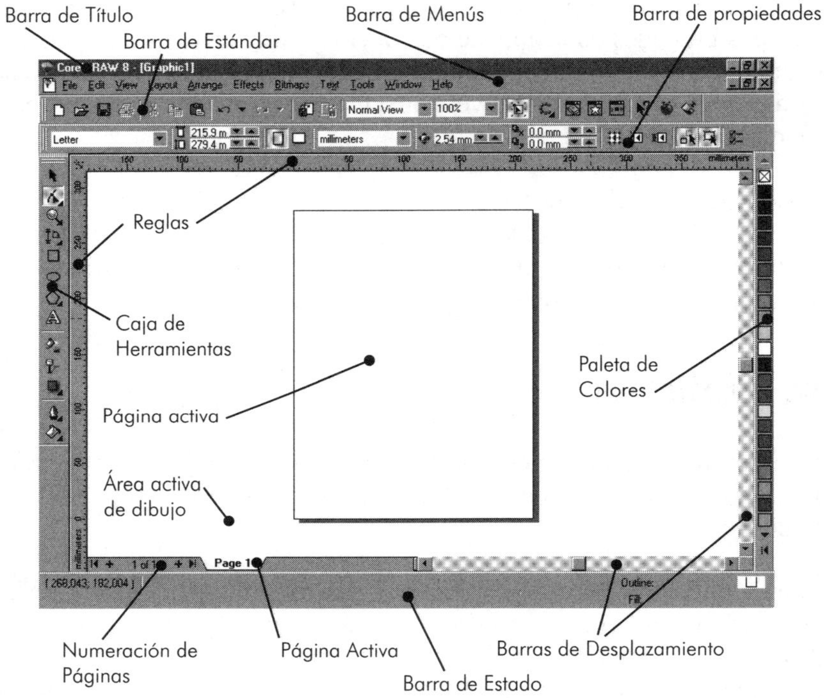

Con un **Clic** encima de cualquiera de las barras, aparecerá un menú contextual en el que podremos activar o desactivar cualquiera de los elementos que Corel 8 nos muestra por defecto, si lo que deseamos es cambiar su forma, localización..., sólo tendremos que hacer clic en la barra deseada y arrastrarla hasta su nueva ubicación.

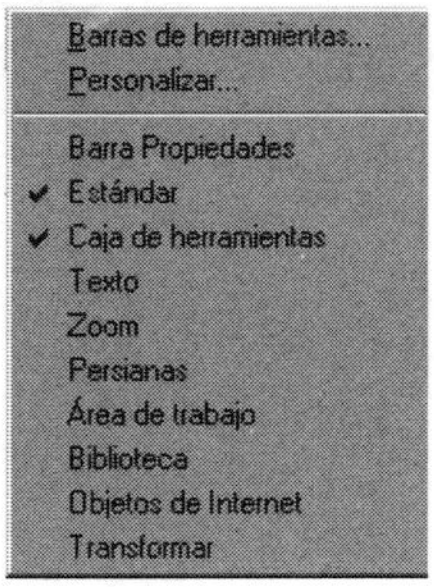

También podremos cambiar la estructura de menús, persianas, barra de herramientas, paleta de colores, etc., en resumen personalizar totalmente el programa.

Es recomendable no empezar a hacer cambios en la primera sesión, ya tendrá tiempo más adelante, cuando sus necesidades particulares hagan que necesite incluir una determinada acción que se repite constantemente y que Corel no da por defecto.

Como veremos en las siguientes páginas los cambios que se pueden hacer en el aspecto de Corel 8 son múltiples con lo que si usted en un determinado momento, se perdiera, entre comillas, por los cambios realizados no dude en volver a instalar esta versión pues es la forma más rápida y segura de dejar todo como estaba.

Personalización de elementos

Haga **clic** ➪ BARRA DE HERRAMIENTAS ➪ PERSONALIZAR, se abrirá la pantalla *Opciones* en la que podremos cambiar y personalizar Corel 8.

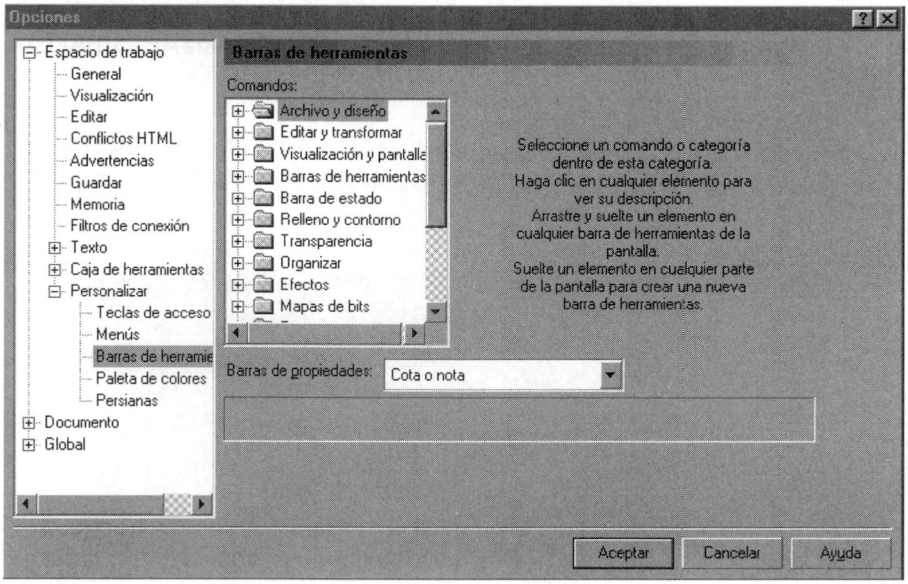

Como ejemplo vamos a incluir en la barra *Estándar* un icono con el que podamos acceder directamente a un nuevo documento con plantilla:

➪ ESPACIO DE TRABAJO ➪ PERSONALIZAR ➪ BARRAS DE HERRAMIENTAS

Se abrirá un cuadro de diálogo en el que;

➪ ARCHIVO Y DISEÑO ➪ ARCHIVO ➪ NUEVO CON PLANTILLA...,

haciendo clic y arrastrando el icono que se ha activado hasta la barra estándar lo soltaremos encima de ésta, en la posición que queramos que aparezca.

Si en un determinado momento queremos que este nuevo icono desaparezca sólo tendremos que seleccionarlo y arrastrarlo fuera de la barra donde esta ubicado, al igual que cualquier otro que ya estuviese en la barra anteriormente, para hacer que volviese a aparecer el icono deberá seguir de nuevo los pasos descritos anteriormente.

Otro ejemplo sería cambiar el formato de la paleta de colores. Algunas veces resulta incómodo a la hora de elegir un color tener que buscar o desplegar la paleta, flechas inferiores de la misma, con lo cual casi siempre se elige en un primer momento, un color, entre los que están visibles que ya se cambiará más adelante por otra tonalidad o color.

Como hemos hecho anteriormente hacemos **clic** en la barra de herramienta;

➪ PERSONALIZAR ➪ ESPACIO DE TRABAJO ➪ PERSONALIZAR ➪ PALETA DE COLORES

Y en la sección, *Número máximo de filas al estar acoplada*, teclearemos "4" por ejemplo, que es el número necesario para ver completa la paleta de colores, que Corel trae por defecto.

La Barra de propiedades

Sin duda podemos decir que cuando Corel pensó en esta barra lo hizo simplemente para facilitar el trabajo. La barra de propiedades que presenta Corel 8 es totalmente interactiva, esto significa que si seleccionamos una herramienta esta barra cambiará mostrándonos todas las características de la herramienta seleccionada, con lo que podremos modificar la misma sin tener que navegar por menús y submenús, y al igual que la barra *Estándar* puede modificarse para adecuarla totalmente a nuestras necesidades.

Los Menús

Al igual que sucede con las barras de elementos, los menús en Corel 8 se pueden personalizar, tanto los normales como los contextuales, es decir aquéllos que se activan con el botón derecho del ratón, veamos un ejemplo, supongamos que tenemos que hacer repetidas veces operaciones que en su forma normal, nos harían navegar por menús y submenús y opciones, con lo fácil que sería tener esas opciones al alcance en un solo menú, pues bien con Corel 8 es posible, veámoslo. Abra la pantalla opciones.

⇨ ESPACIO DE TRABAJO ⇨PERSONALIZAR ⇨ MENÚS.

Aquí seleccionamos *Añadir menú*, escribimos el nombre del nuevo menú, lo seleccionamos haciendo doble clic, después vamos buscando las acciones que queremos que integren este menú a través de la lista paralela de *Comandos,* por ejemplo editar texto; en la lista de comandos seleccionaríamos;

⇨ TEXTO ⇨ FORMATO DE TEXTO ⇨ EDITAR TEXTO,

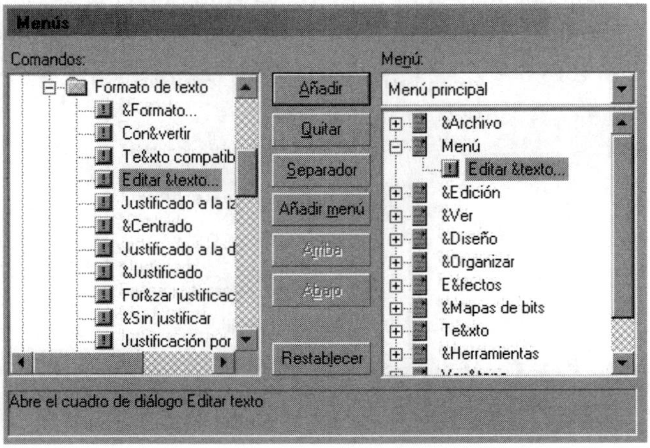

hacemos clic en *Añadir* para incluirlo en nuestro nuevo menú, si cerrásemos la pantalla *Opciones,* con un clic en *aceptar* veríamos que en la barra de menús nos ha aparecido el nuevo menú con el comando elegido. De esta forma podríamos ir añadiendo a nuestro menú todas las acciones que quisiéramos con la ventaja de tenerlas todas reunidas en un solo menú, esto que parece una reiteración de menús toma cuerpo cuando trabajas horas y horas con un programa informático con lo que al final, puede ser una ayuda muy interesante.

Los Accesos Directos

Como toda aplicación que se precie Corel 8 tiene accesos rápidos, éstos son utilizables a través del teclado.

Los accesos directos, una vez que se dominan, pueden resultar mucho más rápidos que la búsqueda por ratón y aunque muchos de estos accesos son de muy alta ayuda éstos se pueden eliminar, modificar y añadir nuevos, para hacer su utilización mucho más efectiva.

Abra la pantalla *Opciones:*

➪ ESPACIO DE TRABAJO ➪ PERSONALIZAR ➪ TECLA DE ACCESO RÁPIDO,

en la lista de comandos seleccione el que quiere cambiar, por ejemplo,

➪ TEXTO ➪ FORMATO DE TEXTO ➪ EDITAR TEXTO ...

en la ventana *Teclas de acceso directo actuales* nos aparecerá la actual combinación de teclas, en este caso -Ctrl Mayús T-, para realizar el cambio, teclearemos la nueva combinación en la ventana "*Presione nueva tecla de acceso directo*", por ejemplo "Control 1". En la ventana aparecerá -Ctrl 1-, ya sólo queda hacer clic en *Asignar* seleccionar en la ventana "*Teclas de acceso directo actuales*", la anterior combinación y hacer clic en *Eliminar* para borrarla y aceptar, con lo que el cambio queda realizado.

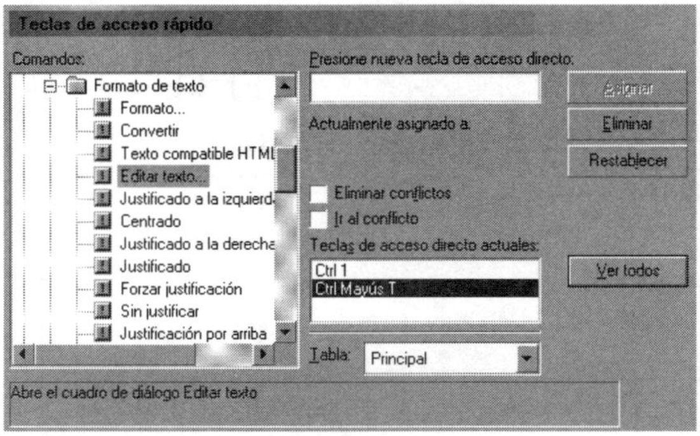

A través la pantalla *Opciones* podemos ver una lista completa de las combinaciones actuales de teclas, que en su mayoría también están presentes al desplegar los diferentes menús. Esta lista se muestra haciendo clic en el botón *Ver todos.*

La Caja de Herramienta

La caja de herramienta es un conjunto de iconos, que proporcionan un acceso rápido y fácil a las herramientas más utilizadas.

Al igual que las *barras* anteriormente descritas, la *Caja de herramientas* también se puede personalizar, la forma de efectuar estos cambios es similar a los anteriores; se pueden agregar y eliminar sus iconos; se puede cambiar su aspecto y posición así como crear nuevas cajas personalizadas.

La *barra de herramientas* contiene *subcajas*, conjunto de iconos desplegables, que nos permiten acceder a nuevos iconos-herramientas. Estas subcajas se despliegan desde los iconos que en su esquina inferior derecha, contengan un triángulo negro.

A continuación vemos un despliegue total de esta *caja,* la descripción de cada herramienta, sus características se verán en los siguientes capítulos según las vayamos utilizando.

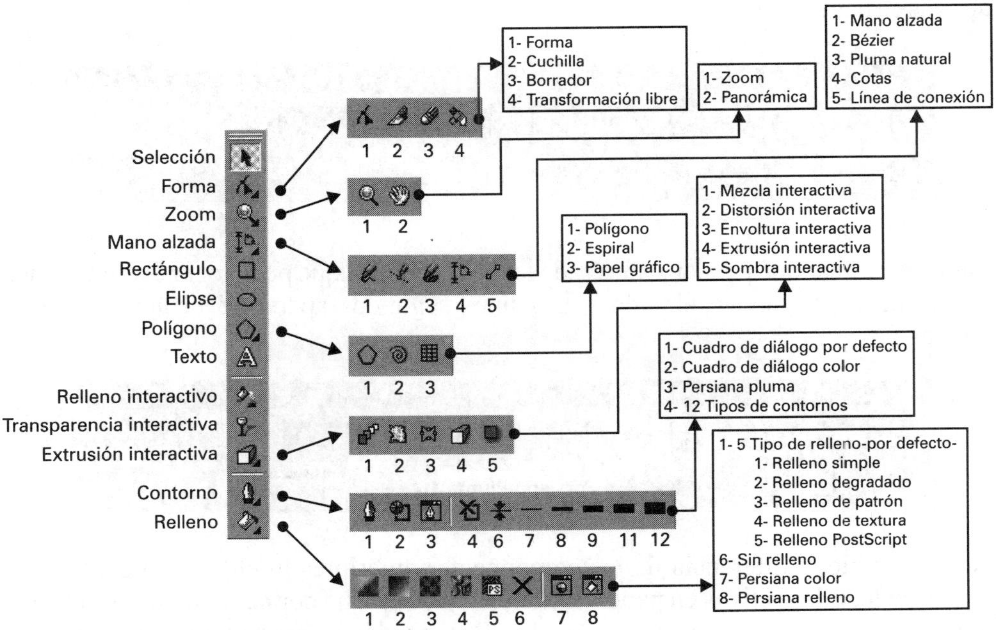

Las Persianas

Las persianas son menús que van ligados a comandos de dibujo, siendo una de las ayudas más importantes de Corel, ya que nos permitirán cambiar y modificar las características de las herramientas. Las persianas se pueden abrir a través de los menús específicos o haciendo **clic** sobre la *caja de herramienta* y eligiendo *Persianas* en el menú contextual.

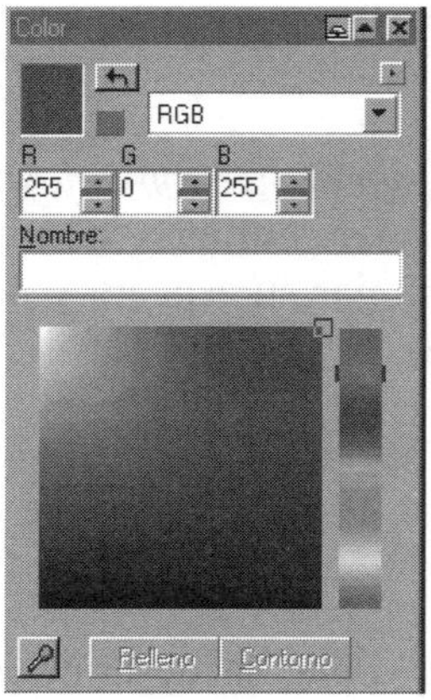

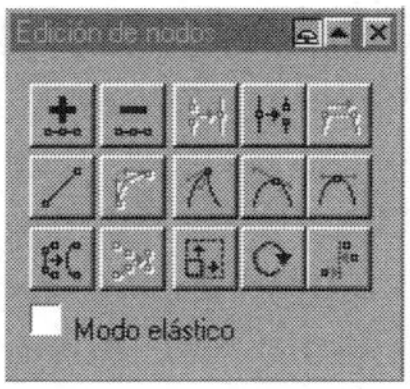

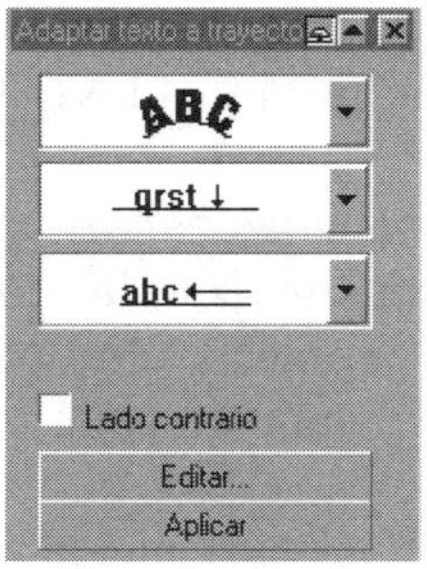

Ejemplos de persianas

Se abrirá la barra de persianas en la cual podremos elegir aquéllas que queremos tener activas en pantalla.

Para determinar qué persiana abre cada icono, sólo tiene que posicionar el puntero del ratón encima del icono elegido y tras unos segundos aparecerá el nombre de la persiana.

No es posible, a diferencia de los componentes anteriores modificar su contenido, pero sí el tenerlas activas en pantalla, por ejemplo, las que por necesidades del diseño tengamos que utilizar más a menudo. Las persianas se pueden tener activas constantemente o solamente en el momento de variar alguna de sus características con lo que una vez hecho el cambio desaparecerá de pantalla. Esto sólo depende del espacio físico que nos quede para ver el trabajo que estamos realizando, o el gusto de cada cual.

Grupos de persianas

Corel trae por defecto grupos predefinidos que podremos variar, eliminando o añadiendo nuevas persianas.

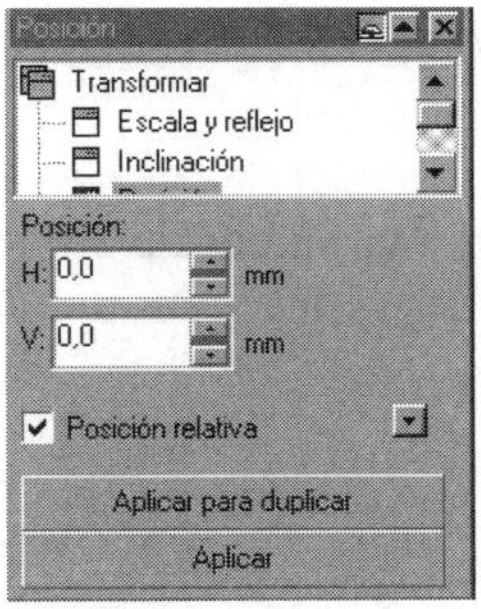

Grupo Transformar

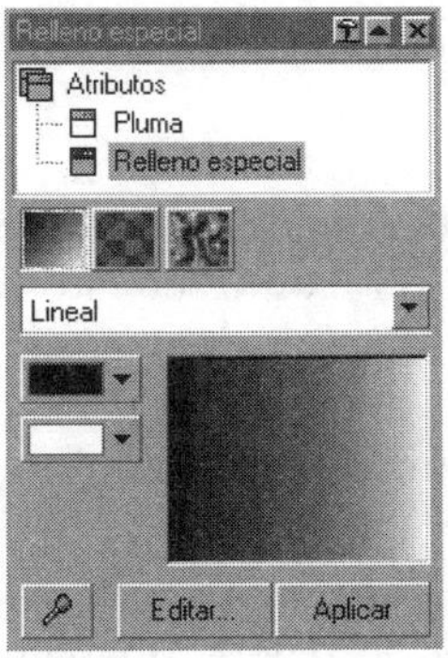

Grupo Atributos

Grupo Efectos

Ejemplos de Grupos de persianas

Lo que si podemos diseñar son grupos de persianas. Veámoslo. A través de un **clic** en la barra de herramientas abrimos la pantalla *Opciones*;

⇨ ESPACIO DE TRABAJO ⇨ PERSONALIZAR ⇨ PERSIANAS,

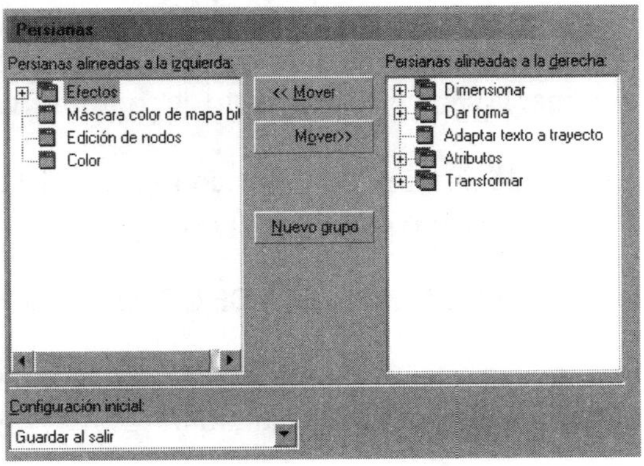

En el cuadro de diálogo que se ha abierto vemos los grupos actuales, que se alinean, una vez abiertas en pantalla, a derecha e izquierda.

Para crear un nuevo grupo haremos clic en el botón *Nuevo grupo* y escribimos el nombre que lo definirá, de los demás grupos o persianas independientes, tanto de un lado como del otro buscaremos las que queremos que estén incluidas en el nuevo grupo, seleccionándolas y arrastrándolas hasta el icono de nuestro nuevo grupo.

También se puede realizar, a través de la pantalla normal de Corel, la separación de una persiana específica del resto de un grupo. Para ello sólo tenemos que seleccionar la persiana elegida del grupo de persianas y arrastrarla fuera del mismo, la persiana quedará activa mientras podemos cerrar el grupo completo.

La Paleta de Color

La paleta de color es un acceso rápido a la elección de colores para su utilización en rellenos y contornos.

Como ya hemos explicado en personalización de elementos la paleta de colores es redefinible tanto en su posición como en su forma, pero también puede ser modificable en su contexto.

Esto significa que podemos eliminar y añadir colores, cambiarlos de lugar, modificar el sistema de color, etc.

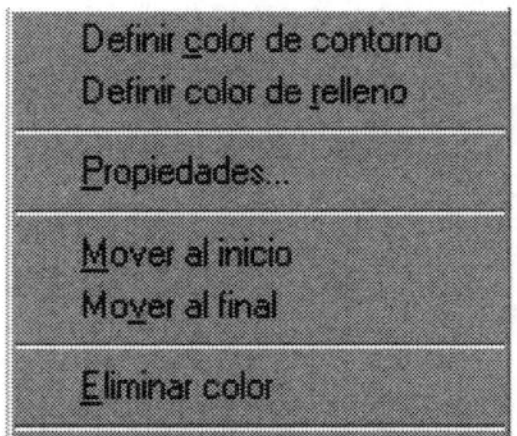

Si hacemos **clic** en el borde de la paleta, aparecerá un menú contextual en el cual podremos, definir tanto el color de contorno como el de relleno, utilizable por defecto para aplicar a nuevos objetos, personalizar la paleta, seleccionar el tramo de paleta que queremos que se visualice en pantalla, eliminar un color determinado y abrir o guardar una determinada paleta de colores.

Una vez seleccionado un objeto, la aplicación del color de contorno o de relleno será tan fácil como hacer clic para seleccionar un relleno o **clic** para un contorno encima del color elegido. Si hacemos esta misma operación en el primer recuadro marcado con una cruz, esto significará que al objeto le queremos eliminar la característica tanto de contorno, clic, como del relleno, **clic.**

El tipo de sistema de color con el que deseamos trabajar habitualmente se puede seleccionar a través del menú *Ver,*

⇨ VER ⇨ PALETA DE COLOR ⇨ ..."PALETA ELEGIDA"

Con lo que conseguiremos que ésta se muestre de forma permanente en la paleta activa que se muestra en pantalla.

El Sistema de Color

Hay que tener en cuenta que la selección de una paleta de color no dependerá de lo llamativos que sean los colores que compongan dicha paleta sino del sistema de color en la que ésta esté basada.

CorelDraw incluye diversas paletas de colores basadas a su vez en diferentes sistemas de color y que serán elegidas según la aplicación que queramos darle al diseño realizado.

Así por ejemplo si nuestro diseño va a tener una aplicación impresa la paleta a elegir sería *Colores Uniformes* ya que utiliza el sistema de color "CMYK", que es uno de los utilizados en imprenta, pero si nuestro diseño va a tener una utilización electrónica, por ejemplo su edición en Internet, la paleta a elegir podría ser *Microsoft Internet Explorer,* ya que esta paleta se basa en el sistema de color "RGB", que es el utilizado para diseño electrónico, (Internet, Libros electrónicos, etc.).

A continuación veremos una lista de las paletas que incluye CorelDraw y sus respectivos sistemas de color.

PALETA	SISTEMA
Colores personalizados	CMYK
Colores uniformes	RGB
Colores PANTONE MATCHING SYSTEM	CMYK
Colores de cuatricomia PANTONE	CMYK
Colores TRUMATCH	CMYK
Netscape Navigator ™	RGB
Microsoft Internet Explorer	RGB
Colores FOCOLTONE	CMYK
PANTONE HEXACHROME ™	YOMCGK
Colores USERINKS	RGB
Colores SpectraMaster	Lab
TOYO COLOR FINDER	CMYK
Colores DIC	CMYK
Colores Lab	Lab

La Persiana Color

Esta persiana es un gestor de color en la que podremos crear nuestras propias paletas incluyendo colores personalizados, pudiendo gestionar el color a través de paletas o de modos de color.

Los colores pueden estar basados en *modos de color*, la persiana color nos muestra los diferentes tipos de *modos*.

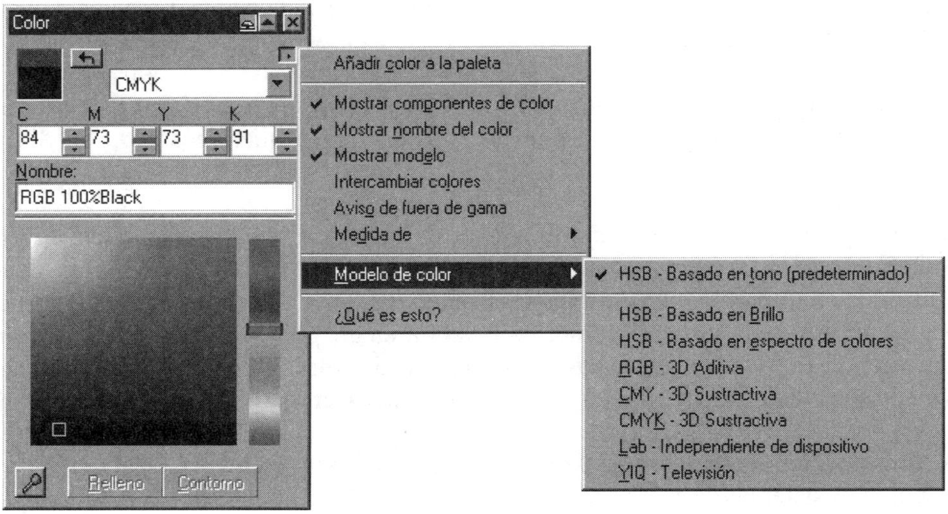

En la ventana modo de color podemos elegir el deseado.

Del mismo modo si en esta ventana seleccionamos paleta, se activará un menú donde podremos elegir la deseada.

Según el modo de color que tengamos seleccionado en la ventana *modo* podemos abrir menús para la modificación, tanto de sus componentes, como de las características de los mismos.

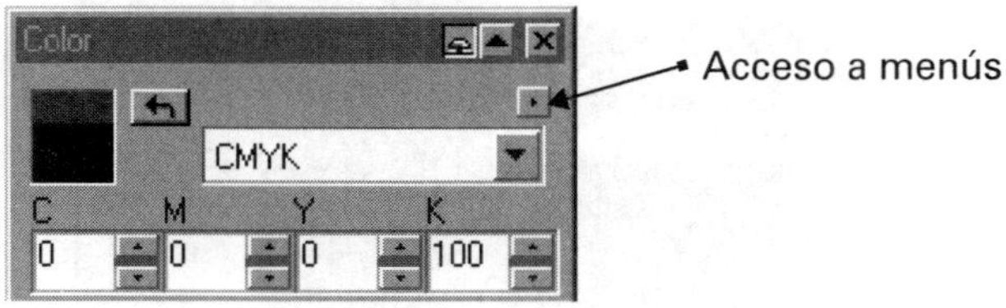

Por ejemplo, si quisiéramos incluir un nuevo color en la paleta *Colores personalizados* seguiríamos los siguientes pasos:

1º - Definimos el nuevo color dándole los valores necesarios.

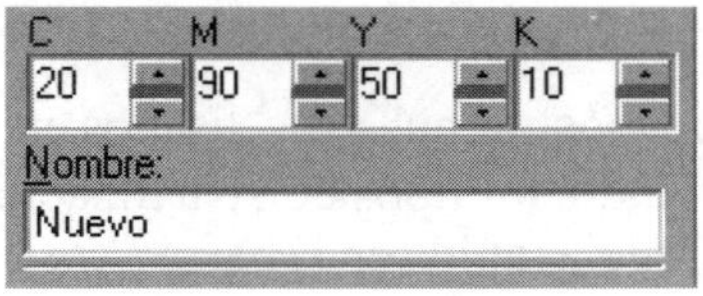

2º - Abrimos el menú lateral y seleccionamos *Añadir color a paleta.*

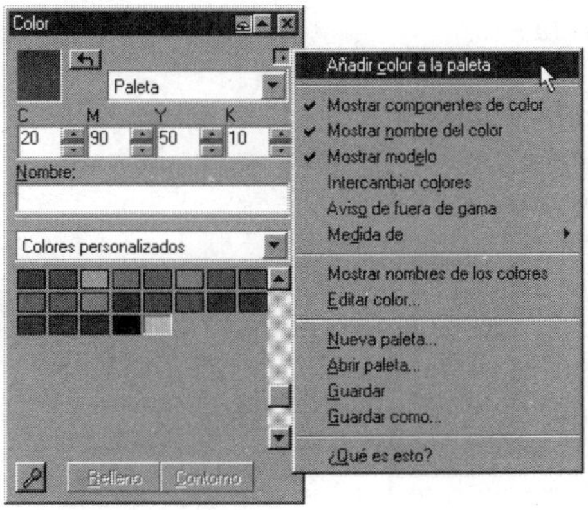

Nuestro nuevo color se incluye automáticamente en la paleta seleccionada, pudiendo seleccionarlo para su utilización, pero no pertenece a ella. Para que el nuevo color pertenezca a la paleta y así poderlo utilizar en nuevas sesiones sin tener que volverlo a crear, debemos guardar la paleta modificada.

3º - En el menú lateral seleccionamos *Guardar* si queremos que la paleta conserve su nombre inicial o *Guardar como* si deseamos no modificar la paleta inicial creando de este modo una paleta diferente.

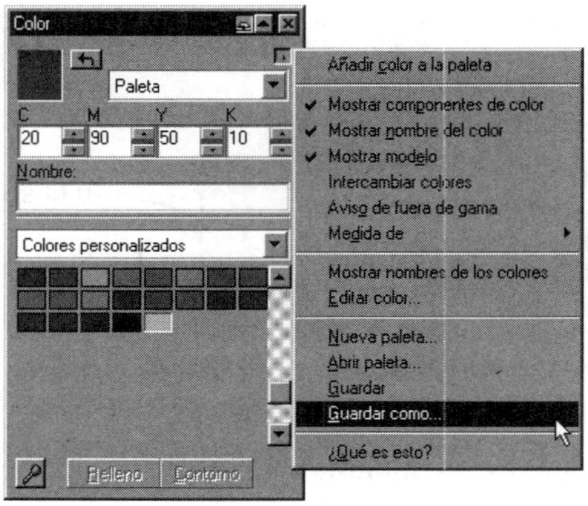

Visualización

La calidad con la que Corel nos puede mostrar nuestros diseños en pantalla dependerá del tipo de trabajo que estemos realizando, los tipos de visualización son cinco, que se muestran en el menú *ver* o como referencia rápida en la barra *Estándar*.

Líneas de dibujo simple, este modo nos mostrará el dibujo base, con lo cual ocultará extrusiones, pasos intermedios de una mezcla, etc.

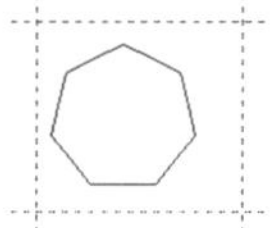

Líneas de dibujo, oculta todos los tipos de rellenos y atributos de pluma, esta forma es la más indicada para modificar nodos o contornos.

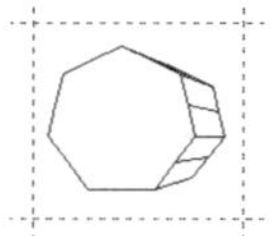

Visualización borrador, muestra rellenos simples, si su ordenador no es todo lo rápido que se pudiese desear o simplemente quiere agilizar el redibujado de sus diseños, esta es la visualización que debe emplear.

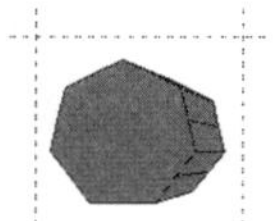

Visualización normal, muestra todos los objetos, todos los rellenos, así como los mapas de bits complejos, tipo de visualización indicada para un seguimiento auténtico del acabado final de nuestro trabajo.

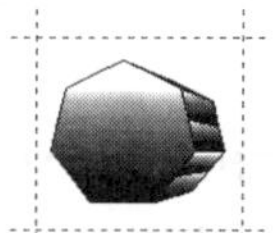

Visualización mejorada, hace un sobremuestreo al doble que el normal para mostrar la mejor calidad posible, esta visualización puede ser peligrosa pues, puede mejorar en pantalla el verdadero acabado de nuestro diseño, con la consiguiente decepción si éste va a ser impreso.

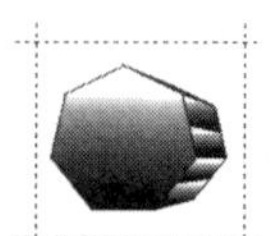

Independientemente de la visualización que tengamos asignada en un momento dado a un trabajo, podemos hacer una visualización a pantalla completa "F9" en la que el diseño se nos mostrará siempre en su estado normal.

Que quede claro que la visualización sólo afecta a la pantalla, ni altera el dibujo, ni tampoco la impresión de éste, que siempre se realizará en su estado normal, a no ser que especifiquemos lo contrario en los menús de impresión.

Selección de objetos

Para poder modificar de cualquier forma un objeto éste debe ser seleccionado.

Un objeto estará seleccionado hasta que se seleccione un nuevo objeto o se haga clic en la ventana activa fuera de cualquier objeto, en cuyo caso no se seleccionará ningún objeto de los existentes en ese momento en el trabajo.

Para seleccionar objetos en CorelDraw a través del ratón hay dos caminos, el primero sería activar la herramienta "*Selección*"  de la barra de herramientas y con el cursor del ratón hacer clic encima del objeto a seleccionar. El objeto seleccionado nos mostrará a continuación los tiradores de modificación.

El segundo método sería hacer clic en la ventana de dibujo y arrastrar dibujando un recuadro que englobe al objeto que quiera seleccionar. Este método es el más adecuado si queremos seleccionar varios objetos a la vez.

También se pueden seleccionar varios objetos a la vez, haciendo clic encima de cada uno de ellos mientras se mantiene presionada la tecla "Mayús".

Si tuviéramos que seleccionar un objeto oculto detrás de otro objeto, presionaríamos la tecla "Alt" mientras hacemos varios clic encima del primer objeto hasta que el objeto deseado se seleccionase.

Asimismo si el objeto a seleccionar pertenece a un grupo de objetos, no será necesario desagrupar éstos, en vez de esto presionaremos la tecla "Control" y haremos clic en el objeto a seleccionar, mostrándonos éste sus tiradores con forma circular.

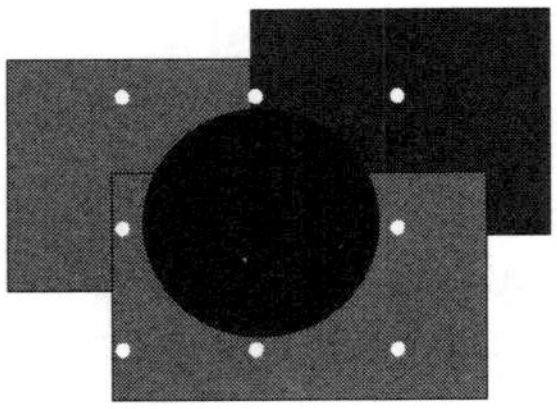

Estas combinaciones de teclas se pueden combinar entre sí. Si quisiéramos seleccionar un objeto oculto, perteneciente a un grupo, presionaríamos a la vez las teclas "Control + Alt" haciendo clip hasta seleccionar el objeto deseado.

Arrastrar y duplicar

A la hora de duplicar objetos, Corel nos proporciona una forma rápida que al principio puede resultar complicada de realizar, pero que con un poco de práctica puede ahorrarnos mucho tiempo.

Seleccione un objeto, clic, sin dejar de apretar el botón izquierdo del ratón desplace el mismo a la posición donde quiere duplicalo, acto seguido y sin soltar el botón izquierdo apriete el botón derecho del ratón, **clic**, suelte el botón izquierdo y el objeto habrá quedado automáticamente duplicado en la nueva posición.

Asimismo, si queremos que el objeto duplicado esté a la misma distancia vertical u horizontal, sólo tendremos que apretar la tecla "Control" y el objeto se moverá por las mismas coordenadas mientras lo arrastremos. Esta técnica es de agradecer si nuestra página está repleta de guías ya que el objeto las ignorará ahorrándonos la desactivación de "*encajar con líneas guía*".

2 Dibujo Básico

Dibujo de líneas

El primer diseño que vamos a realizar es una pequeña mascota en el que utilizaremos las herramientas básicas y rellenos simples.

La Herramienta Líneas

Como he dicho anteriormente, CorelDraw es un programa de diseño vectorial, es decir compuesto de vectores o segmentos, como usted ya sabrá para que exista un segmento hacen falta como mínimo dos puntos en el espacio, pues bien CorelDraw a esos puntos los llama *nodos*. Los nodos pueden ser de dos tipos rectos o curvos, que sirven a su vez para hacer líneas rectas o curvas, CorelDraw los diferencia de esta forma.

Como se puede apreciar los nodos curvos presentan *puntos de control,* que se utilizan para modificar el trazado de la curva.

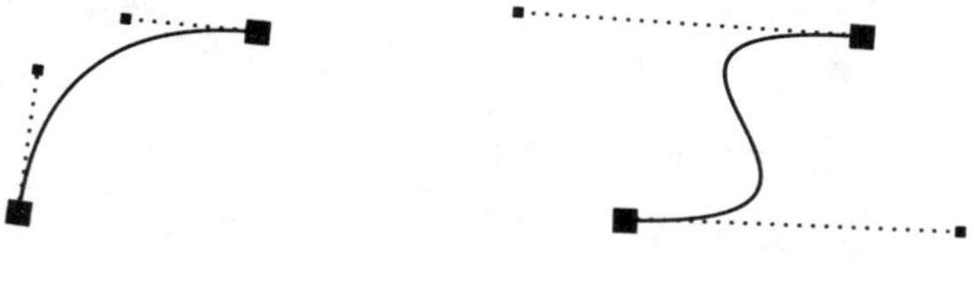

Si hace clic en la herramienta mano alzada y mantiene presionado el botón del ratón durante unos segundos podrá ver el desplegarse un menú en el que aparecerán las diferentes herramientas de dibujo de líneas.

Las que nos ocupan en estos momentos son:

Mano alzada, se utiliza para dibujar segmentos independientes, clic, compuestos de nodos rectos, o líneas continuas a mano alzada de nodos curvos, clic + arrastrar, como podar comprobar estas líneas no son todo lo uniformes que sería deseable, aunque hay métodos automáticos a través de la persiana de edición de nodos con las que se puede mejorar bastante su definición.

Beizer, que se utiliza para dibujar formas poligonal es, clic, nodo recto y clic + arrastrar, nodo curvo.

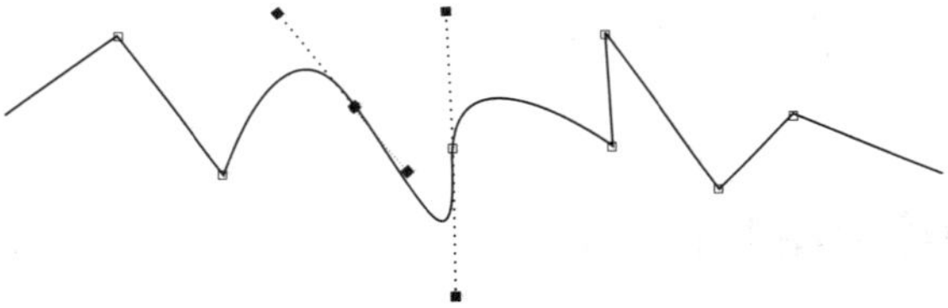

Pluma natural, que dibuja una línea a la cual le podemos definir la forma exterior o perfil, haga doble clic, sobre la herramienta y se abrirá la pantalla *Opciones*, donde podrá elegir entre varias posibilidades, este tipo de línea es la única que admite la característica de relleno.

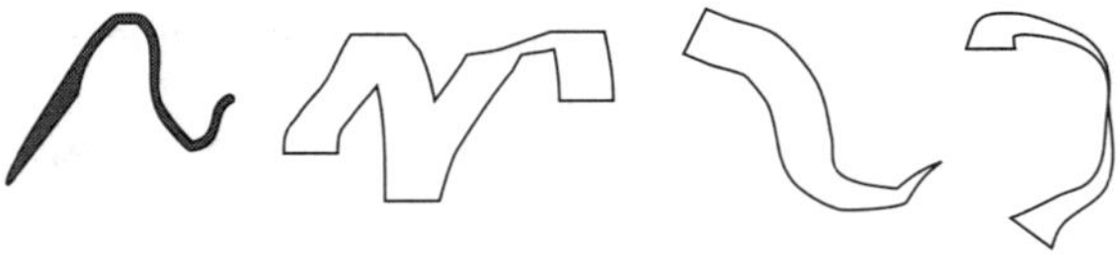

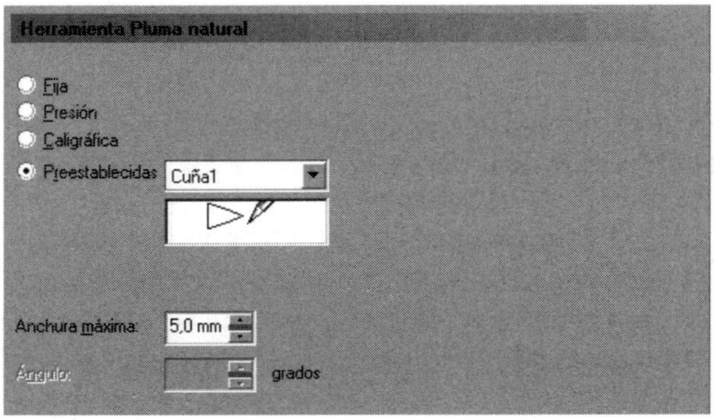

Para empezar nuestro primer diseño seleccionaremos la herramienta mano alzada y trazamos el contorno base de la mascota, que en estos momentos está tomando forma de pingüino, (maravillas de la imaginación).

Trazado base

Como podréis apreciar la línea que hemos dibujado necesita una reducción en el número de nodos que CorelDraw ha creado con la herramienta mano alzada, así como una depuración en sus formas imperfectas.

Para editar los nodos de un objeto sólo tenemos que seleccionar éste y acto seguido hacer clic en la herramienta "Forma".

La persiana *Edición de nodos*, que se puede abrir haciendo doble clic en la herramienta *Forma*, tiene un botón simbolizado por un menos, que hará una reducción automática del número de nodos, hasta reducirlos a los mínimos posibles para que la forma original no modifique su aspecto. Al igual que la simbolizada con un más, que efectuará la operación contraria, añadiendo un nodo en la mitad de cada segmento.

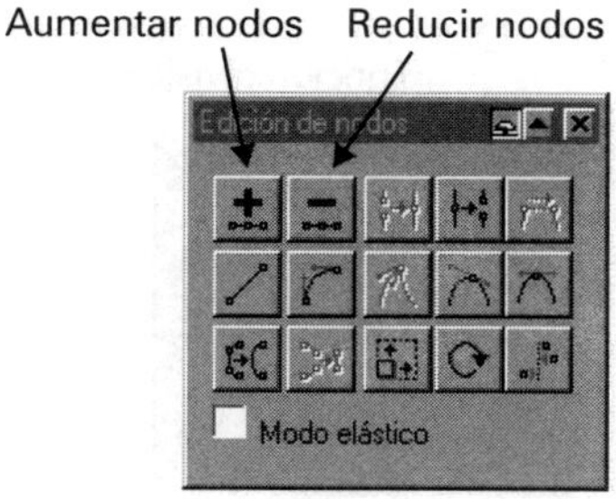

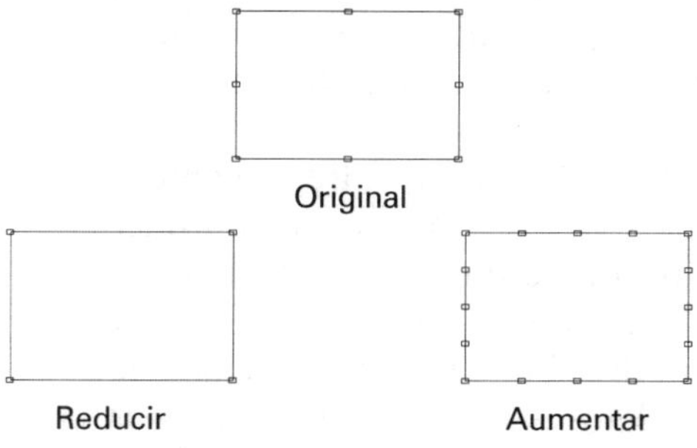

Una vez hecha la reducción de los nodos, repasamos los restantes para que el contorno tenga un aspecto homogéneo, esto se realiza a través de los puntos de control.

También podemos añadir nodos nuevos en lugares específicos, para ello sólo tenemos que seleccionar la herramienta *forma* , de la caja de herramientas, hacer clic en el trazado que queremos editar y una vez más clic en el lugar del trazado donde queramos situar el *nuevo nodo*, éste se mostrará con un punto negro redondo, atención todavía no es un nuevo nodo, para que esto ocurra tendremos que hacer clic en el botón "+" de la persiana edición de nodos o teclear el signo más del teclado numérico.

Por supuesto, también tenemos la opción de eliminar un nodo en particular, los pasos son muy similares, editar los nodos, seleccionar el nodo o nodos a eliminar y hacer clic en el botón "-" de la persiana de *edición de nodos* o en la tecla *Delete* o en el signo "-" del teclado numérico.

Nodos corregidos

Nosotros vamos a incluir nuevos nodos a nuestra mascota, para así modificar el contorno, vamos hacer que salude, ya que con los nodos que actualmente tenemos no podríamos realizar el cambio.

El siguiente paso que vamos a realizar va a ser convertir nuestro contorno en varios objetos a los que daremos diferentes rellenos para apreciar las distintas partes de nuestro pingüino.

Con la función "división" de la persiana *edición de nodos* vamos a diferenciar distintas partes. Esto supone que el contorno que actual-mente tenemos, y que está cerrado, quedará abierto.

Función división

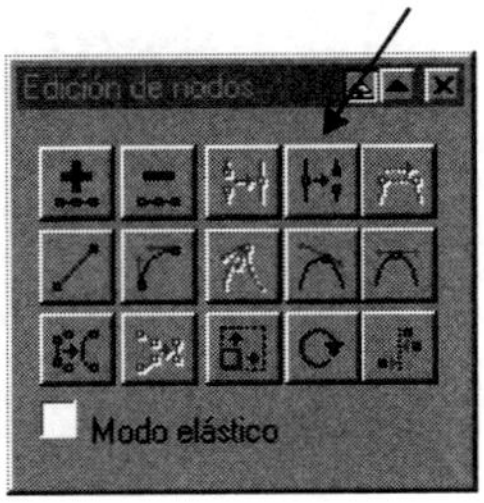

La diferencia esencial entre un contorno cerrado y otro abierto es que al primero se le puede definir un relleno mientras que al segundo no. Por lo cual, al efectuar nuestra división de nodos, tenemos que tener claro que las diferentes líneas resultantes deberán cerrarse si se pretende asignarlas un relleno.

Por ejemplo vamos a separar el ala levantada, del resto del cuerpo. Selecciona uno nodo, haciendo clic en el nodo, seleccionamos la función *dividir* de la persiana de *edición de nodos*, podrás apreciar que lo que antes era un nodo se ha convertido en dos,

Contorno dividido

exactamente en la misma posición, que el nodo anterior. Lo mismo realizamos con el segundo nodo. Como se puede comprobar nuestro contorno se ha dividido en dos trazados, pero sigue siendo un solo objeto.

Esto se puede comprobar fácilmente, si seleccionamos cualquiera de las dos líneas, automáticamente se seleccionarán los dos trazados, como lo que perseguimos nosotros es crear dos objetos diferenciados deberemos descombinarlos;

➪ MENÚ ORGANIZAR ➪ DESCONBINAR

y nuestro objeto se ha dividido en dos. Acto seguido cerramos las líneas resultantes para poderlas, en su momento, definir un relleno.

Al igual que la acción anterior seleccionamos los dos puntos finales de cada recta, y en la persiana edición de nodos seleccionamos el botón unir nodos.

Modificamos el ala para que su trayecto pise encima del objeto cuerpo, en su momento el ala ira por detrás del cuerpo.

Una vez realizado esto en los dos trayectos, repetimos los pasos anteriores, para definir nuevos elementos del pingüino.

Divisiones realizadas

Como se puede apreciar en la ilustración anterior hemos aprovechado para dar forma a la cavidad de los ojos, la segunda ala y los pies, todo ello cerrando trayectos nuevos, descombinando éstos y añadiendo los nodos precisos para crear las nuevas formas. Por supuesto, también podemos en cualquier momento añadir nuevos objetos, como podrían ser los ojos o la parte de abajo del pico.

Comprobaréis que el montaje de los diferentes objetos, no es nada preciso, en este momento no tiene ninguna importancia ya que gracias a sus diferentes rellenos y a las funciones "*hacia delante* y *hacia atrás*", que podéis seleccionar en el menú ORGANIZAR ⇨ ORDEN, podremos redistribuirlas más tarde.

Una vez realizados todos los contornos de los diferentes objetos principales, vamos a darles el relleno necesario para que empiece a tomar volumen.

La persiana pluma

La *persiana pluma* incluida en el grupo de persianas *Atributos* nos permite definir las características de las líneas usadas en nuestros diseños.

Estas características incluyen, definición del tipo de línea.

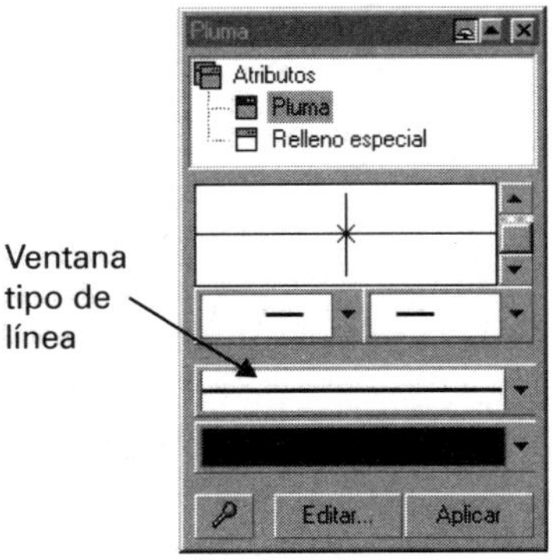

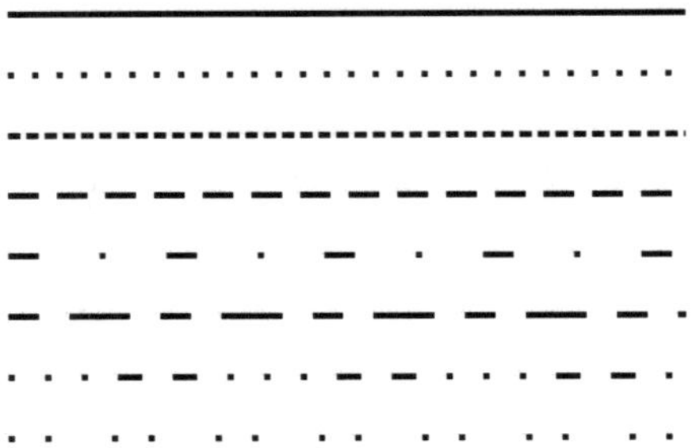

Diferentes tipos de líneas

Definición del tipo de comienzo y del final de la línea.

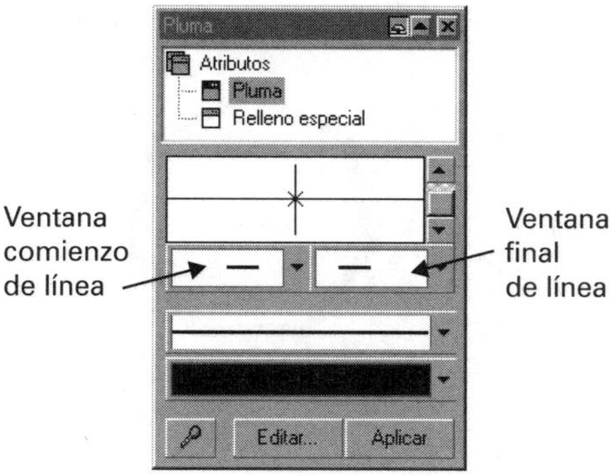

Diferentes tipos de comienzo y final de línea

Definición del grosor y del color.

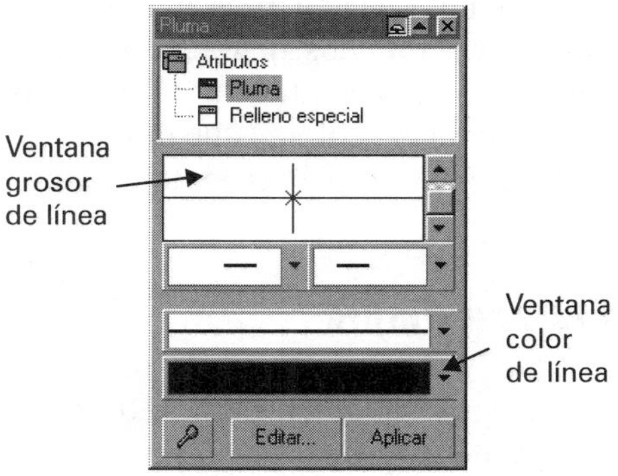

Accediendo a la pantalla *Pluma de contorno* que se abre a través del botón *Editar* podemos diseñar líneas personalizadas. Así como activar las opciones *Detrás del relleno* y *Escalar con la imagen.*

¡**Atención**!, estas dos opciones son bastante importantes. La opción *Detrás del relleno* nos permitirá ver el objeto en su verdadera dimensión ya que al aplicar una línea gruesa al contorno, ésta crece de igual forma, hacia el exterior que hacia el interior del objeto, con lo que tapará parte del diseño. Al activarla la línea sólo se mostrará en su parte exterior por lo que veremos el relleno del objeto entero.

Sin la opción activada

Con la opción activada

De la misma manera si usted está aplicando una línea de 2 mm y tiene la opción *Detrás de relleno* activa tendrá que tener en cuenta que la línea visible será de 1 mm ya que la mitad queda escondida.

La opción *Escalar con imagen* previene cambios en el grosor de la línea al modificar el objeto en escala o dimensiones. Si usted desea que un objeto, que se va a modificar en escala modifique en igual proporción su grosor de línea deberá activar esta opción y aplicársela al contorno.

Objetos proporcionales
tanto en su forma
como en el contorno

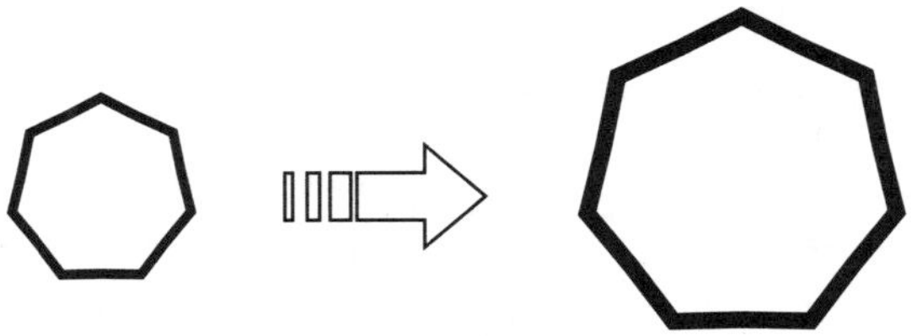

Rellenos

Los rellenos que podemos crear en CorelDraw 8 son infinitos. Podemos crear rellenos uniformes, rellenos degradados basados en formas preestablecidas; lineal, radial, cónico, cuadrado, que a su vez podemos definir como de dos colores, o personalizado, sucesión de los colores que deseemos. Pueden ser también rellenos de mapas de bit, transparentes, de patrón, texturas, etc...

Relleno simple

Para asignar un relleno simple a un objeto, seleccione el objeto elegido y haga clic en el color deseado de la paleta de colores.

El *relleno simple* es interactivo, esto quiere decir que podremos asignar rellenos con sólo seleccionar el color deseado con el ratón, en la paleta de color, arrastrarlo hasta el objeto elegido sin que esté seleccionado de ante mano y soltarlo dentro de éste, así de fácil, esto es lo que se llama tinteros 3D ya que podemos, literalmente, mojar en cualquier color que tengamos en la paleta.

Al realizar esta acción vemos que el puntero del ratón se convierte en un cuadrado del color seleccionado, que al pasar por encima de la línea de contorno nos permitirá, convirtiéndose este en un cuadrado hueco, dar por igual color tanto a la línea como al relleno, "cuadrado lleno".

Aplicación de relleno interactivo

Aplicación de contorno interactivo

Relleno degradado

El relleno degradado se puede seleccionar de diferentes formas, la primera sería a través de la persiana *Atributos* que podemos activar en pantalla haciendo doble clic en la herramienta *relleno* , esta persiana se divide en dos submenús, "*pluma*" y "*Relleno especial*" seleccionaremos este último. Como podemos ver en esta persiana, podemos elegir entre tres clases de rellenos, relleno degradado, relleno de patrón o relleno de textura. Seleccionaremos el primero, relleno degradado.

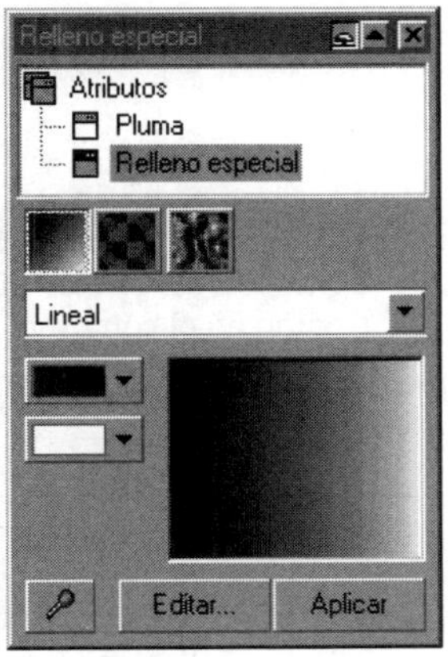

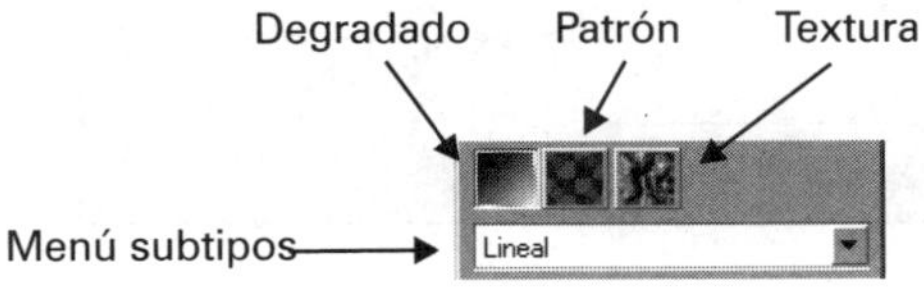

En el menú subtipos, que se activa en la persiana, tenemos cuatro opciones, lineal, radial, cónico y cuadrado.

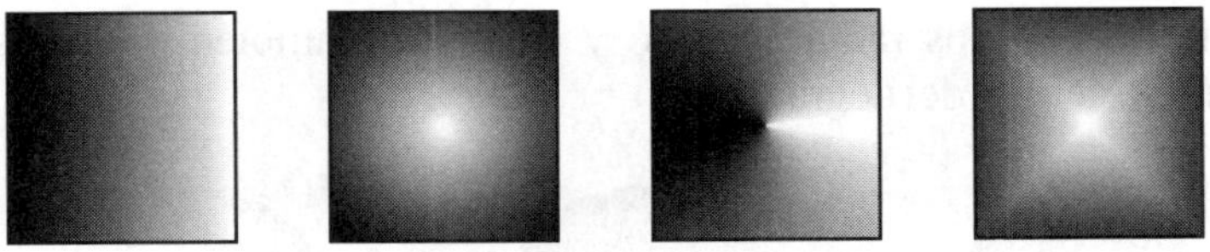

Lineal Radial Cónico Cuadrado

Seleccionaremos el lineal, si hacemos clic en los botones de elección de color se mostrará una pantalla con la paleta de color activa, pudiendo elegir cualquiera de ellos o creando un color personalizado a través del botón "Otros". Estos dos colores son los que forman un relleno degradado uniforme de dos colores.

Si queremos que el degradado contenga más colores seleccionaremos el botón "Editar", que abre la pantalla "Relleno degradado". En esta pantalla podremos definir hasta el último detalle del relleno que estamos personalizando, para ello debemos seleccionar el botón "personalizar". En la barra de gama que se activa y mediante un doble clic podemos activar *nuevos pasos* para el degradado, una vez creado sólo resta elegir un color, en la ventana *Actual,* y el degradado se modificará automáticamente. Para cambiar el primer y último color seleccionaremos con un clic los nodos cuadrados de los extremos superiores de la barra de gama.

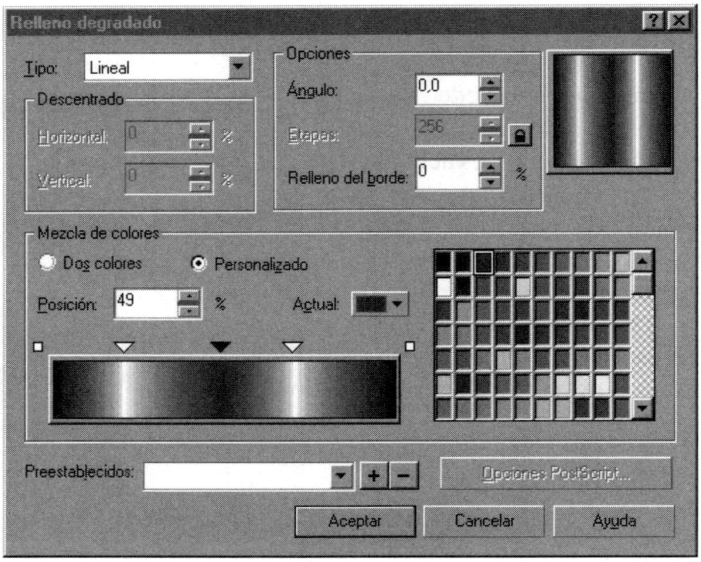

Asimismo podemos definir, a través del cuadro Opciones; el ángulo del degradado; el número de etapas de éste, como máximo 256 del primer color al último; y el relleno de borde, es decir la anchura de color simple en el empiece y el final del degradado.

En el caso de los rellenos radial, cónico y cuadrado, también podemos definir la posición de inicio central del degradado.

La herramienta relleno interactivo 

Para aplicar un relleno degradado con esta herramienta la seleccionamos, hacemos clic y arrastramos dentro del objeto elegido, éste nos mostrará los *nodos* del *relleno degradado*. La situación donde hagamos clic define el empiece del degradado y una vez arrastrado el cursor, donde soltemos el ratón definirá la situación del segundo color.

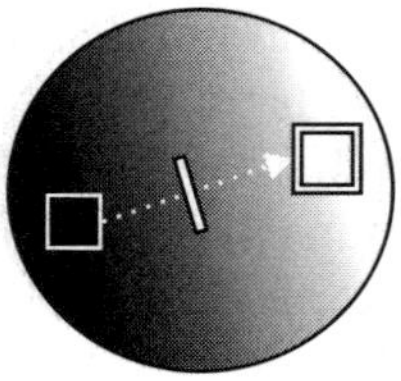
Nodos relleno interactivo

Esta herramienta también nos permite cambiar las características de los rellenos degradados aplicados anteriormente. El cambio de color se realiza también por el sistema de selección de color en la paleta y arrastre hasta los nodos del degradado.

La modificación tanto del ángulo como del relleno de borde es tan sencillo como arrastrar el nodo del color a modificar.

Seleccionamos la herramienta relleno interactivo  de la caja de herramientas y hacemos clic encima del degradado a modificar, se activarán tantos nodos de color como colores tenga el degradado.

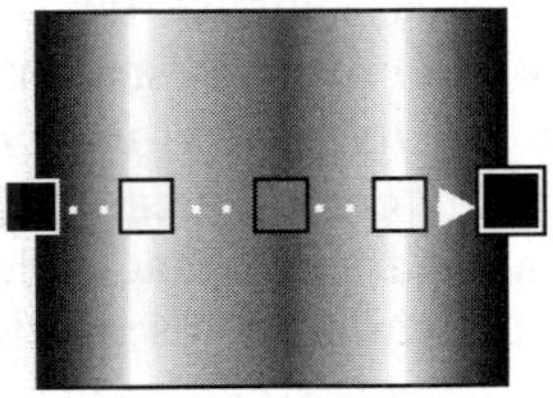

El cambio de colores se hará como si se tratase de un color simple, es decir, hacer clic en el color elegido para el cambio y arrastrar hasta el nodo de color que se quiere sustituir. Para el cambio de dirección o cambio de ubicación del centro del degradado, nada más sencillo que hacer clic en los nodos de los extremos y arrastrar.

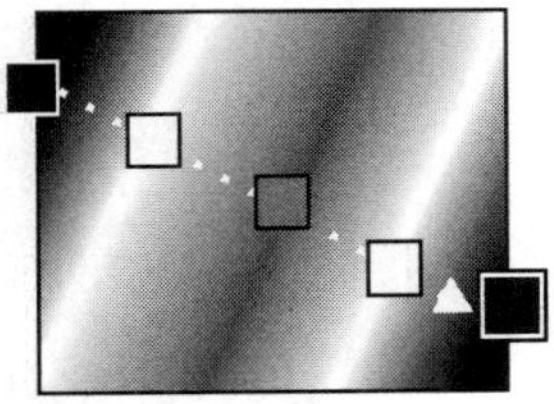

Téngase en cuenta que el inicio y el final del degradado se situará a partir de los nodos exteriores, con lo que, si queremos que un objeto tenga un degradado total los nodos deberán situarse en los bordes del relleno.

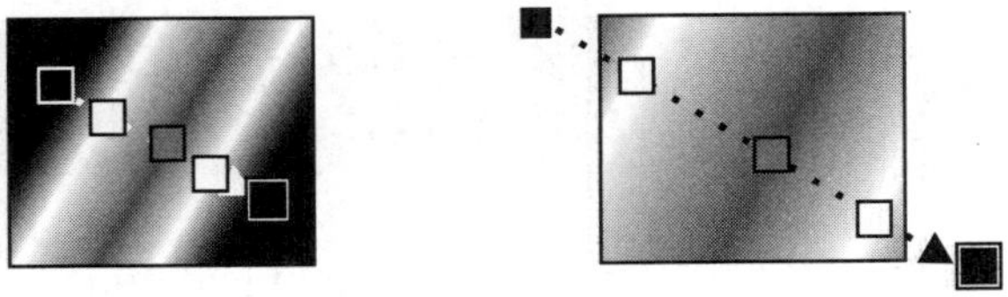

El nodo alargado central que aparece al seleccionar los rellenos degradados de dos colores, sirve para modificar el centro geométrico del cambio de un color a otro.

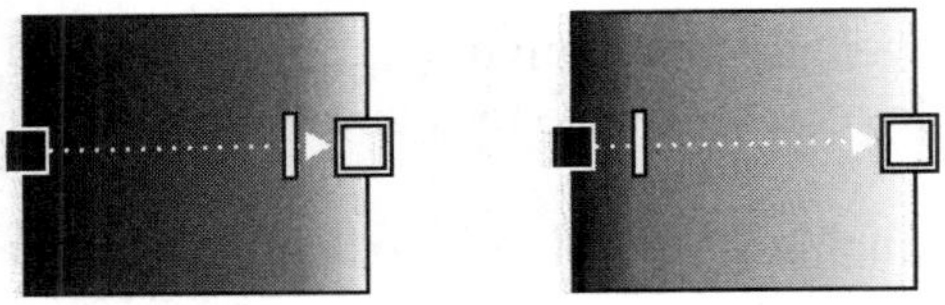

Relleno de Patrón

Los rellenos de patrón o rellenos de mosaico, se basan en la repetición simétrica de un motivo dentro de un objeto. Estos motivos pueden ser, sencillos diseños de dos colores, que se basan en la activación o desactivación de píxel, como elaborados dibujos vectoriales o mapas de bit complejos, fotografía electrónica, mediante la importación de los mismos.

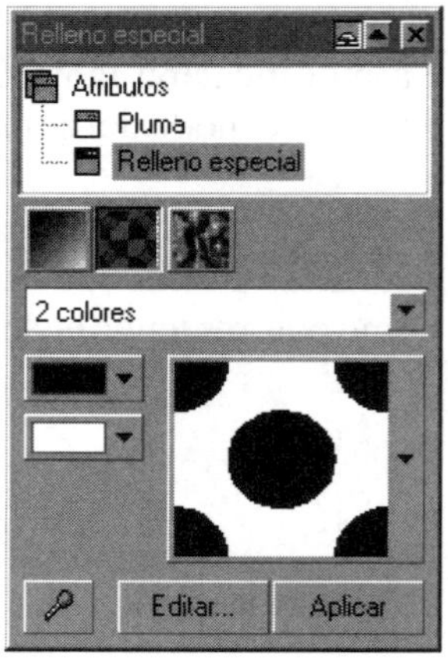

Corel incorpora una centena de diseños básicos, aunque usted podrá diseñar sus propios motivos, seleccione el botón *relleno de patrón,* haga clic en editar y nuevamente clic en crear, nos aparecerá una pantalla con una cuadrícula, haciendo clic dentro de esta cuadrícula activaremos los píxeles para diseñar nuestro motivo, y haciendo **clic** los desactivaremos.

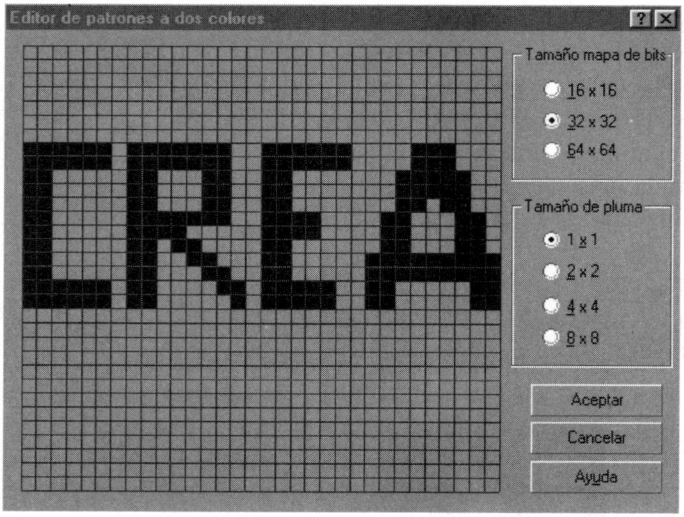

Se puede cambiar el tamaño de la cuadrícula según la definición que queramos que tenga nuestro diseño, así como el tamaño de la activación simultánea de píxeles.

Una vez elegido el motivo que nos va a servir como unidad del mosaico podremos definir los colores que lo forman, el tamaño, y la simetría.

Pero si queremos que el motivo del mosaico sea un dibujo o un mapa de bit complejo, sólo tendremos que seleccionar en el menú desplegable una de las opciones siguientes, "2 colores" la anteriormente visto, "a color" motivos que pueden contener líneas rellenos ect., "Mapa de bit" dibujos creados o seleccionados de los clipart, fotografías, ect.

Hay que tener en cuenta que los rellenos de patrón de mapas de bit, al ser una repetición del motivo pueden ocupar mucha memoria por lo que aconsejamos utilizar mapas de bit sencillos ya que si no el ordenador podría relentizarse a la hora de aplicar este relleno.

Atención a la opción, *Transformar relleno con objeto*. Si usted quisiera modificar el tamaño de un objeto que tenga un relleno de patrón, tiene que tener en cuenta, que si no activa esta opción, al aumentar de tamaño su objeto el relleno se modificará, creando un mosaico con un número superior de repeticiones, pero si por el contrario la activa, al aumentar o reducir el diseño, el relleno escalará su tamaño proporcionalmente al nuevo tamaño del objeto.

Objetos aumentados

Objeto original

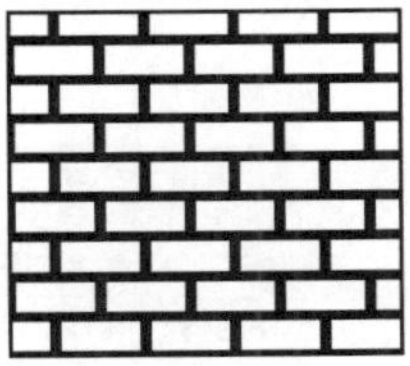

Opción activada

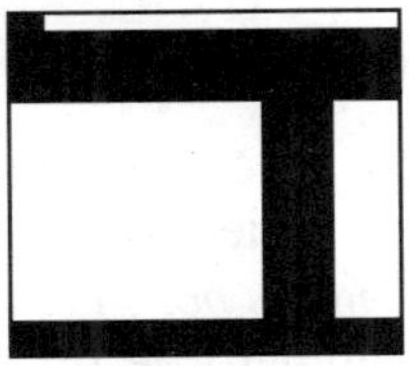

Opción sin activar

Relleno de Texturas

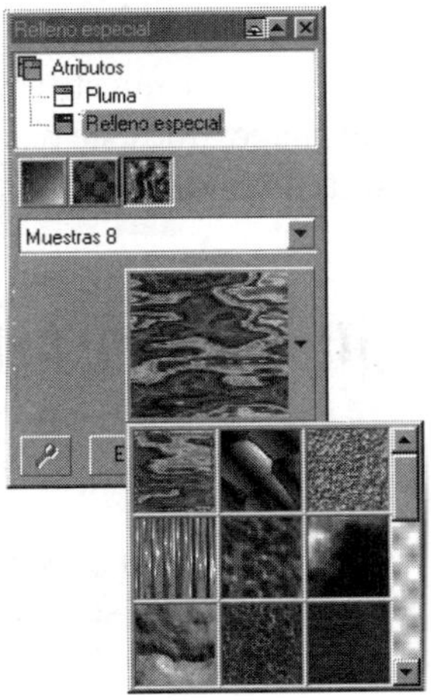

Los rellenos de texturas son fractales aleatorios que como su nombre indica pueden dar textura a un objeto, confiriéndole en algunos casos apariencia fotográfica.

Estos rellenos tiene un inconveniente y es la cantidad de memoria que necesitan, por lo que es aconsejable no utilizarlos en demasía o en objetos muy grandes.

En la persiana, Atributos-Relleno, seleccionamos el botón *relleno de texturas*, aquí podemos escoger un gran número de fractales predeterminados por

CorelDraw. Podemos al igual que en los rellenos anteriores personalizarlos. Hacemos clic en la opción editar , en la pantalla que se ha abierto podremos modificar cualquier diseño casi hasta el infinito, cada fractal se compone de unas características especiales, todas modificables, los colores base, la densidad, el brillo, las sombras, la suavidad, ect., dependiendo del fractal-base elegido.

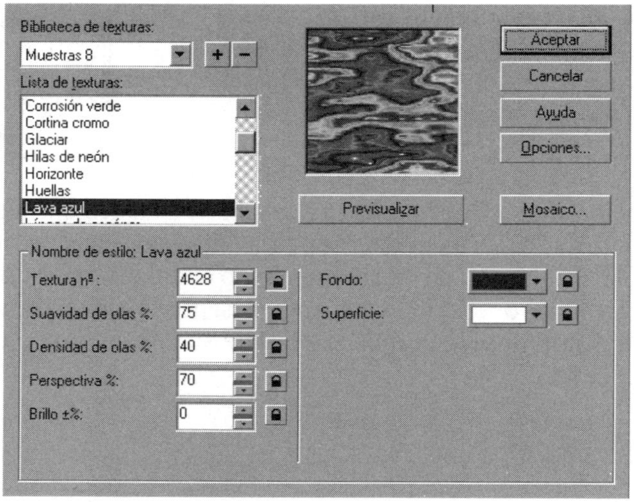

Haciendo clic en el botón *opciones*, podemos modificar los PPP, *puntos por pulgada*, así como el número de píxel. Con estos cambios modificaremos la resolución con la que la pantalla y la futura impresión van a presentar el relleno. Y por supuesto, es aquí donde podemos darle un tamaño desorbitado a nuestro relleno "*cuidado*", un cambio en las opciones de un fractal puede hacer que éste pase de ocupar *12.000 bytes* a ocupar *12.500.000 bytes*, aunque el resultado final pueda ser fotográfico.

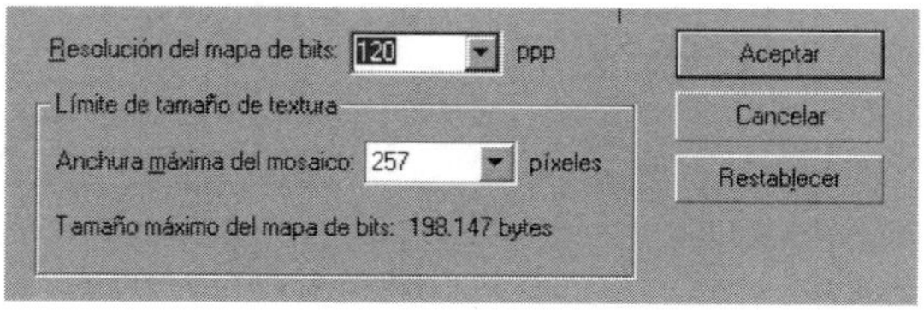

Aplicación de Rellenos a nuestro diseño

Pues bien vamos a dar color a nuestro diseño.

Para la zona de la cabeza y espalda hemos utilizado relleno simple negro, la zona del pecho y garganta se ha rellenado con un degradado lineal simple de blanco a amarillo al igual que el ala derecha.

Para los pies y pico también se han utilizado degradados lineales simples.

Los ojos se rellenaron con un relleno circular con el centro superior, de azul a blanco, pupila negra, color simple, y destello de la pupila con un relleno cónico de azul a blanco.

Los últimos detalles

Vamos a hacer a nuestra mascota unos simples detalles para darle más sensación de volumen.

El primero de ellos es dar volumen al ala derecha. Para ello seleccionamos el ala, hacemos clic, y la duplicamos.

⇨ MENÚ EDICIÓN ⇨ DUPLICAR

O el método rápido de duplicación con el ratón. Una vez duplicada le hacemos un segundo clic que nos mostrará los tiradores de rotación e inclinación del objeto así como el centro de rotación.

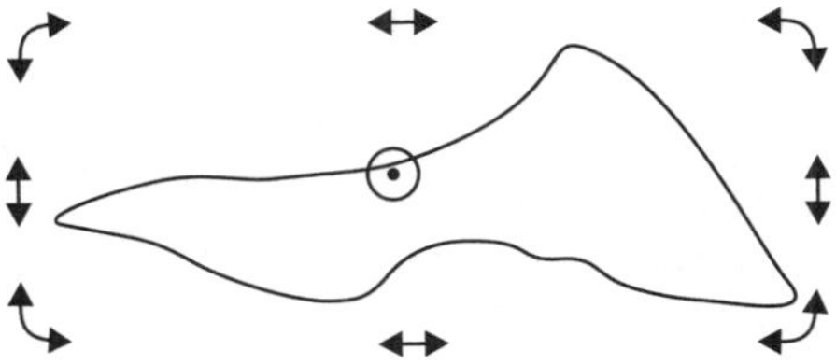

Rotación

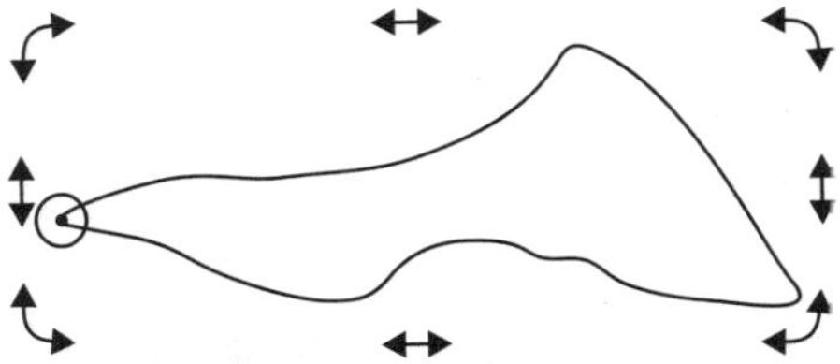

Situamos el centro de rotación en la punta del ala y haciendo clic en un tirador de rotación, los situados en las esquinas, la giramos unos diez grados en el sentido inverso de las manillas del reloj.

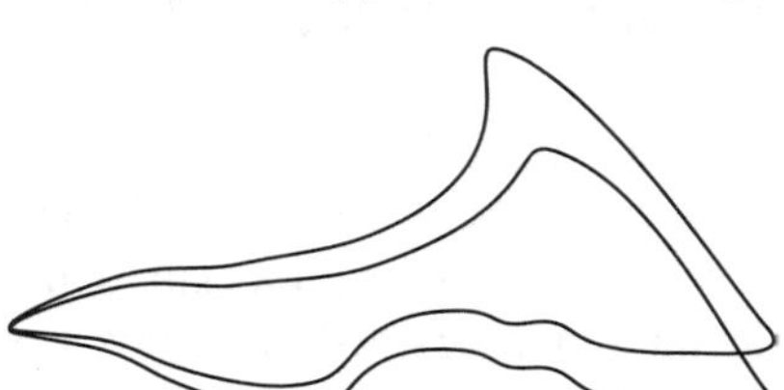

La acción de girar se puede automatizar para saber los grados exactos que vamos a girar un objeto. Abrimos la pantalla opciones, haciendo clic en la barra estándar,

⇨ ESPACIO DE TRABAJO ⇨ EDITAR

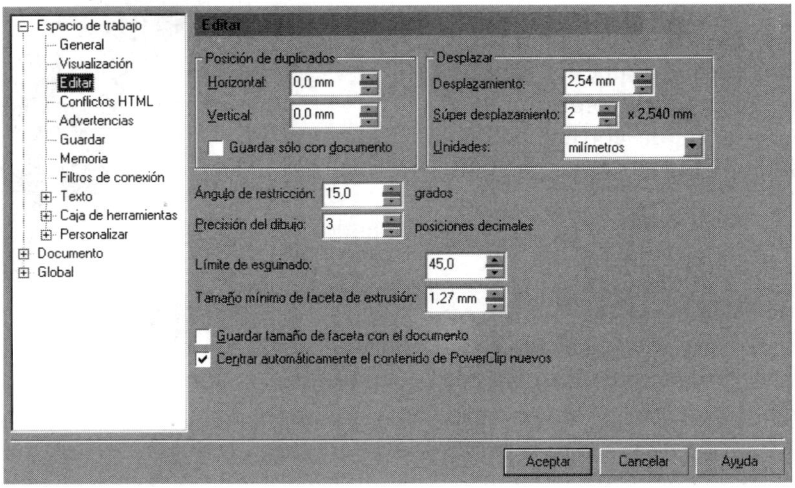

en el apartado "Ángulo de restricción" seleccionamos el valor deseado, por ejemplo 10, y "Aceptamos".

Esto significa que al rotar un objeto, a través de los tiradores de rotación, y teniendo apretada la tecla "Control" la rotación del objeto se hará en saltos de 10 en 10 grados.

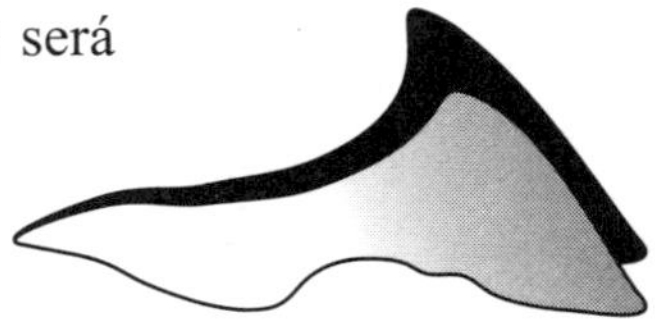

Damos color a este elemento, que en este caso será negro y lo mandamos hacia atrás.

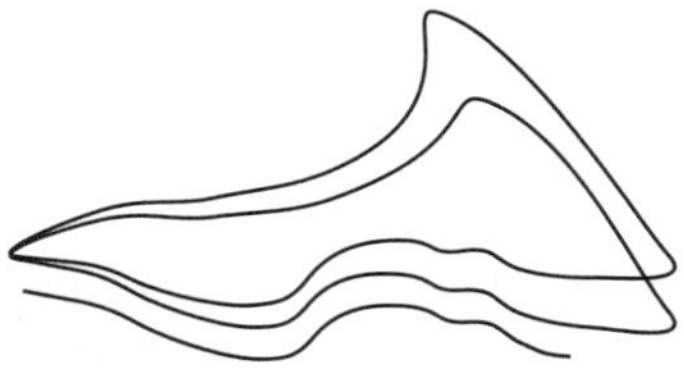

Seleccionamos nuevamente el ala que habíamos diseñado en primer lugar y la duplicamos. Esta vez vamos a resaltar el borde inferior, para ello vamos a cortar el contorno.

La herramienta Forma, Cortar, Borrar, Girar

Anteriormente hemos explicado cómo a través de la herramienta forma y la edición de nodos podíamos modificar líneas y contornos, pues bien CorelDraw nos proporciona otras herramientas para este menester, si seleccionamos la herramienta forma  y la mantenemos presionada nos mostrará un menú con nuevas herramientas;

Corte, la herramienta cortar funciona exactamente igual que si se tratase de un cuchilla. Esta herramienta tiene dos formas de corte.

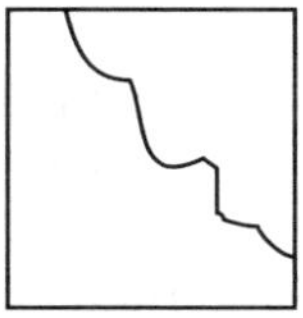

La primera a mano alzada, sitúe la cuchilla en cualquier punto del contorno del objeto a cortar, haga clic y arrastre dando la forma que guste al corte, como podrá ver, el objeto inicial se ha convertido, automáticamente, en dos objetos.

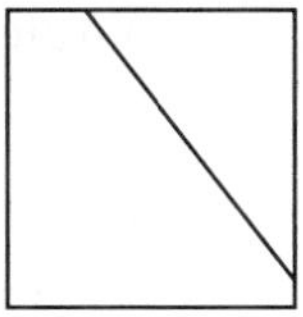

La segunda manera es a base de nodos, seleccione un punto al igual que antes pero esta vez no arrastre la herramienta, seleccione otro punto cualesquiera del contorno, haga clic de nuevo, y comprobará que el corte en esta ocasión es recto.

Se pueden predefinir antes de cortar, a través de opciones herramienta, que usted podrá abrir haciendo doble clic en el icono de la herramienta, que estos dos nuevos objetos sean un objeto, como antes del corte o pasen a ser objetos independientes desagrupados.

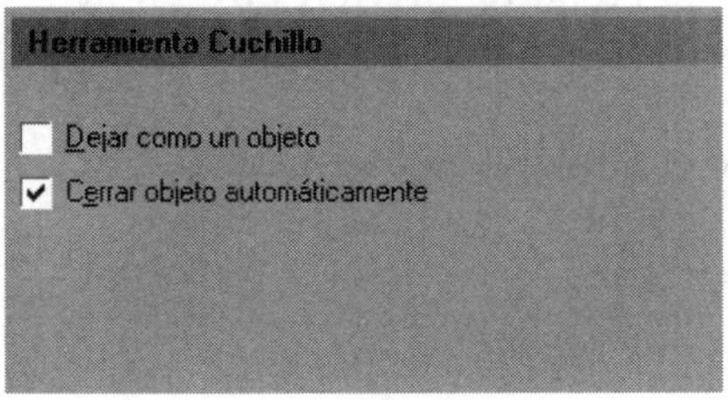

Borrador, como su nombre indica borra secciones del objeto, estas secciones responden al tamaño predefinido de la herramienta. El tamaño de la herramienta se puede modificar a través de las opciones de herramientas. Haga doble clic en el icono de la herramienta y se abrirá la pantalla opciones, donde podrá seleccionar el tamaño.

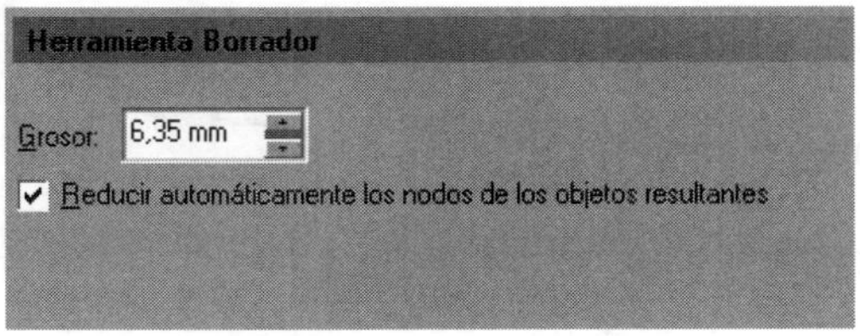

Esta herramienta una vez borrado parte del objeto, por ejemplo una franja central nos mostrará los objetos resultantes como un solo objeto, es decir, *combinados.*

Nos permitirá girar los objetos.

A diferencia de la rotación anteriormente explicada, esta herramienta efectúa el giro tomando como centro del mismo, cualquiera de los nodos que forman el objeto y al igual que el giro normal, éste puede hacerse a saltos definidos previamente, apretando la tecla "Control".

Estas herramientas sólo son activas en objetos seleccionados por lo cual, si por ejemplo quisiéramos borrar parte de un objeto que está encima de otro, la herramienta borrador sólo afectará al objeto seleccionado.

Los dos siguientes objetos nos servirán para dar volumen a la zona del cuello y parte delantera de la cola, para ello crearemos dos nuevos elementos.

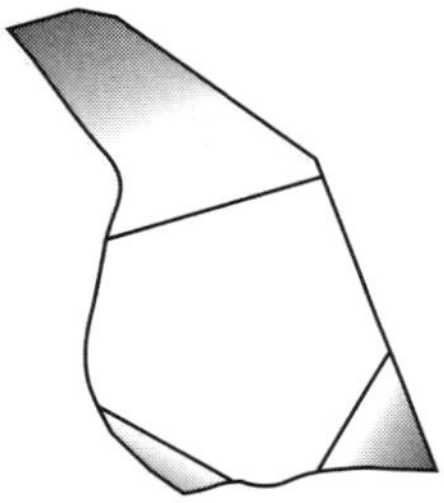

Utilizando la herramienta corte  . Seleccionamos el objeto que simula el cuerpo, parte delantera, y lo duplicamos, hacemos clic en la herramienta corte y trazamos un corte en su parte inferior, otro en la parte superior y otro más en el frontal.

Eliminamos el objeto central que se ha creado y sólo nos queda darles un relleno degradado sencillo con el ángulo preciso en cada caso para simular el volumen.

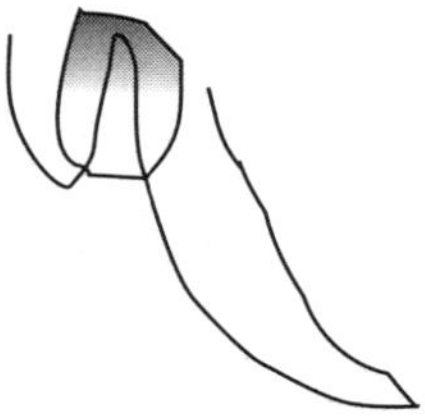

Para la sombra de la axila creamos por medio de la herramienta "mano alzada" un objeto que no tiene que tener una forma determinada, solamente cumplir el cometido de dar volumen a través de un degradado simple.

Como último paso sólo nos resta colocar cada objeto en su posición correcta, es decir, hacia delante o hacia tras.

El aspecto final pudiera ser éste;

3 Herramientas Básicas de Dibujo

Cuadrícula y reglas

La cuadrícula y reglas de Coreldraw suponen un asistente visual y organizativo para el dibujo bajo medidas estrictas. La ubicación de objetos así como el tamaño de éstos es una tarea fácil con estas herramientas que por supuesto usted puede personalizar.

Haciendo clic en una de las reglas abrimos el cuadro de diálogo "Reglas", aquí podremos variar la unidad de medida, el origen (0,0), las divisiones visibles, y la escala del dibujo.

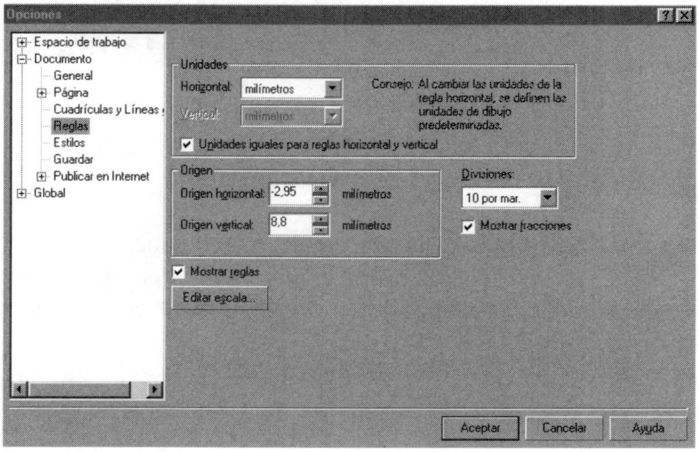

Hay un método rápido para ubicar el punto (0,0) en un punto determinado de nuestra página, haga clic en el punto de intersección de las reglas 11111 y arrástrelo hasta el lugar deseado, automáticamente las reglas adaptarán su medida a este nuevo punto.

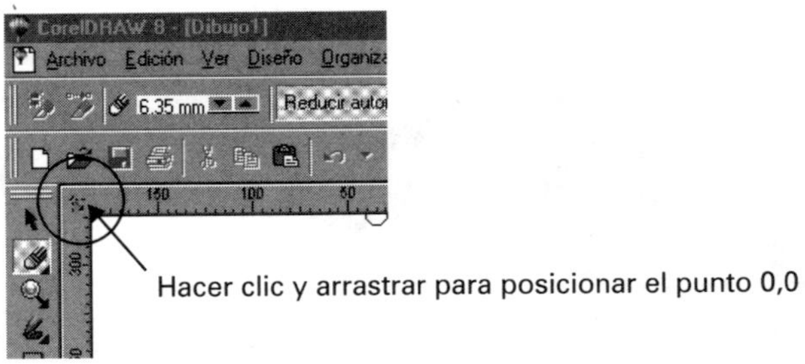

La cuadrícula se define a través del cuadro de diálogo "Cuadrícula y líneas guías" que podrá abrir haciendo **clic** en la intersección de las reglas y seleccionándolo en el menú que aparece.

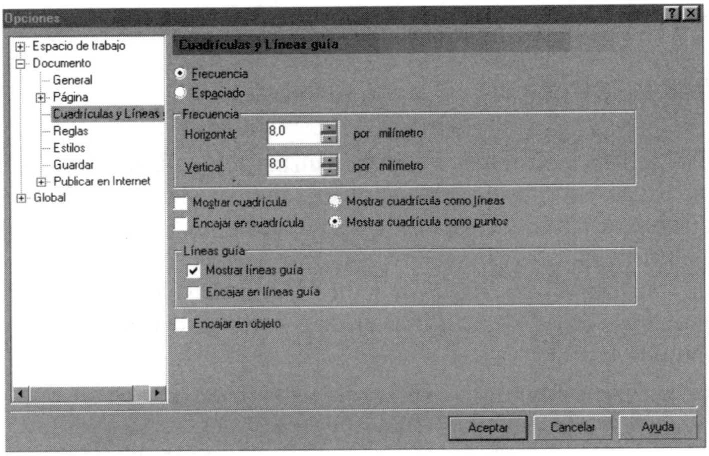

La cuadrícula es modificable en frecuencia (puntos por unidad), en espaciado (distancia entre puntos) y en su activación o desactivación.

Es recomendable la **no** utilización de la cuadrícula, cuando nuestro diseño no se ajusta a medidas constantes, ya que nos sería difícil el mover objetos y soltarlos en cualquier punto de la mesa de dibujo, pues el objeto siempre se alinearía con la cuadrícula.

Las Líneas Guía

Las líneas guía son una referencia que usted podrá añadir a la ventana de dibujo y que cumplen la función de servir de referencia para la alineación y ubicación de objetos. Pudiendo ser éstas, verticales, horizontales u oblicuas.

Las líneas guía se muestran en pantalla, por defecto como una línea discontinua de color azul. Para añadir una línea guía a la ventana de dibujo; seleccionaremos la herramienta "*Selección*" haremos clic en las reglas y arrastraremos hasta la posición deseada.

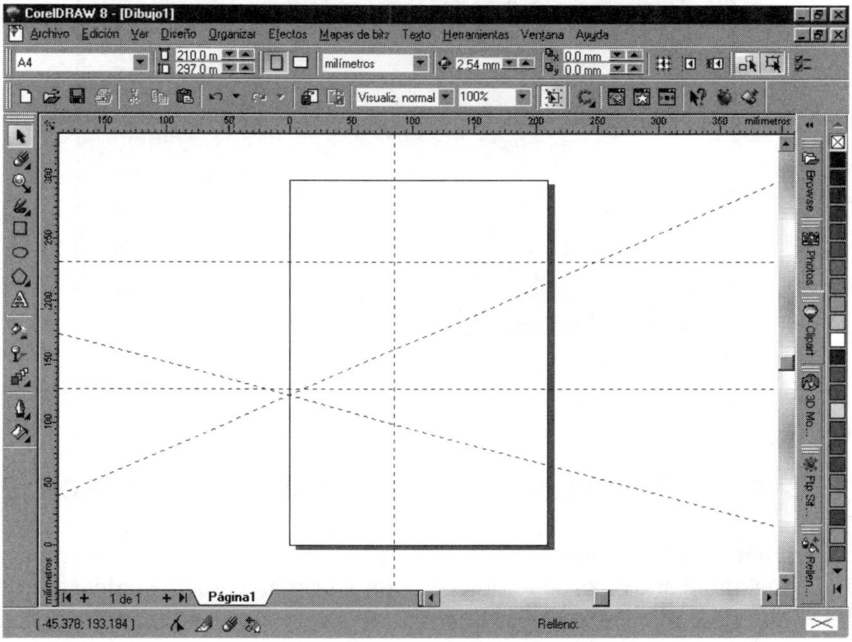

Si queremos una guía vertical la arrastraremos de la regla vertical, si queremos una guía horizontal la arrastraremos de la regla horizontal. Para seleccionar una guía oblicua primero añadimos una nueva guía, da igual vertical que horizontal, y hacemos clic en la guía elegida, sabremos que está elegida porque cambia de color, aparecerán el centro de rotación y los tiradores de rotación, haciendo clic en uno de los dos podemos darle la inclinación deseada.

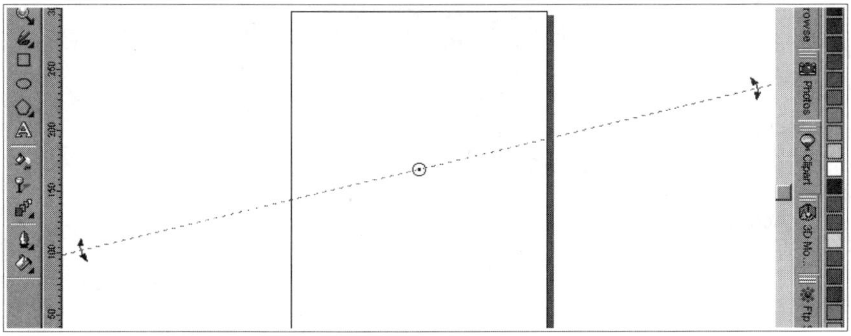

Si usted quiere que las líneas guía estén a una distancia determinada respecto al punto (0,0) o que una guía oblicua tenga una inclinación exacta, puede darles valores a través de la ventana "Configuración de líneas guía" que podrá abrir haciendo doble clic en cualquiera de las líneas guías activas en pantalla.

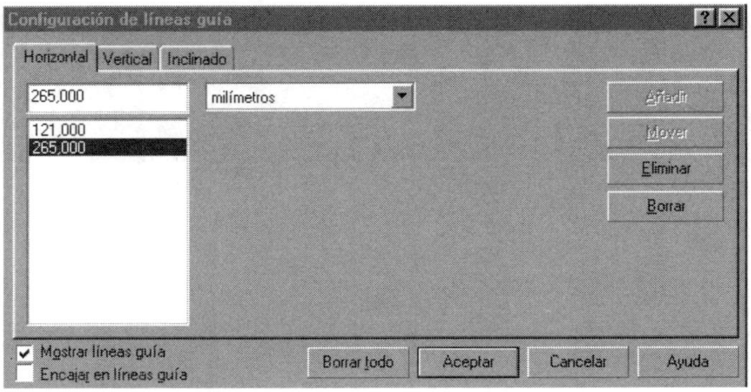

Por medio de la persiana *Administrador de objetos* que usted podrá abrir a través del menú *ver,*

⇨VER ⇨ VENTANAS ACOPLABLES ⇨ADMINISTRADOR DE OBJETOS

podrá cambiar el color de las líneas guía y activarlas para que se impriman junto al trabajo, haga doble clic en el cuadrado de color y le aparecerá una paleta donde puede elegir el color deseado. Para que las líneas guías se impriman sólo tendrá que activar a través de un clic el icono impresora.

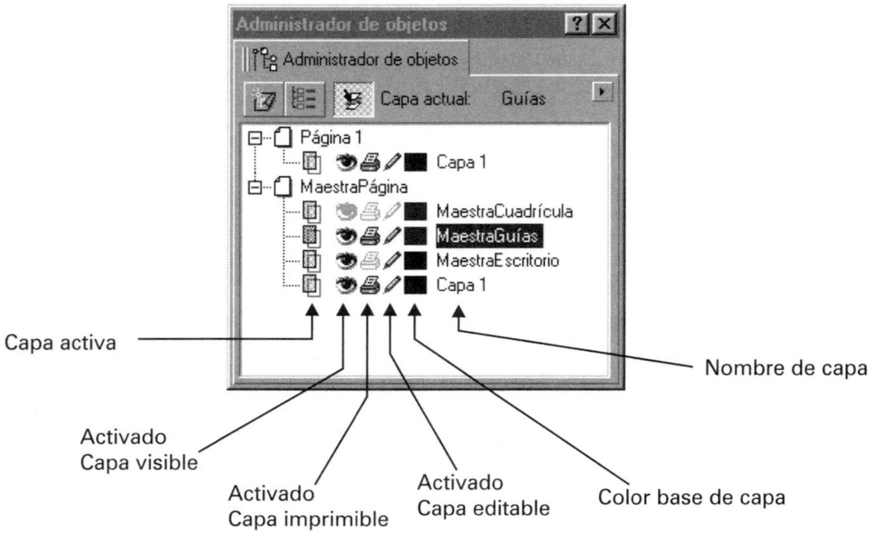

Herramientas de dibujo, Formas Básicas

Todas las herramientas básicas de dibujo tienen un comportamiento parecido a la hora de utilizarlas, diferenciándose en pequeñas características. Las herramientas básicas están pensadas como bases rápidas del dibujo.

 Rectángulo, realiza rectángulos y cuadrados.

 Elipse, realiza elipses, círculos, semicírculos, etc.

 Polígono, realiza polígonos y estrellas.

 Espiral realiza formas espirales.

 Papel gráfico, realiza cuadrículas, papel gráfico, papel técnico, etc.

Para utilizar cualquiera de estas herramientas seleccione el icono deseado, haga clic en la mesa de dibujo y arrastre hasta darle la forma deseada. Recuerde que manteniendo apretada la tecla "Control" durante el dibujo de una forma básica, ésta será de lados proporcionales.

Hay que tener en cuenta que si usted quisiera modificar un solo nodo de una forma básica tendría primero que convertir estas a dibujo de líneas,

⇨ MENÚ ORGANIZAR ⇨ CONVERTIR A CURVAS

ya que si no hiciese esto todos los nodos se comportarían como formas básicas.

Rectángulo

Vamos a dibujar unos dados para lo cual utilizaremos en primer lugar la herramienta cuadrado.

Empezaremos situando una línea guía vertical y otra horizontal hacia el centro de la página, el punto de corte de éstas será el primer vértice del dado. Seleccionamos la herramienta rectángulo y manteniendo la tecla "control" apretada dibujamos un cuadrado perfecto.

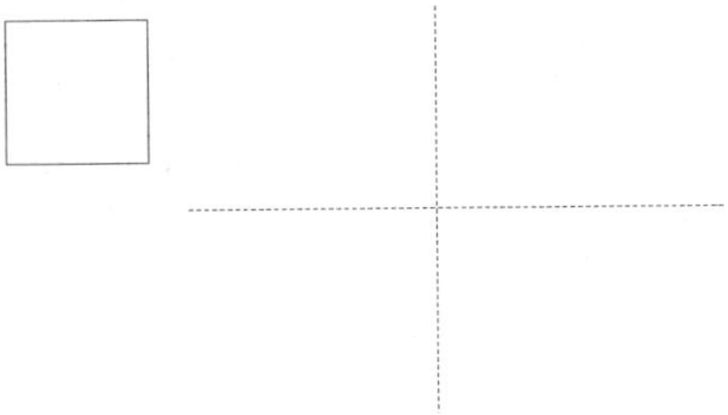

Lo dibujamos aparte ya que este cuadrado nos servirá como plantilla para las diferentes caras del dado.

Le vamos a redondear las esquinas para darle un efecto de suavidad, podemos apreciar que una vez dibujado el cuadrado éste se muestra con cuatro nodos, uno en cada esquina. Si nos situamos con el cursor encima de cualquiera de ellos, veremos que el cursor adopta el aspecto de la herramienta forma, haciendo clic en él y arrastrándolo veremos que cada nodo se convierte en dos nuevos nodos que se mueven inversamente proporcional, redondeando las esquinas, si aplicamos la máxima curva a las esquinas, el cuadrado se convertiría en un círculo.

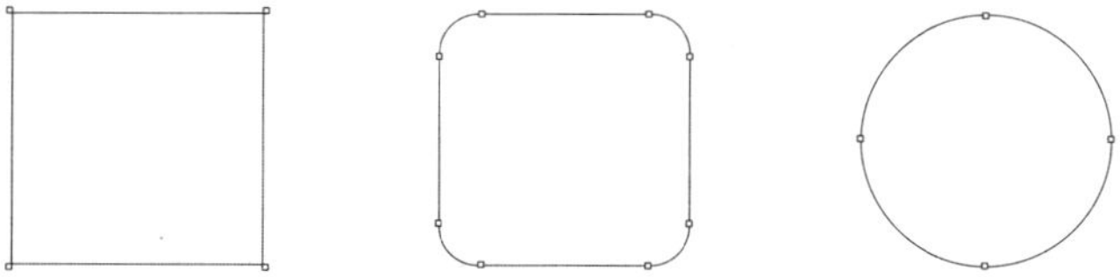

Cuando seleccionamos un nodo del cuadrado, podemos apreciar que en la *barra de herramientas* se muestra una opción con la que podremos dar un valor (%) determinado al giro de las esquinas. En nuestro caso este valor será (20).

Una vez redondeado el cuadrado lo duplicamos y giramos 45 º.

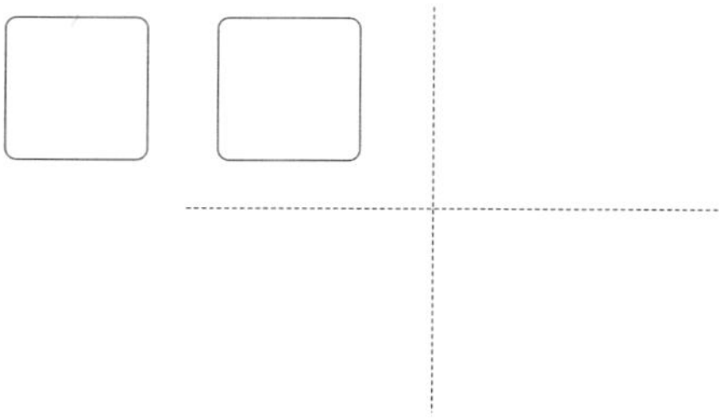

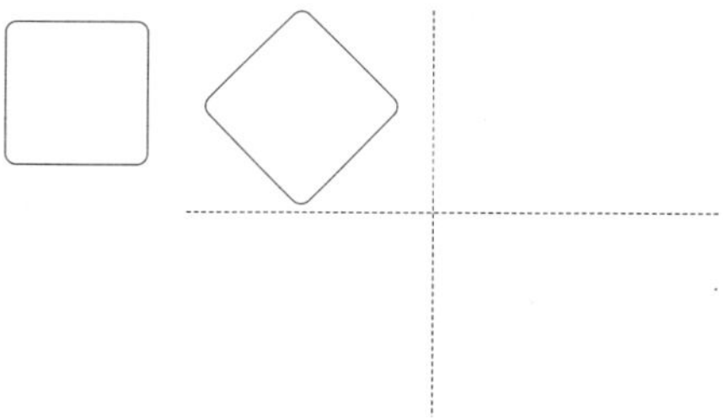

Reducimos su altura a través de la persiana *transformar (Escala y reflejo)* en un 50 %, situándolo centrado y en la parte superior de la cruz que forma las líneas guías y lo movemos verticalmente 0,4 mm.

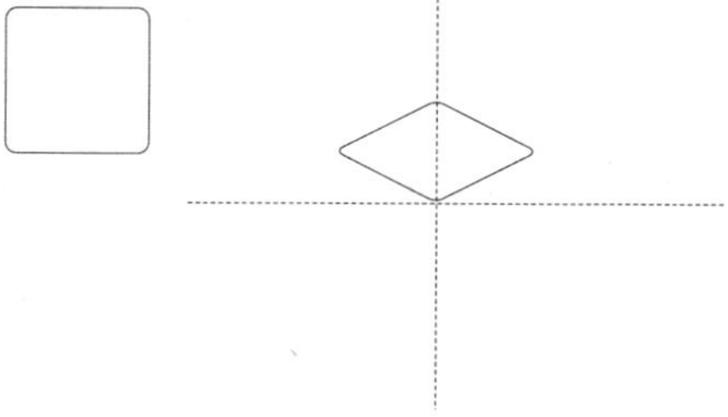

El paso siguiente será añadir dos líneas guías nuevas que serán *oblicuas* y que nos servirán como referencia para las siguientes caras del dado.

Para ello seleccionamos la línea guía vertical, la duplicamos, hacemos un nuevo clic en ella y se nos mostrarán los tiradores de giro.

Situamos el centro de giro exactamente en el corte de las líneas guías, seleccionamos uno de los tiradores de giro y lo arrastramos 60 °, valor que se muestra en la *barra de estado.*

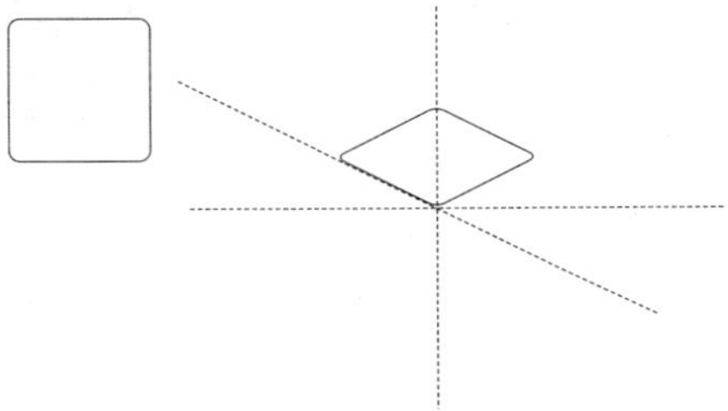

Seleccionamos el cuadrado base y lo situamos en el cuadrante inferior izquierda. Colocamos una nueva línea guía que se situará justo en el vértice izquierdo del primer cuadrado y reduciremos la anchura del segundo cuadrado al ancho entre las líneas guías.

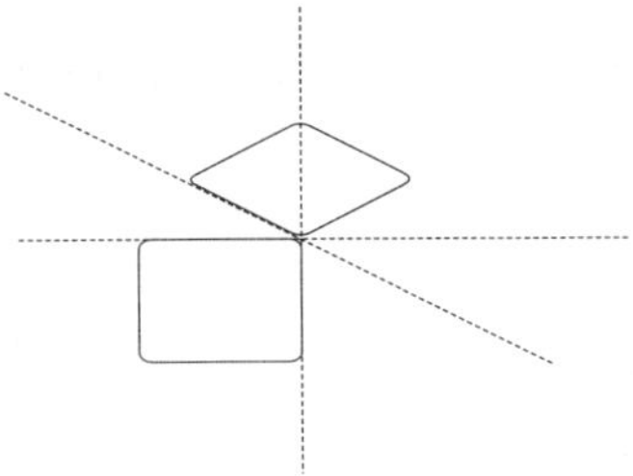

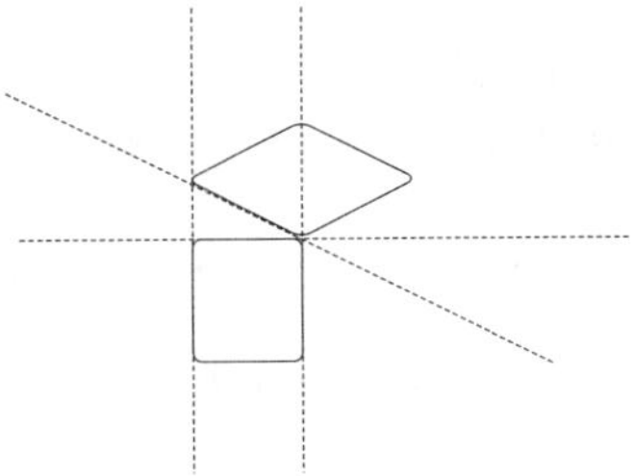

Hacemos doble clic en el segundo cuadrado para editar los tiradores de inclinación y seleccionando el de la izquierda lo arrastramos hasta que el lado superior coincida con la línea guía oblicua.

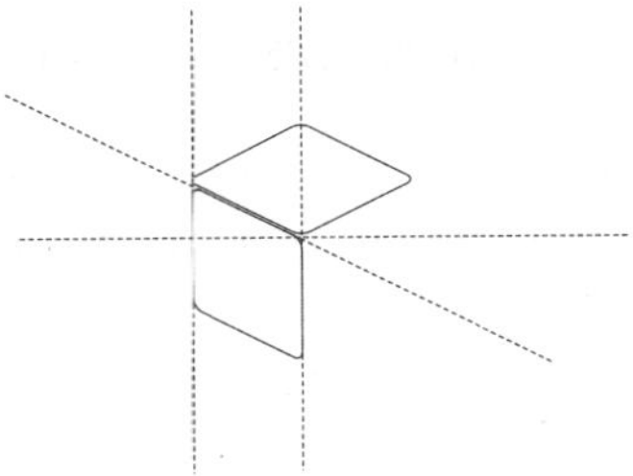

Y ya tenemos la segunda cara visible del dado. Para realizar la tercera sólo tendremos que seleccionar ésta y a través de la persiana transformar (escala y reflejo) hacerla un reflejo horizontal y aceptar en “Aplicar para duplicar”.

Situamos el nuevo cuadrado (tercera cara del dado) en el cuadrante inferior derecha, y como ya hicimos con la cara superior separamos las caras inferiores del punto de corte de las líneas guías 0,4mm tanto vertical como horizontalmente.

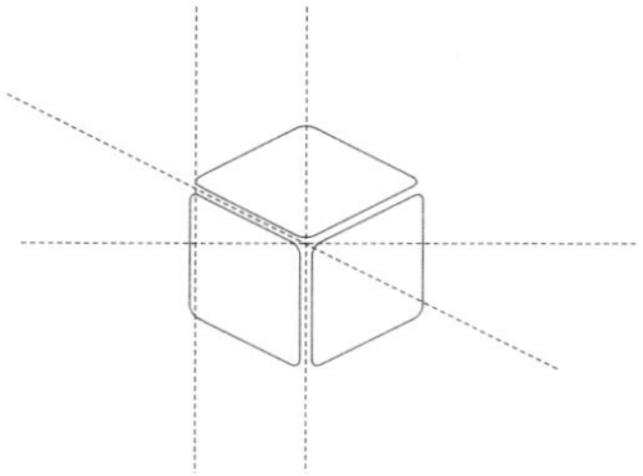

El siguiente paso será realizar un fondo para que englobe las tres caras, este fondo se basará en la unión de los 6 lados exteriores de las caras, para ello seleccionamos las tres caras del dado y las duplicamos.

Las vamos a mover horizontalmente 50 cm para trabajar más cómodamente y una vez terminado el fondo poder devolverlo a su sitio exacto.

Convertimos los tres cuadrados a curvas,

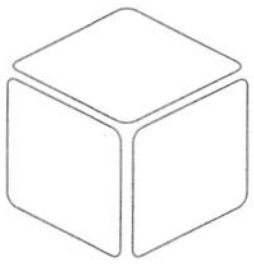

⇨ MENÚ ORGANIZAR ⇨ CONVERTIR A CURVAS

Cortamos de cada recuadro el trayecto exterior eliminando los trayectos interiores sobrantes. Unimos los tres trayectos con tres líneas curvas, para ello seleccionamos “Encajar en objeto”,

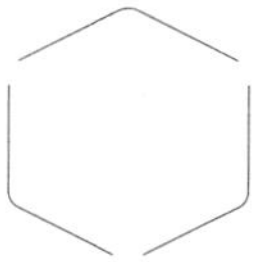

⇨ MENÚ DISEÑO ⇨ ENCAJAR EN OBJETO

Con la herramienta *Mano alzada*  seleccionada y haciendo clic en los extremos de los trayectos los vamos uniendo. La opción “*Encajar en objeto*” provoca que los nodos de las curvas de unión se coloquen, automáticamente, encima de los nodos de los trayectos exteriores.

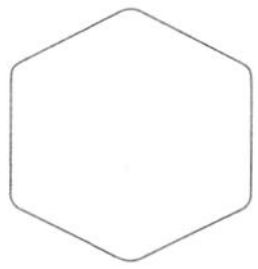

Seleccionamos todo el conjunto y lo *combinamos*, pues vamos a necesitar que este conjunto de trayectos sea un único trayecto cerrado, para poder aplicarle un relleno. Una vez combinado vamos seleccionando con la herramienta *forma* los nodos de unión de los trayectos y los fundimos convirtiéndolos así en un solo nodo.

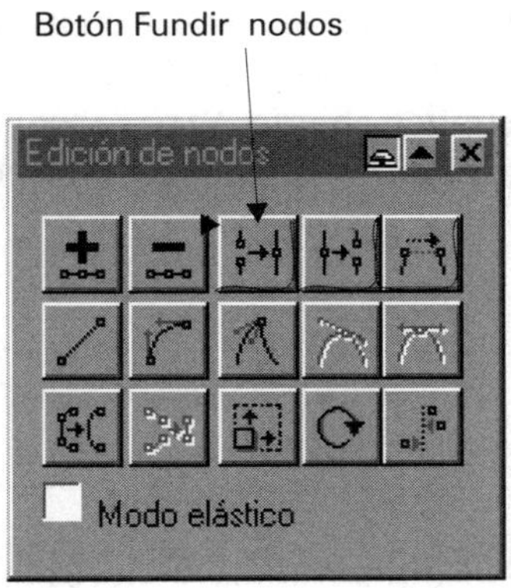

Recuerde que esta función la realizábamos a través del botón de la persiana "Edición de nodos". Cuando todos los nodos formen un solo trayecto cerrado volvemos a mover -50 cm el nuevo objeto y lo mandamos" hacia atrás",

⇨ MENÚ ORGANIZAR ⇨ ORDEN ⇨ HACIA ATRÁS

con lo cual ya tenemos listo y en su sitio el fondo de las tres caras del dado.

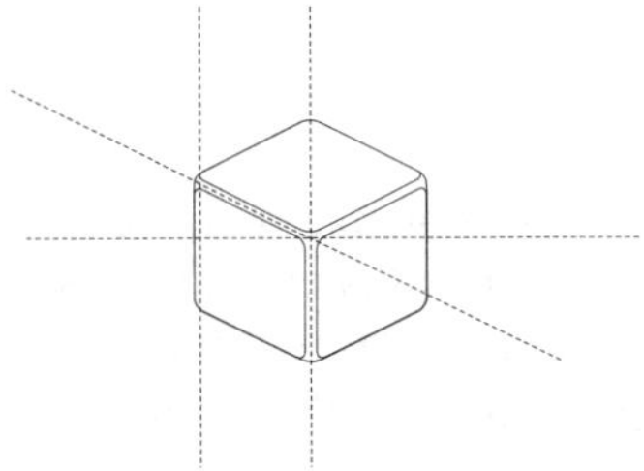

Lo siguiente será preparar los puntos de valor de cada cara del dado.

Elipse

Para dibujar una elipse el concepto es igual que para el cuadrado con unas pequeñas diferencias.

Si al dibujar una elipse tenemos apretada la tecla "*Mayús*" ésta definirá su comienzo, "clic en la mesa de trabajo", como el centro de la elipse.

Si tenemos apretada la tecla "Control" la elipse, a dibujar, será un círculo perfecto y si apretamos las dos a la vez el resultado será un círculo cuyo centro estará situado en el punto donde hemos empezado a trazar la elipse.

Como se puede ver en la figura inferior cuando se dibuja la forma básica elipse, ésta sólo muestra un nodo de control.

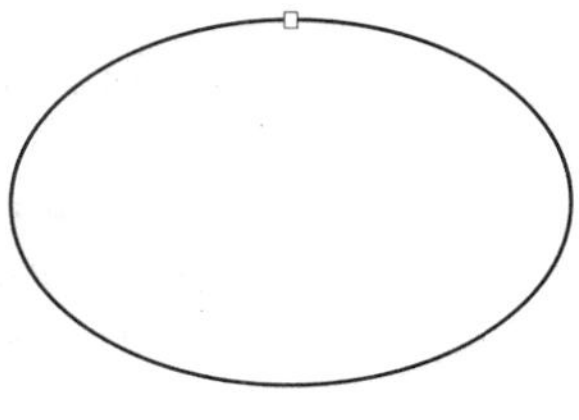

Este nodo nos servirá para modificar el contorno de la elipse. Si al arrastrar este nodo mantenemos el cursor fuera de los límites de la elipse ésta se convertirá en un trazado elíptico abierto. Si por el contrario lo mantenemos dentro de los límites de la elipse el resultado es un trayecto cerrado.

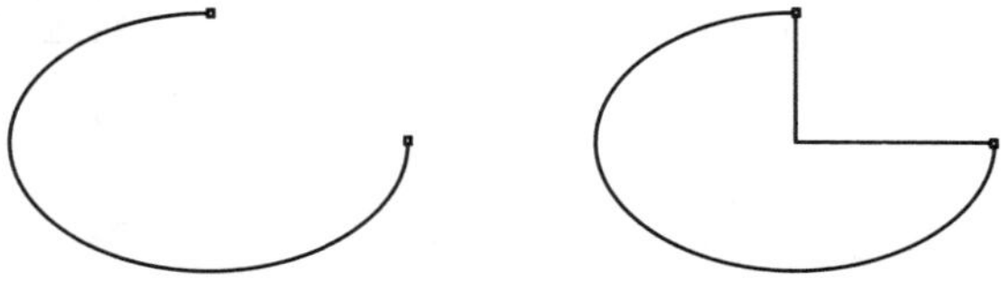

Nosotros vamos a necesitar elipses completas por lo que trazamos una elipse proporcional al tamaño de la cara del dado y teniendo en cuenta que en una de sus caras deberá contener seis puntos (elipses).

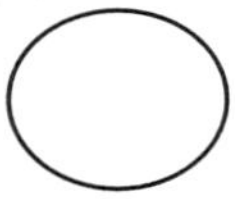

Una vez hecha la elipse la duplicamos ya que en principio necesitamos dos modelos diferenciados en su perspectiva. Seleccionamos una de ellas y la hacemos un nuevo clic para que nos muestre los tiradores de inclinación modificándola hasta que su perspectiva cuadre con una de las caras inferiores.

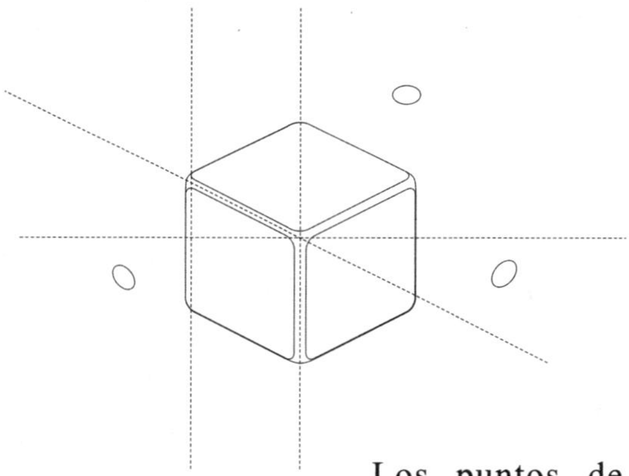

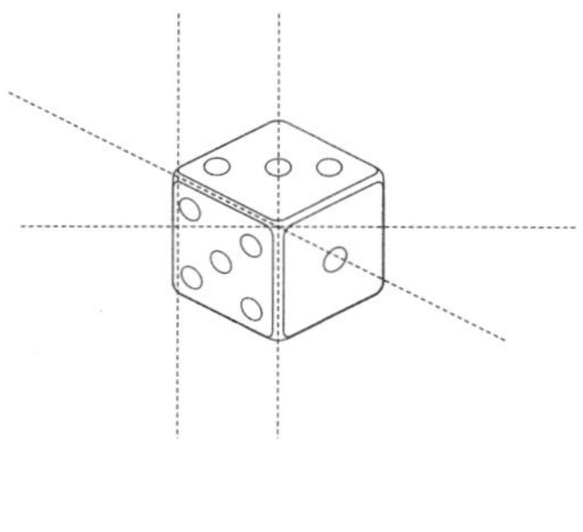

Los puntos de la cara paralela los realizaremos duplicando y reflejándolos horizontalmente.

Los de la cara superior los haremos estrechando en altura el punto.

Cuando tengamos los tres modelos de puntos sólo resta duplicarlos y colocarlos en sus lugares correspondientes.

Y ya tenemos terminado el dado, seleccionamos el conjunto de objetos que forman este dado y los duplicamos para realizar un segundo dado donde cambiaremos los puntos de las caras.

Se recomienda agrupar cada dado por separado ya que así la colocación de un dado respecto al otro es mucho más fácil y rápida.

Giramos los dados mínimamente para dotarles de movimiento y los asignamos diferentes rellenos para acentuar el volumen y la perspectiva y, diseño concluido.

Polígonos

La herramienta polígono nos permitirá realizar polígonos, estrellas o polígonos estrellados.

Polígono | Estrella | Polígono estrellado

Los polígonos que podemos formar con esta herramienta van desde polígonos de 3 lados a 500 lados, los lados mínimos para formar una estrella son 5, los máximos 500.

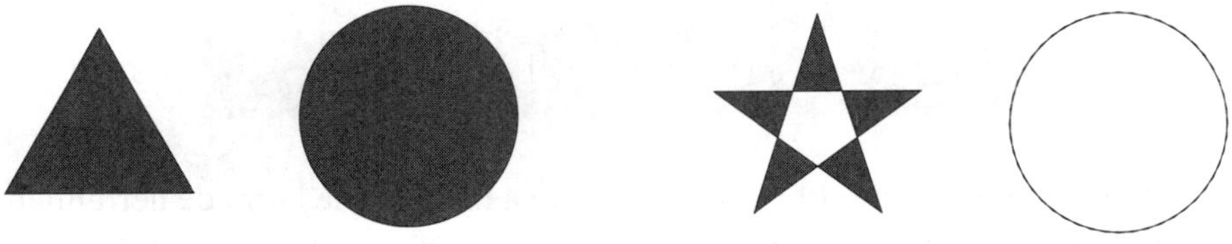

Polígono de 3 lados | Polígono de 500 lados | Estrella de 5 lados | Estrella de 500 lados

Al igual que las herramientas anteriores a la hora de dibujar formas poligonales si se aprietan las teclas Control y Mayús, conseguirás polígonos proporcionales con el centro geométrico en el lugar donde se haya realizado el clic de inicio de la forma poligonal.

Por medio de la herramienta *forma* podemos modificar la estructura del polígono, aunque éste siempre guardará su proporción entre sus lados. Para que esto no ocurra recuerde que podemos convertir cualquier polígono a curvas con lo que podremos modificarlo sectorialmente.

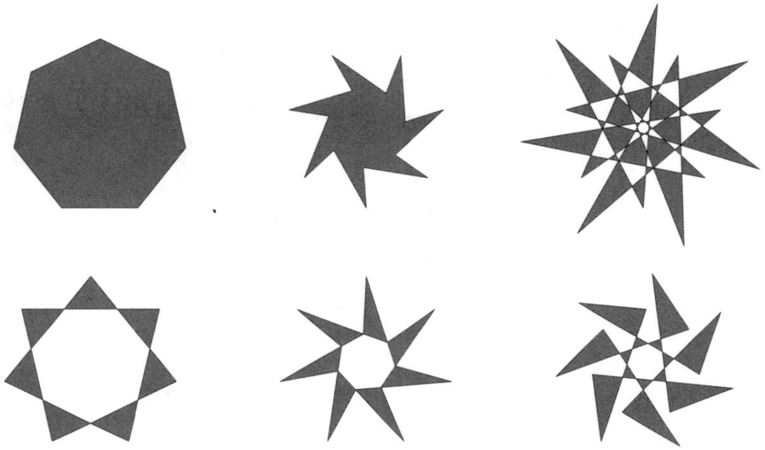

Haciendo doble clic en la herramienta *polígono* se abre la pantalla *opciones* en la que podremos determinar cuál de las tres formas de dibujar polígonos actuará como predeterminada.

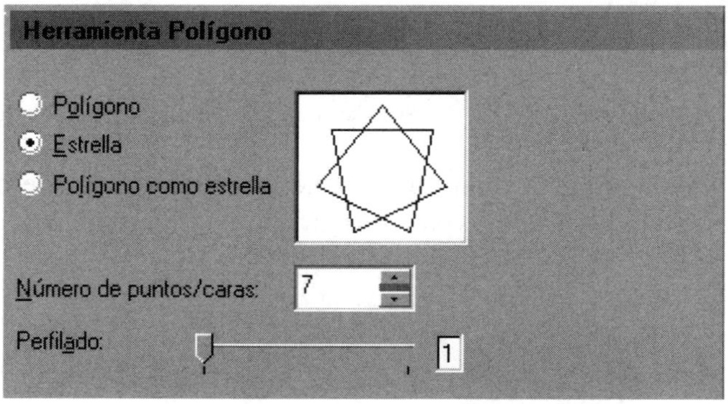

Los polígonos se pueden modificar rápidamente a través de la barra de herramientas, usted podrá modificar el número de lados, así como convertirlos a estrellas a través del icono que aparece en la misma.

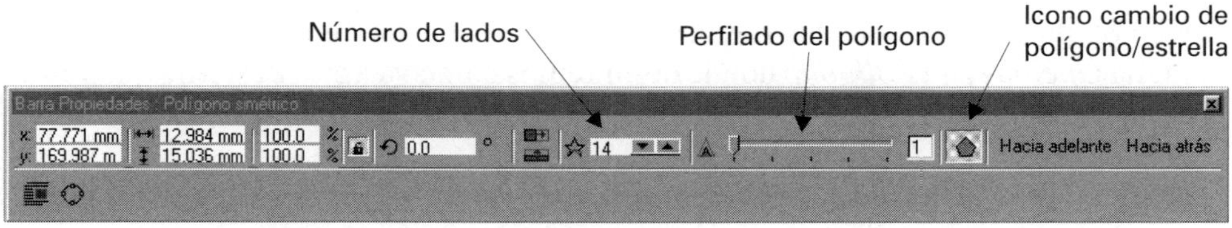

Las estrellas se pueden modificar en su formación según el número de lados que tenga. Una estrella de 5 lados sólo tiene una forma de interrelacionarse, una de 7 lados tendrá dos formas, una de 10 lados tendrá tres formas, y así proporcionalmente al número de lados que tenga la estrella.

Vamos a realizar un diseño que titularemos "*Puerta al hiperespacio*".

El primer paso será colocar dos líneas guía, una vertical y otra horizontal, para definir el punto central de nuestro diseño, este punto lo situaremos hacia el centro de nuestra página.

Seleccionamos la herramienta rectángulo y manteniendo apretadas las teclas control y mayúsculas, hacemos clic justo en el cruce de las líneas guías arrastramos y dibujamos un cuadrado que nos servirá como fondo.

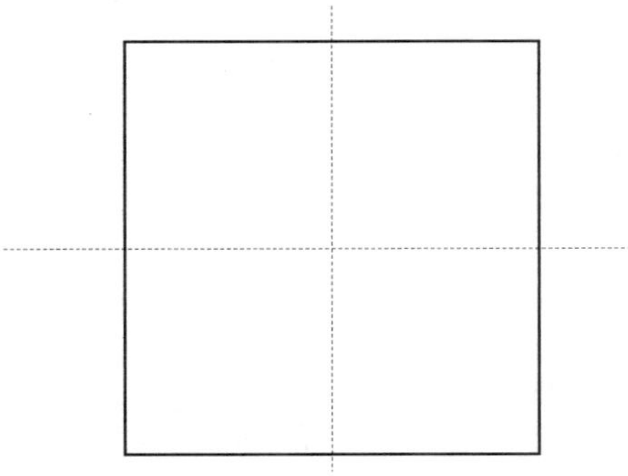

El segundo paso será dibujar una estrella que tenga 96 lados y un perfilado de 39.

Hacemos doble clic el icono polígono de la barra de herramientas, para abrir la pantalla *Opciones de Polígono* donde definiremos cómo va a ser la estrella que vamos a dibujar.

Hacemos clic en el tipo de polígono *estrella*, en "*Número de puntos/caras*" escribimos *96* y en "*Perfilado*" escribimos *39*, y hacemos clic en aceptar.

Seleccionamos la herramienta polígono, haciendo clic en el punto de corte de las guías y manteniendo apretadas al igual que en el paso anterior las teclas *mayúsculas* y *control*, arrastramos el cursor hasta dibujar la estrella definida anteriormente.

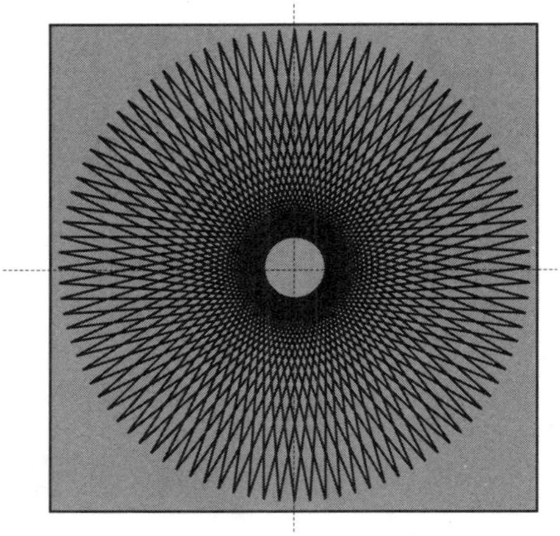

El tercer paso es dibujar un círculo, con centro en el mismo punto que los objetos anteriores, que tendrá unos milímetros más de diámetro que el centro de la estrella.

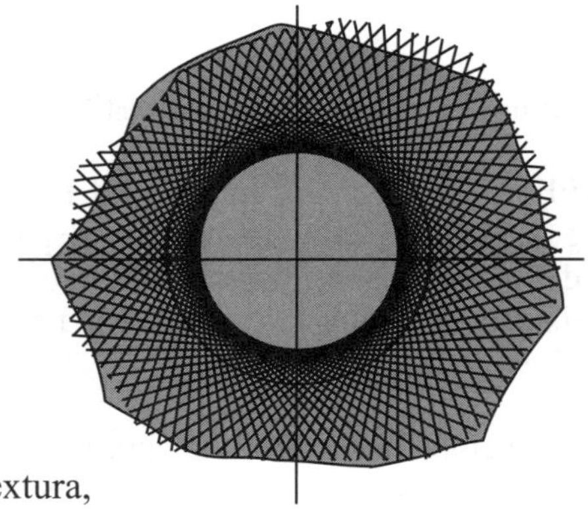

Este círculo lo situaremos entre la estrella y el fondo.

Al cuadrado fondo le aplicamos un relleno de textura,

➪ PERSIANA ATRIBUTOS ➪ RELLENO ESPECIAL ➪ ICONO TEXTURAS ➪ MUESTRAS 5 ➪ EDITAR ➪ CIELO DE NOCHE.

Antes de aceptar vamos a cambiar el parámetro (Anchura máx % = 7) para que los puntos que simulan las estrellas sean más grandes. Aceptamos y aplicamos el relleno al cuadrado fondo.

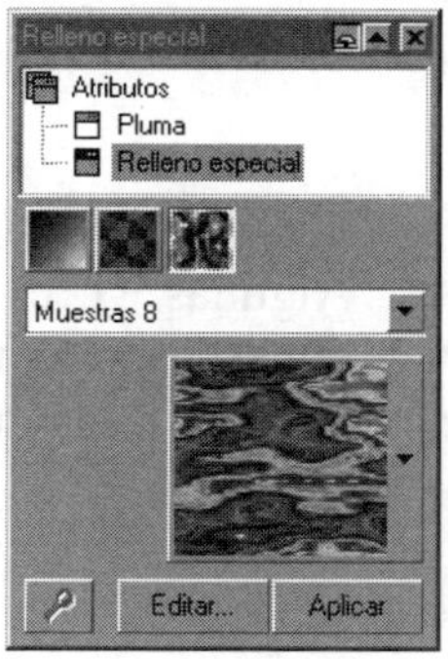

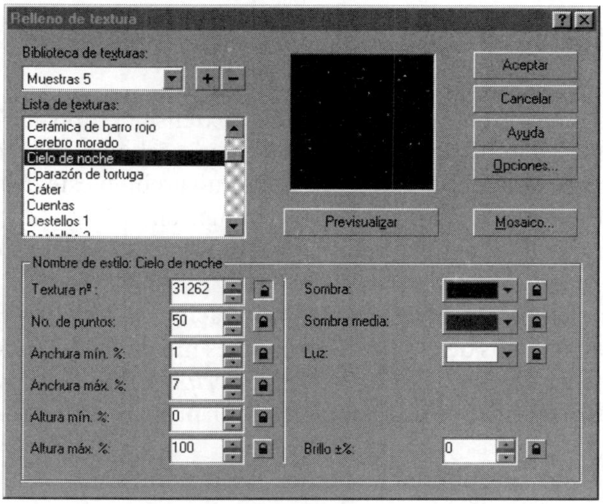

Al círculo le aplicamos un relleno cónico simple de un color azul a blanco.

A la estrella le aplicamos un relleno cónico de degradado múltiple, varios colores, que nos dará sensación de profundidad, también le vamos a quitar la línea de contorno, recuerde; seleccionamos la estrella y hacemos clic en el tintero superior, con una cruz negra, de la paleta de colores, para que el relleno se vea con más claridad.

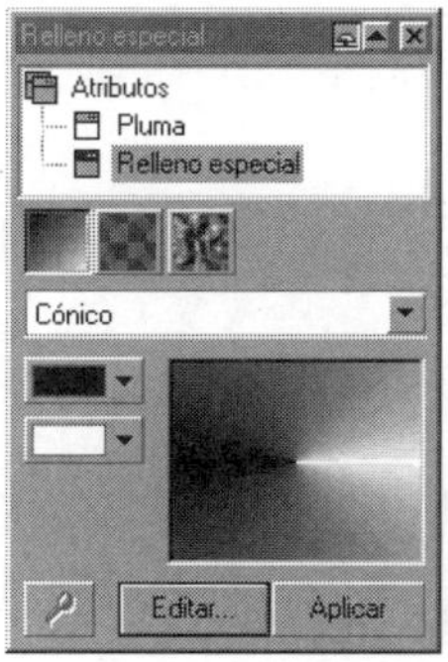

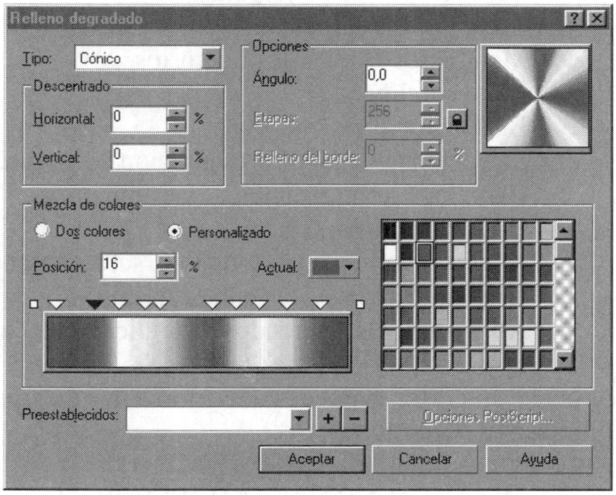

En último término vamos a añadir a nuestro diseño un detalle para ponerlo en situación.

Importa y exportar

Podemos importar una gama muy extensa de tipos de archivo, CorelDraw contiene más de 50 filtros para obtener los archivos más comunes. Algunas veces he comprobado que al querer importar un archivo éste da un error de filtro desconocido, en estos casos no dude en seleccionar en la lista "*Archivos de tipo:*" de la pantalla "*Importar*" el filtro específico y el problema se habrá solucionado.

Por ejemplo, en el caso de la importación de archivos EPS puede darse el caso que el programa nos dé el tipo de error antes mencionado. En este caso CorelDraw tiene dos tipos de filtro "*Encapsulated PostScript (EPS)*" o "*PostScript Interpreted (PS, PRN, EPS)*" en este tipo de casos no dude en probar con las diferentes opciones.

A la hora de importar cualquier objeto contenido en los CD-ROM que Corel incluye con esta versión, o archivos de otras procedencias, podemos hacerlo a través de la "Carpeta de recortes" que usted podrá abrir seleccionando el icono  de la *Barra Estándar.*

La carpeta de recortes se comporta como un pequeño Explorador de Windows siendo interactiva, esto significa que usted podrá:

- ✓ Ver el contenido de carpetas.
- ✓ Crear nuevas carpetas.
- ✓ Mostrar los árboles de directorios.
- ✓ Mover archivos.
- ✓ Buscar archivos.
- ✓ Seleccionar el tipo de presentación de los directorios.
- ✓ Cambiar la visualización de las miniaturas.
- ✓ Organizar los iconos.
- ✓ Importar archivos, método Ole, seleccionando el archivo elegido y arrastrándolo hasta la ventana de dibujo.
- ✓ Abrir archivos, haciendo doble clic en el archivo indicado.

La carpeta de recortes se puede configurar con subcarpetas directas. Éste es el caso de la bibliotecas de CorelDraw,

⇨ MENÚ VER ⇨ CARPETA DE RECORTES

como podrá observar en este submenú podemos seleccionar las siguientes subcarpetas;

- ✓ Examinar.
- ✓ Clipart.
- ✓ Fotos.
- ✓ Rellenos y contornos favoritos.
- ✓ Modelos 3D.
- ✓ Sitios FTP.

También podemos añadir a la carpeta de recortes todas las subcarpetas que aparecen en *Ventanas acoplables*.

➪ MENÚ VER ➪ VENTANAS ACOPLABLES

Si incluimos algunas o todas estas subcarpetas veremos que en el lateral derecho de la carpeta de recortes nos aparecerán sus respectivos iconos para su activación. Conste que para que una subcarpeta, por ejemplo la de Clipart, que es de la que vamos importar un archivo se active, usted tendrá que haber introducido en la unidad pertinente el CD-ROM indicado, en este caso el numerado como 2.

Buscamos el clipart elegido, que en este caso será;

➪ CARPETA DE RECORTES ➪ CLIPART ➪ CARPETA CLIPART ➪ CARPETA SPACE ➪ CARPETA ROCKETS ➪ ATLANTIS.CDR

Sólo nos resta seleccionarlo y arrastrarlo hasta la ventana de dibujo.

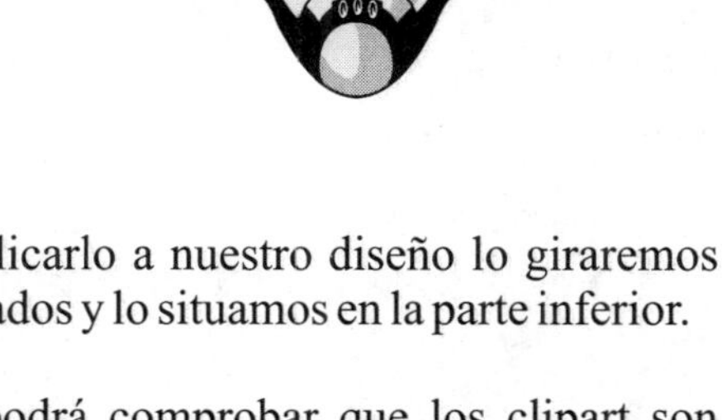

La carpeta de recortes se puede tener activa en pantalla de dos formas, dependiendo del tamaño de su monitor, desplegada o recogida, esto se selecciona con la doble flecha que aparece en el ángulo superior izquierdo.

Flecha de despliegue

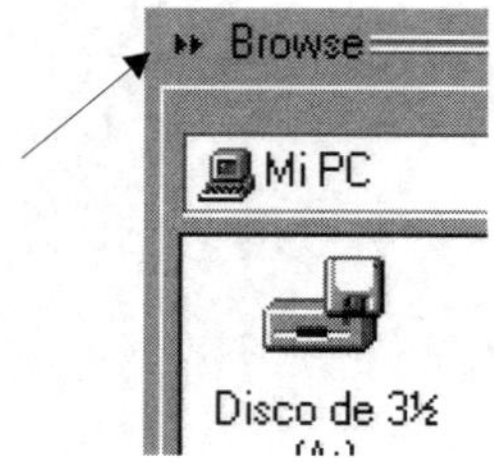

Para aplicarlo a nuestro diseño lo giraremos unos grados y lo situamos en la parte inferior.

Usted podrá comprobar que los clipart son diseños CorelDraw por lo que podrá desagruparlos y modificarlos.

Nosotros le hemos hecho unas pequeñas modificaciones para que contraste perfectamente con los objetos anteriormente dibujados.

El aspecto final sería el siguiente,

Herramientas Interactivas

Las Herramientas Interactivas

CorelDraw ha añadido a su versión 8 herramientas pensadas para su utilización directa en pantalla, *Interactividad,* potenciando el efecto 3D en los diseños.

Las herramientas interactivas son:

Transparencia Interactiva, nos permite aplicar transparencias a los objetos con lo cual veremos a través de éstos los objetos situados detrás. Su barra de propiedades será la siguiente:

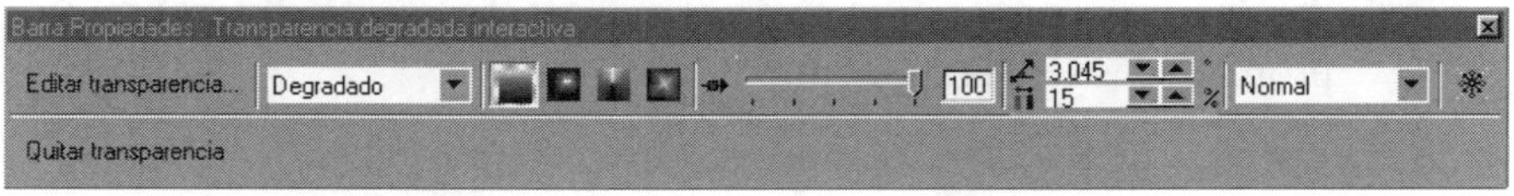

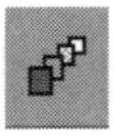

Mezcla Interactiva, nos permite mezclar objetos. Su barra de propiedades será la siguiente:

Distorsión Interactiva, nos permite distorsionar objetos proporcionalmente. Tenemos a nuestra disposición tres tipos de distorsión:

Distorsión empujar y tirar, esta distorsión aleja o acerca los nodos del objeto al punto donde se ha hecho clic para realizar la distorsión.

Distorsión cremallera, nos permite dotar al objeto seleccionado de múltiples efectos de distorsión.

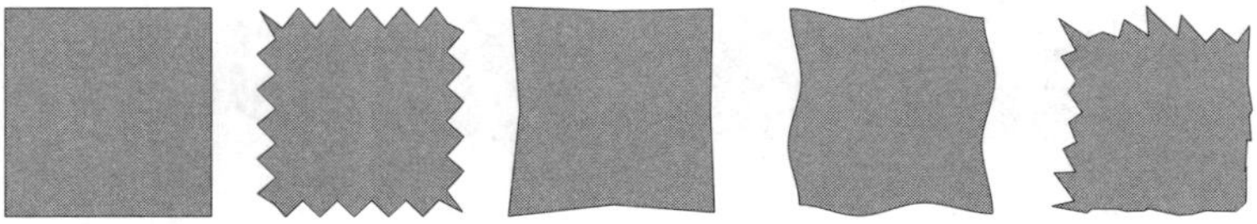

Distorsión torbellino, nos permitirá distorsionar objetos en formato espiral.

Su barra de propiedades será la siguiente:

Envoltura Interactiva, nos permite modificar el aspecto de los objetos dándoles formas predeterminadas con el control de nodos. Su barra de propiedades será la siguiente:

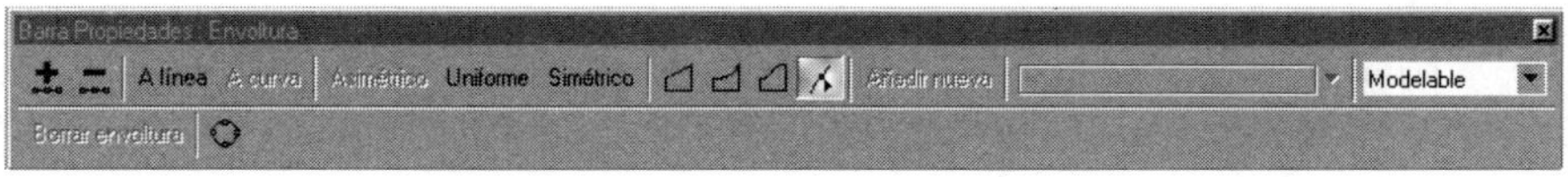

Extrusión Interactiva, nos permite dotar a los objetos de volumen direccional. Su barra de propiedades será la siguiente:

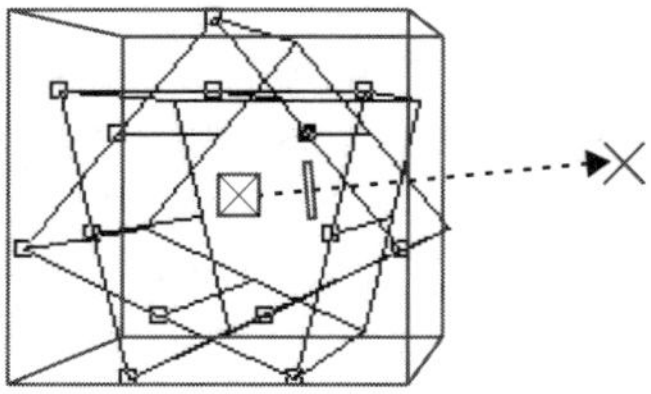

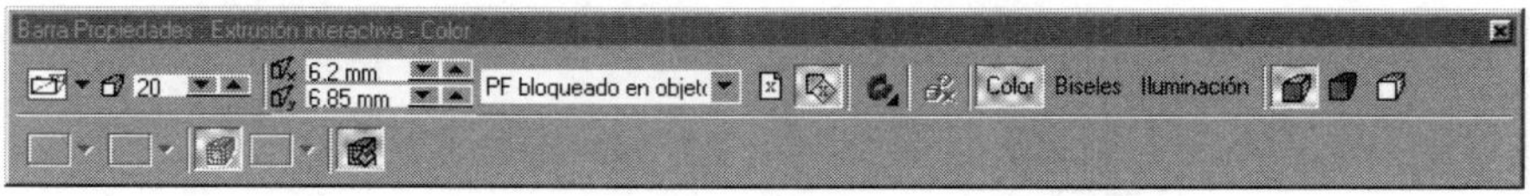

Sombra Proyectada Interactiva, nos permite dotar a los objetos de sombra proyectada sobre todo lo que tenga detrás, aumentando el efecto espacio. Su barra de propiedades será la siguiente:

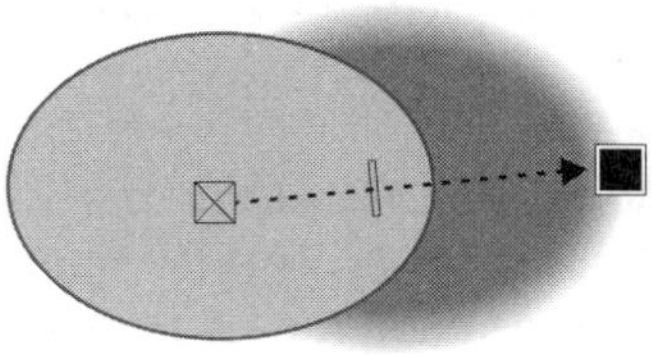

Vamos a realizar un diseño donde veremos la utilización de algunas de estas herramientas.

La base de nuestro diseño va a ser un clipart sobre el que haremos modificaciones para ver el potencial de estas herramientas.

Importamos el clipart "Towelfem" que se encuentra en,

➪ CARPETA DE RECORTES ➪ CLIPART ➪ PEOPLE ➪ MISC ➪ TOWELFEM

Modificamos el clipart de tal forma que sólo dejaremos la parte del busto, en la cual haremos los añadidos para darle un aspecto de ficción.

El primer paso será dibujar nuevos objetos en la zona del pelo, para ello vamos a utilizar la herramienta mezclar.

Dibujamos dos elipses, a la primera le asignamos un relleno negro simple, a la segunda, de tamaño mínino, un relleno degradado simple de gris a blanco con un ángulo de 60 º.

Tenemos que eliminar el contorno, tintero superior de la paleta de colores marcado con una X, de las dos elipses, ya que vamos a realizar una mezcla y si no eliminamos el contorno, éste también se mezclará, restándole definición a la mezcla del relleno de los dos objetos.

Seleccionamos la herramienta *Mezcla interactiva* y haciendo clic en el objeto inicio de la mezcla lo arrastramos hasta el objeto final. Cuando seleccionamos con esta herramienta una mezcla, en ésta se activan los nodos principio y final y los tiradores de aceleración de la mezcla.

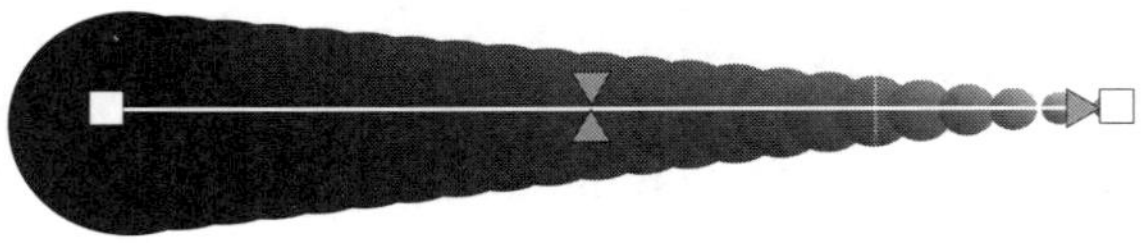

Los tiradores de aceleración tienen la función de modificar proporcionalmente la distancia entre los objetos de una mezcla dando así la impresión de aceleración de la mezcla. La flecha nos indica la dirección de la mezcla.

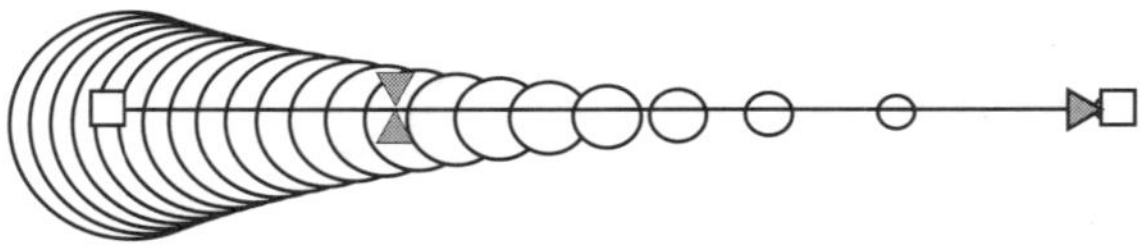

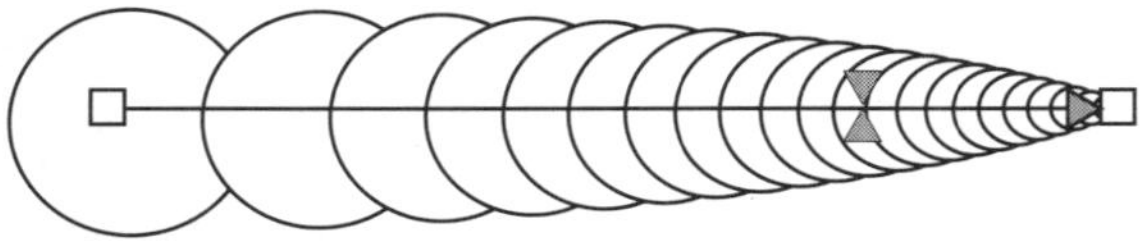

En nuestro caso vamos a modificar la mezcla para darle un aspecto de volumen, sin modificar la aceleración , para ello lo primero que variamos es el número de pasos intermedios, esto lo podemos hacer a través de la barra de herramientas o de la persiana "Mezcla" de la persiana grupo "Efectos".

En el dato número de etapas, que por defecto es 20, lo elevamos a 160, con lo que conseguimos una mezcla más homogénea.

También vamos a modificar el trayecto, para ello el primer paso será crearnos una línea que utilizaremos como trayecto base.

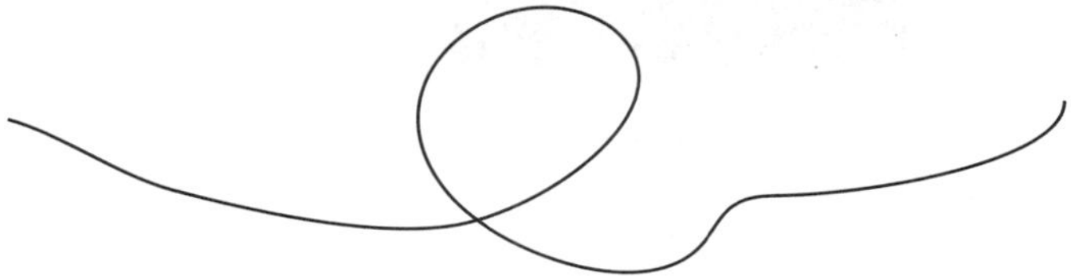

Con la herramienta mezcla interactiva seleccionada hacemos clic en la mezcla a la que vamos a cambiar el trayecto.

Abrimos la persiana mezcla, menú ver...

⇨ VER ⇨ PERSIANAS ⇨ MEZCLA

En la parte inferior de la persiana mezclar se activarán tres botones los dos primeros son para cambiar tanto el principio de la mezcla como el final, el tercer botón es el que nos ocupa en este momento, con él podemos seleccionar un nuevo trayecto o mostrarlo si ya se lo hemos aplicado, así como separar el trayecto de la mezcla.

Nosotros seleccionaremos "*Nuevo trayecto*" el cursor se transforma en una flecha con la que podemos seleccionar el nuevo trayecto elegido haciendo clic en éste. Sólo nos resta hacer clic en aplicar y la mezcla se acoplará al nuevo trayecto.

Una vez aplicado el nuevo trayecto podemos cambiar los nodos tanto de inicio como de final, de la mezcla, a lo largo del trayecto, modificando así la longitud de la misma pero respetando el trayecto.

Eliminamos el contorno de la línea para que no se vea y colocamos esta mezcla en el pelo del dibujo base.

Repetimos los pasos anteriores modificando el trayecto para variar la forma de la mezcla y las vamos colocando en toda la extensión del pelo.

Vamos a utilizar a continuación la herramienta distorsión interactiva para realizar unas flores con las que adornaremos el dibujo que estamos realizando.

Con la herramienta *rectángulo* seleccionada dibujamos un cuadrado. Éste será la base de la primera flor que vamos a realizar.

Seleccionamos la herramienta *Distorsión interactiva*  , hacemos clic en el centro del cuadrado y arrastramos el ratón hacia la izquierda. Con ello conseguimos que los nodos que forman el cuadrado se acerquen al punto elegido como centro de la distorsión.

Como podrá observar se han activado dos nodos, uno en el punto desde donde hemos empezado la distorsión que es el punto de referencia y otro que es un nodo de arrastre con el que podremos alejar o acercar los nodos del objeto.

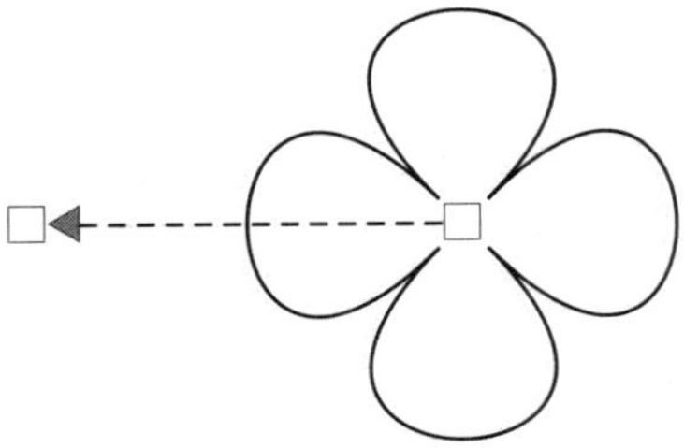

La situación del nodo de referencia se puede variar haciendo clic en él y arrastrándolo hasta su nueva situación.

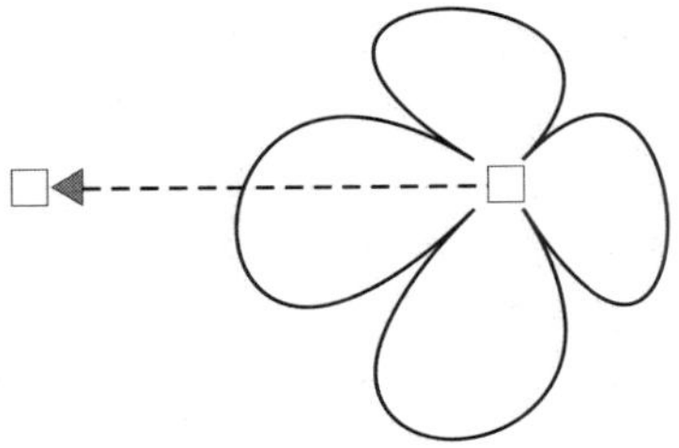

En nuestro caso lo vamos a desplazar unos milímetros para dar a la flor sensación de perspectiva. La rellenamos con un degradado simple radial y ya tenemos lista la primera flor para hacer otras parecidas sólo tendremos que duplicar la anterior y variar a través de la herramienta *distorsión* el nodo de referencia.

Para hacer nuevos tipos de flores el procedimiento es el mismo pero el objeto base puede variarse obteniendo más variedad de formas.

Flor basada en un:

Pentágono

Dos triángulos invertidos

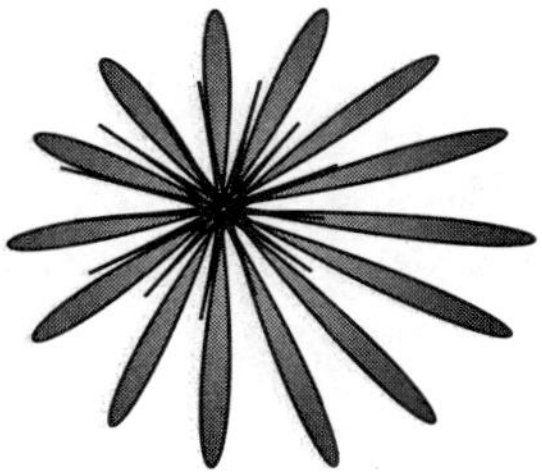

Heptágono

Las duplicamos variando sus puntos de referencia de distorsión y las aplicamos a nuestro diseño.

Dibujamos un rectángulo que rellenaremos con una textura y lo aplicamos como fondo para que el contraste de los objetos anteriormente dibujados sea más marcado.

Vamos a añadir otros objetos a nuestro diseño el primero de ellos será un pendiente futurista, para ello primero dibujaremos, como en el caso del pelo, dos elipses que uniremos a través de la herramienta "*mezcla interactiva*"  .

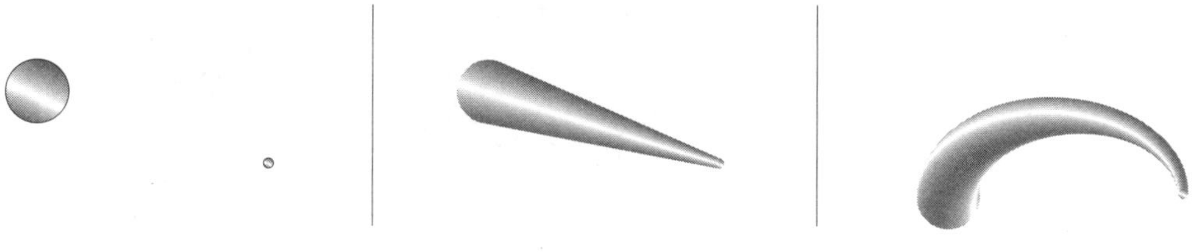

Las elipses las hemos rellenado con un degradado lineal de tres colores siendo el centro blanco y los extremos rojos con un ángulo de 65 °. También se le ha añadido un nuevo trayecto para darle curvatura. El siguiente paso es, por medio de la persiana *Transformar*, duplicar circularmente varias veces este objeto para diseñar la forma del pendiente.

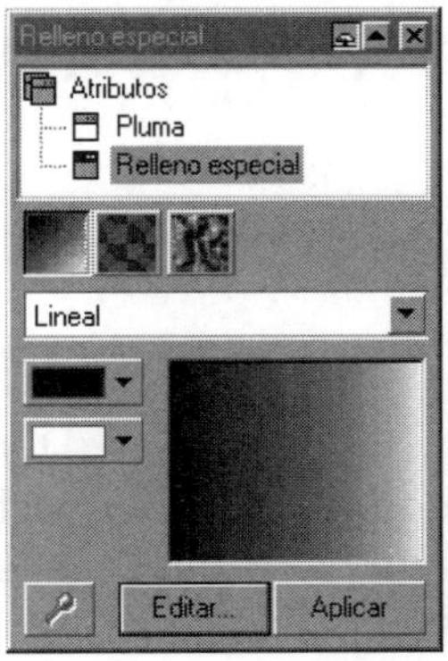

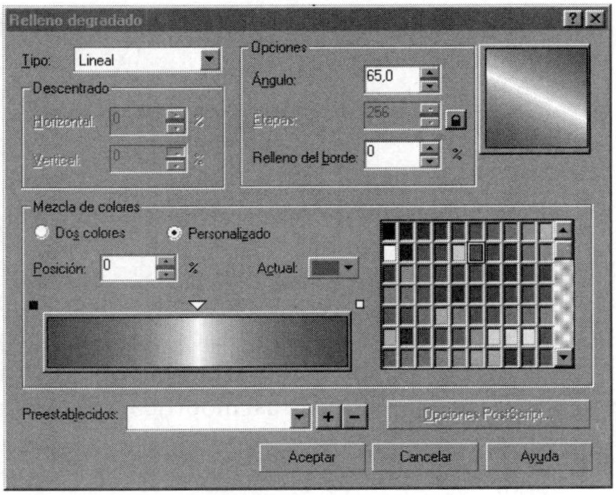

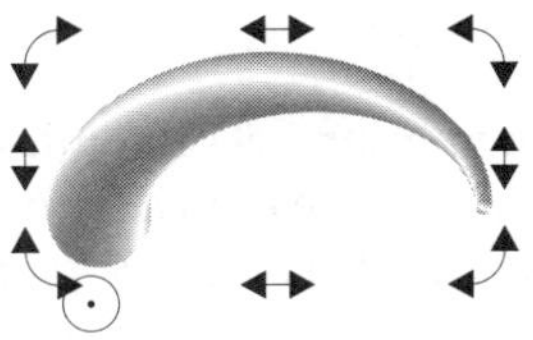

Con la herramienta selección  hacemos doble clic en el objeto para activar los tiradores de giro. Situamos el centro de giro en la parte inferior de la mezcla como se puede ver en la figura adjunta y a través de la persiana "*Transformar-Rotación*" asignamos un ángulo de 30 º *aplicándolo para duplicar*. Repetimos esta acción hasta que las repeticiones formen un conjunto circular.

Añadiremos también una elipse al centro de este dibujo a modo de perla. Para darle volumen vamos a utilizar la herramienta mezclar. Dibujamos una elipse, otra más pequeña en su interior y basándonos en la primera elipse dibujamos un sector de círculo.

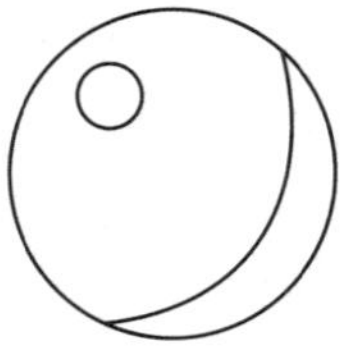

El sector de círculo se realiza duplicando le elipse, con la herramienta forma seleccionamos la elipse con lo que se mostrará el nodo de transformación, modificamos el perímetro, y convertimos este nuevo objeto a curvas, menú Organizar, eliminamos el nodo que coincide con el centro de la elipse y convertimos los restantes nodos a "*nodos curva*" pudiendo así modificar la línea interior.

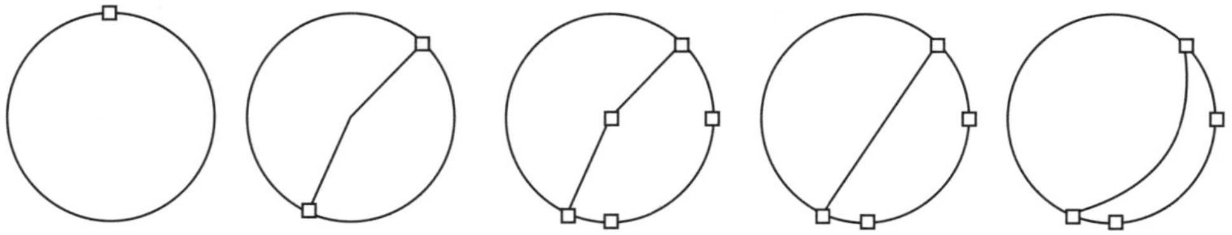

Seleccionamos con la herramienta *"Selección"* el círculo interior y el sector de círculo y los mezclamos. Para que esta mezcla nos proporcione un efecto esfera a la perla, será necesario darle un efecto rotativo. Esto lo conseguimos modificando el parámetro Rotar de la persiana de "Mezcla", le vamos a dar un valor de 80 º y activamos el modo "Bucle". La mezcla resultante tendrá este aspecto:

A la circunferencia principal le asignamos un relleno circular con centro más o menos a la altura de la circunferencia pequeña y colocamos la perla terminada en el centro del pendiente que estamos dibujando.

Colocamos estos objetos en su lugar correspondiente en el diseño principal.

En el último paso de nuestro diseño añadiremos un texto y le asignaremos una sombra.

Aunque en este momento vayamos a utilizar la herramienta texto ésta será más ampliamente descrita en el capítulo siguiente, por ello la simplicidad de la utilización que vamos a hacer de ella.

Seleccionamos la herramienta "*Texto*" , hacemos clic en la página y se activará el cursor texto, escribimos el texto "URANO 2050", dándole a través de la barra de propiedades las características oportunas que en, este caso serán cualquiera ya que éstas dependerán del tamaño final que necesitemos para que encaje debidamente en nuestro diseño.

El tipo de letra dependerá de los que tengamos instalados en nuestro sistema, yo en este caso voy a utilizar el llamado "*Bremen Bd BT*". Si usted no lo tuviése instalado, puede usar otro cualquiera ya que lo importante de este paso no es el tipo de letra sino la sombra que vamos a proyectar de él.

Una vez escrito el texto "URANO 2050" lo seleccionamos con la herramienta "*Selección*" y lo encajamos en el diseño.

Teniendo el objeto a sombrear seleccionado, en este caso el texto, hacemos clic en la herramienta "*Sombra interactiva*", nuevamente clic encima del texto y arrastrar, se activarán dos nodos y una especie de duplicado interactivo en línea del objeto.

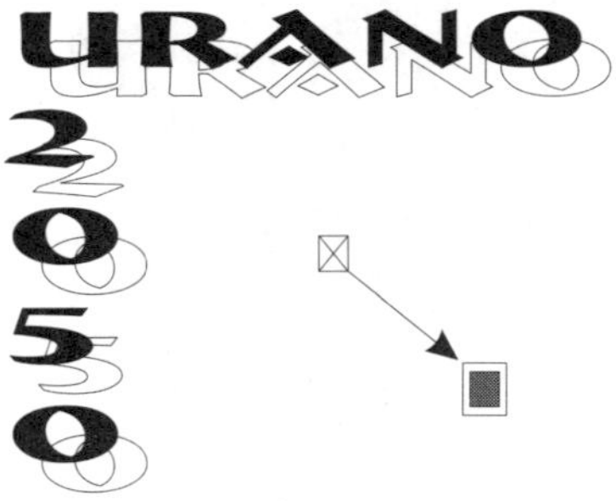

Este duplicado interactivo nos muestra dónde situaremos la sombra que queremos aplicar al objeto. La sombra, por defecto es gris pero podemos cambiar su color por el método de seleccionar color y arrastrarlo hasta el nodo específico. En nuestro caso le vamos a definir a este objeto una sombra roja.

Rellenamos el texto con una textura y el diseño terminado tendría este aspecto.

Texto

En nuestro próximo diseño vamos a utilizar las herramienta interactivas *"extrusión"* y *"Envoltura"*, así como los efectos "Lente" y "Powerclip".

El diseño va a consistir en una portada para un CD de música. El primer paso sería dimensionar el tamaño de nuestro diseño que tendrá una forma cuadrada. Los textos se van a realizar con el efecto Extrusión dotándoles de envoltura para realzarlos.

El texto

La herramienta texto se puede utilizar de dos forma.

La primera estaría indicada para textos artísticos, es decir textos de extensión corta a modo de titulares. La forma de utilización sería una vez seleccionada la herramienta texto de la barra de herramientas, hacer clic en la ventana, activándose el cursor de texto.

La segunda "texto de párrafo" estaría indicada para textos de extensión elevada, cartas, informes, documentos, libros, etc. La forma de utilización sería, una vez seleccionada la herramienta hacer clic en la ventana y arrastrar, dibujando un marco de texto que contendrá el texto a escribir.

Al seleccionar la herramienta texto la barra de propiedades nos muestra las diferentes opciones para personalizar el texto que estamos creando.

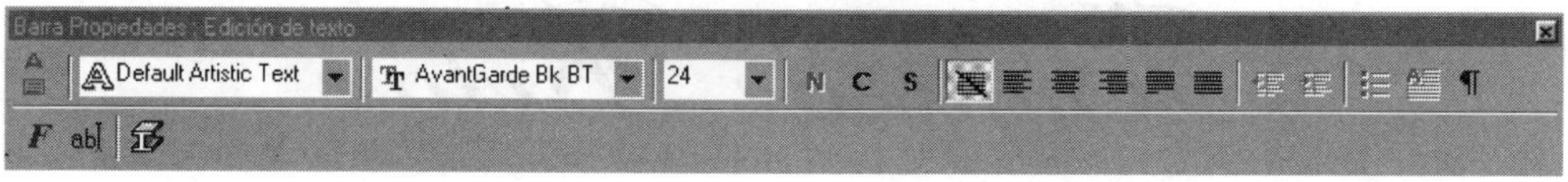

También podemos definir las características del texto antes de crear nuevos objetos. A través del menú Texto podemos definir el "*Formato*" de texto que queremos que CorelDraw utilice por defecto tanto para textos artísticos como de párrafo. Para ello tenemos que abrir el cuadro de diálogo "Formato de Texto",

❹ MENÚ TEXTO ➪ FORMATO

En este cuadro de diálogo podemos definir todas las características que queremos que reúna el texto. Una vez definidas y sin tener ningún objeto seleccionado, hacemos clic en "OK" apareciendo la opción "*atributos de texto*" donde podremos elegir a qué tipo de texto aplicamos los cambios realizados. Estos cambios como ya hemos dicho actuarán por defecto al crear nuevos objetos con la herramienta texto.

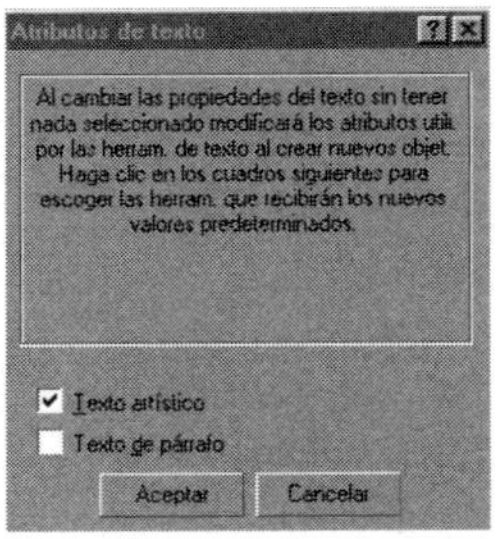

Nosotros vamos a escribir un texto corto con lo cual utilizaremos la herramienta de la primera forma explicada, como texto artístico.

Tempo de Relax

CorelDraw incorpora un corrector de textos interactivo, esto significa que mientras escribimos el contenido de un texto, el corrector nos mostrará las palabras dudosas mediante un línea roja en la vase de la palavra indicada. También incorpora herramientas de escritura, para resolver *in situ* las dudas que nos puedan surgir. Estos asistentes se activan a través del menú "Texto".

Si quisiéramos modificar un texto o parte de éste, ya sea por corrección o por cualquier tipo de cambio en sus características la forma de operar sería la siguiente.

Supongamos que al texto que estamos diseñando quisiéramos modificarle, el tipo de letra, solamente, de la palabra "Relax", para enfatizarla.

Seleccionamos el texto, para ello cogemos la herramienta texto y nos situamos encima del objeto, obsérvese que el cursor al posicionarse encima del "objeto texto" cambia a modo edición . Si la modificación fuera añadir nuevos caracteres al texto existente, haríamos clic en la posición donde queremos incluirlos activándose el cursor texto y escribiríamos los nuevos caracteres.

Para modificar una parte del texto, en este caso la palabra "Relax" cogemos la herramienta "Texto" hacemos clic justo delante de ella y arrastramos hasta el final de la misma. Véase que los caracteres seleccionados son marcados por una trama gris, lo que significa que los cambios que realicemos a partir de ahora en el texto sólo afectarán a esta parte del texto.

Cambiamos el tipo de letra y modificamos también el tamaño de la misma.

De igual forma, podemos hacer modificaciones de cambio de posición de caracteres dentro de un texto. Para ello seleccionamos la parte del texto que queremos cambiar de lugar.

Una vez seleccionado el texto hacemos clic encima de él y lo arrastramos a la nueva posición, en este caso entre las otras dos palabras.

En el caso de texto de párrafo las modificaciones se hacen de igual manera.

Al crear un texto de párrafo las reglas nos muestran los modificadores de tabulación.

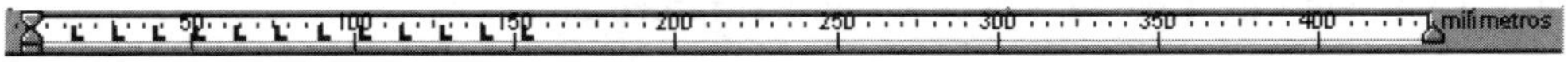

Con los que podemos definir manualmente las sangrías del texto de párrafo, por ejemplo, si quisiéramos que la primera línea tenga una sangría y las siguientes líneas de texto, una sangría mayor la modificación que deberíamos hacer sería la siguiente.

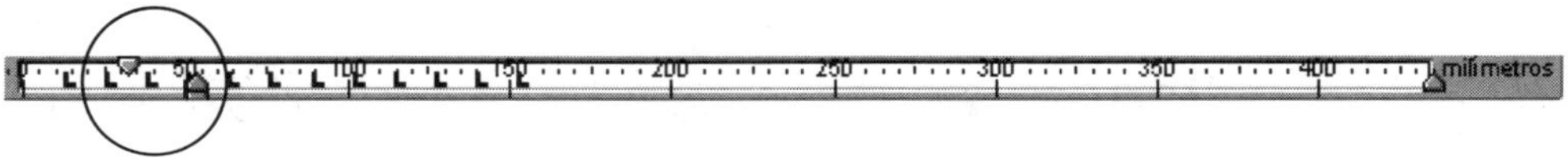

También podemos modificar las sangrías a través de la barra de propiedades de la herramienta *Texto* si seleccionamos los iconos  la sangría que tenga el texto seleccionado aumentará o disminuirá según queramos.

Al dibujar un marco para texto de párrafo, tenemos que tener en cuenta que el texto que escribamos se acoplará a los límites del marco, si la extensión del mismo supera los límites en altura del marco éste no se modificará. Para que un marco se acople al texto que vamos escribiendo tendremos que activar la opción "Expandir y encoger marcos de texto de párrafo al escribir" de la pantalla *Opciones* de la herramienta texto, antes de dibujar el marco de texto.

Haga **clic** en la barra de herramientas,

➪ PERSONALIZAR ➪ ESPACIO DE TRABAJO ➪ TEXTO ➪ PÁRRAFO

y seleccione "Expandir y encoger marcos...".

Para definir el tipo de alineación de un texto utilizaremos los iconos "Alineación"de la barra de herramientas.

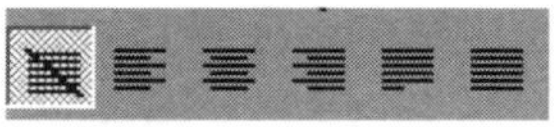

Las diferentes alineaciones se muestran a continuación por orden de icono.

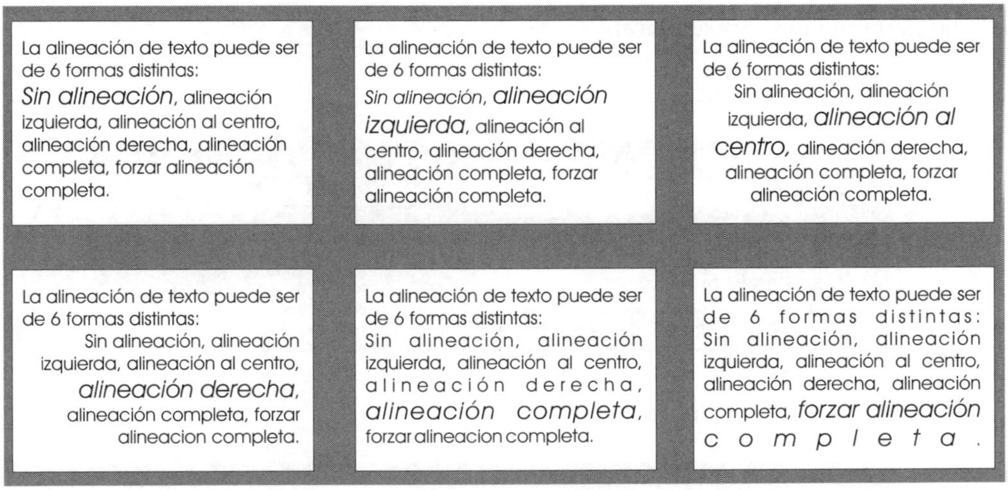

Los Asistentes de Escritura

En el menú *Texto* podemos encontrar asistentes de escritura para facilitar la creación de textos, así como su modificación.

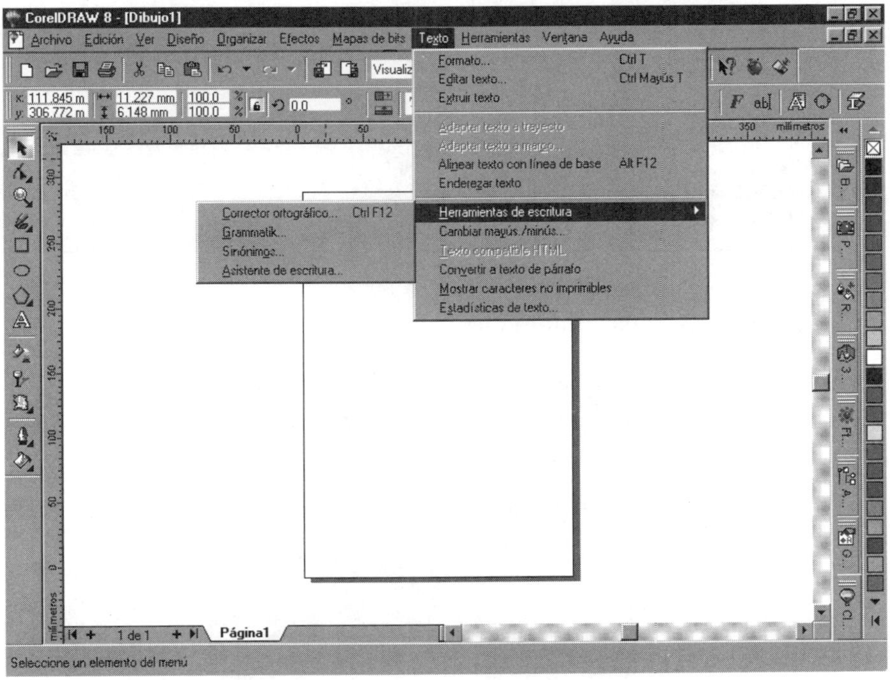

Estas herramientas se resumen en:

Corrector ortográfico.

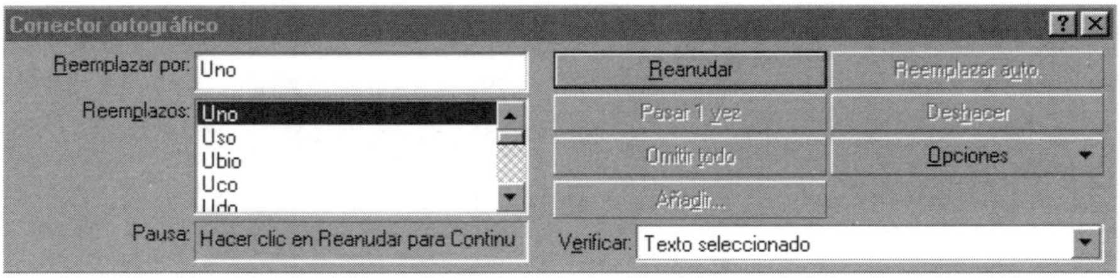

Asistente de escritura.

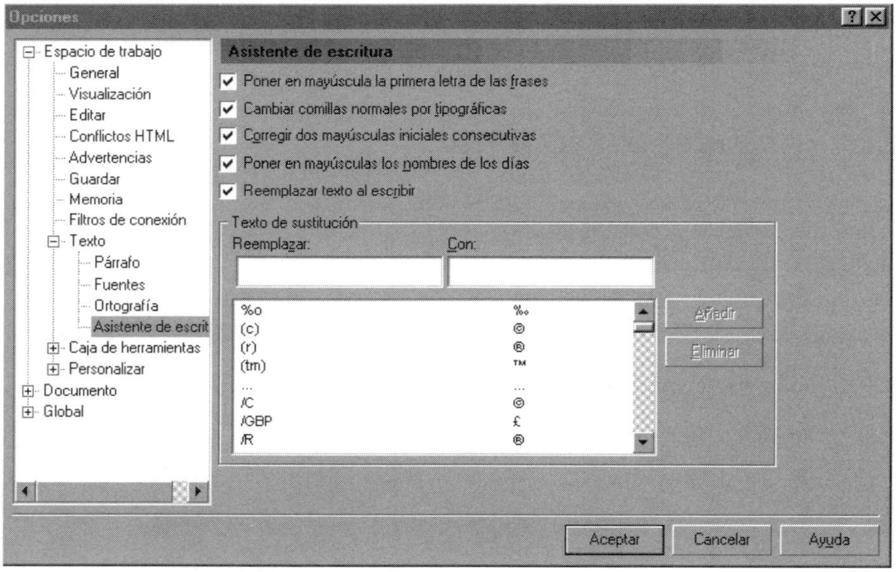

Cambiar mayúsculas/minúsculas.

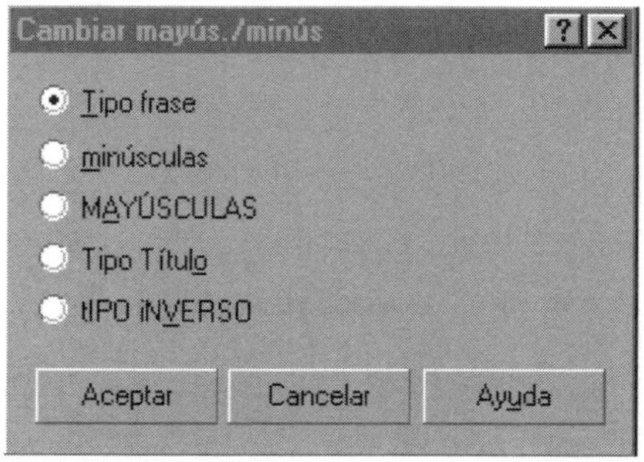

Convertir texto a párrafo.

Esta opción nos permite convertir textos artísticos a textos de párrafo, al igual que textos cortos de párrafo convertirlos a artísticos.

Mostrar caracteres no imprimibles.

Nos muestra u oculta los caracteres invisibles, con los que vamos dando una forma determinada al texto que estamos escribiendo, retornos de carro, tabuladores, separación entre palabras, etc.

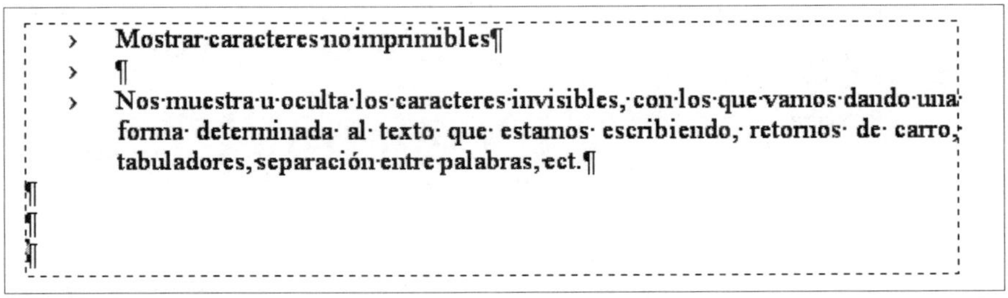

Estadística de texto.

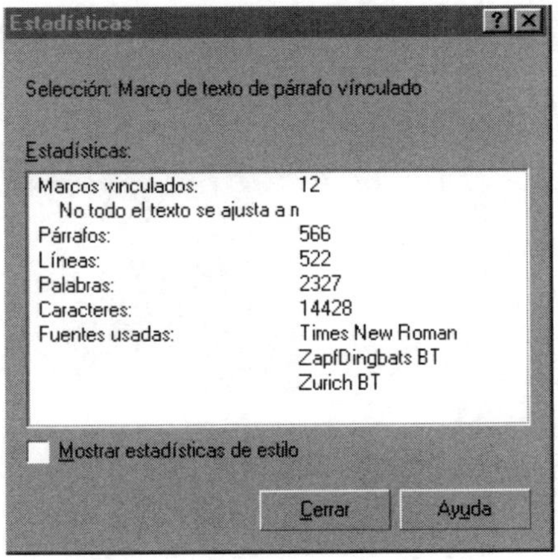

Adaptar texto a trayecto.

Por medio de esta herramienta de texto, usted podrá adaptar un texto para que tome la forma de un trayecto determinado especificando las características de la adaptación.

Puede ver las diferentes opciones en la barra de *propiedades* o en la persiana *Adaptar texto a trayecto*.

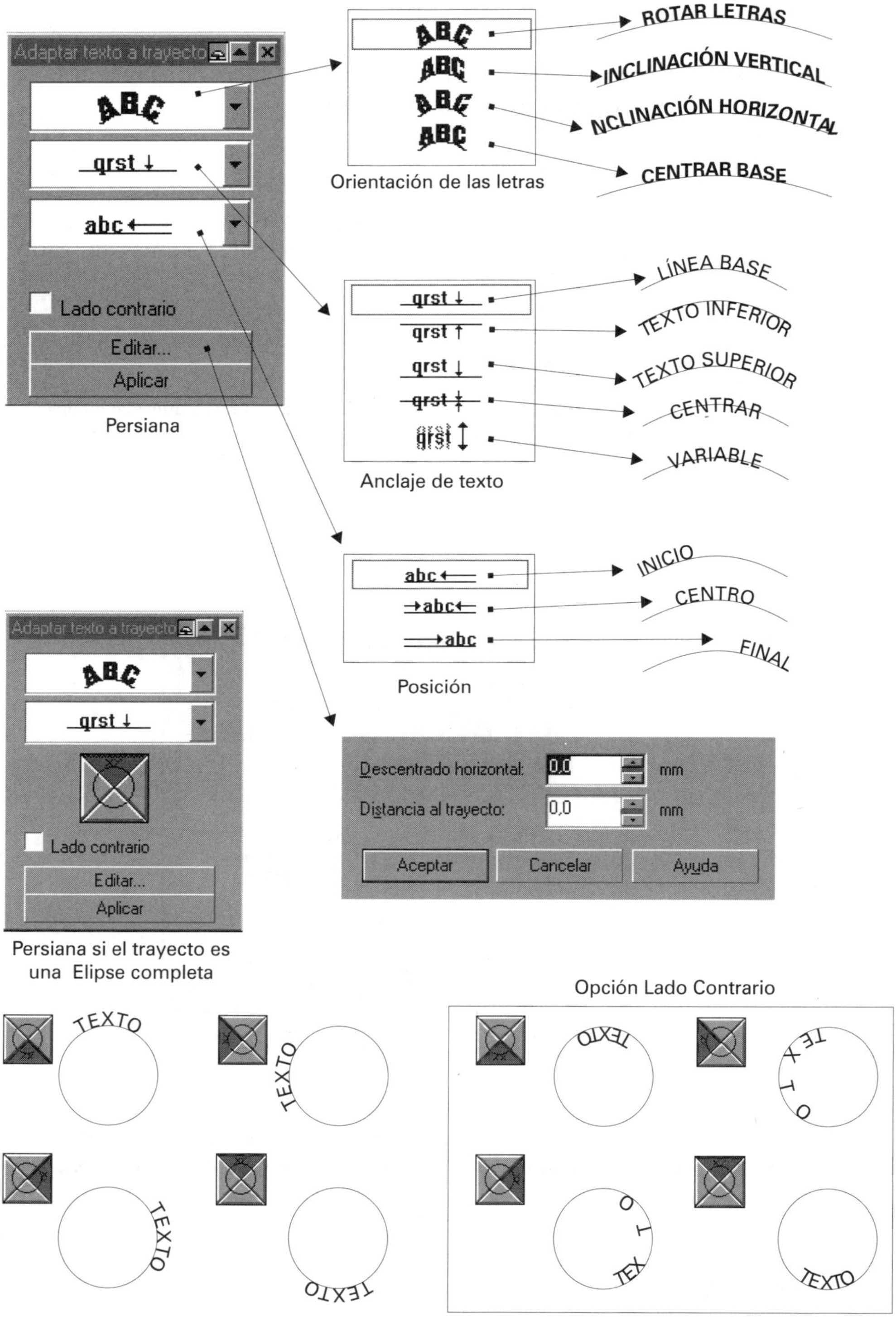
Adaptar texto a trayecto
Lado contrario
Editar...
Aplicar
Persiana
ROTAR LETRAS
INCLINACIÓN VERTICAL
NCLINACIÓN HORIZONTAL
CENTRAR BASE
Orientación de las letras
LÍNEA BASE
TEXTO INFERIOR
TEXTO SUPERIOR
CENTRAR
VARIABLE
Anclaje de texto
INICIO
CENTRO
FINAL
Posición
Descentrado horizontal: 0,0 mm
Distancia al trayecto: 0,0 mm
Aceptar
Cancelar
Ayuda
Persiana si el trayecto es una Elipse completa
Opción Lado Contrario
TEXTO

Una vez realizado el texto vamos a aplicarle una envoltura.

Envoltura

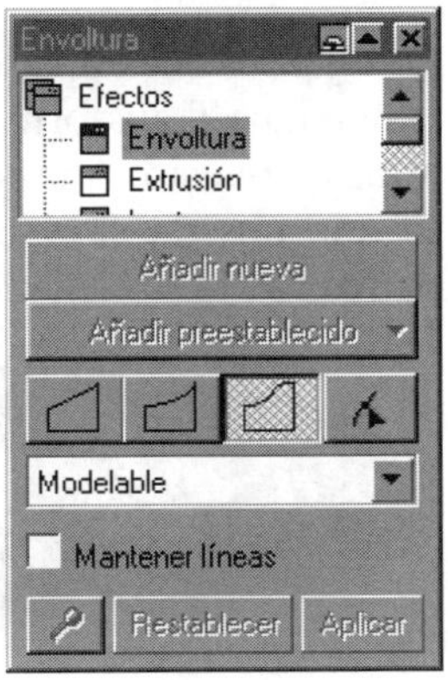

Con la herramienta envoltura podemos modificar la forma de un objeto basándonos en una forma predeterminada.

CorelDraw, a través de la persiana "Efectos - Envoltura" nos proporciona un menú de los contornos más usuales, aunque usted podrá definir el contorno que se va a aplicar a través de esta herramienta y que puede ser de cualquier forma.

A su vez la envoltura que apliquemos puede afectar al objeto horizontalmente, verticalmente, en su forma original o en formato moldeable.

NODOS DE ENVOLTURA

MOLDEABLE

HORIZONTAL

ORIGINAL

VERTICAL

Nosotros vamos a modificar el texto libremente, para ello cogemos la herramienta "*Envoltura interactiva*" y con ella seleccionamos el texto, activándose los nodos de modificación de envoltura.

Modificamos los nodos seleccionándolos y arrastrándolos para darle un aspecto de sinuosidad.

Dibujamos una elipse que nos servirá de fondo para el titular, la duplicamos a través de la persiana Transformar-Escala haciéndola un 110 % más grande y la mandamos hacia atrás un puesto. A las elipses les aplicamos un degradado lineal de sentidos opuestos lo que nos da sensación de profundidad. Colocamos el texto dentro de la elipse pequeña y le aplicamos un efecto de extrusión.

Seleccionamos la herramienta "*Extrusión interactiva*" de la barra de herramientas  y aplicamos una extrusión al texto.

La herramienta Extrusión

Esta herramienta nos permite dotar a los objetos de profundidad, dándoles aspecto de volumen tridimensional. La extrusión de un objeto se puede realizar a través de dos caminos, el primero sería con la persiana "Efectos-Extrusión". Esta persiana nos permitirá en su primera pestaña elegir entre una perspectiva paralela o de fuga, así como la dirección y la forma final.

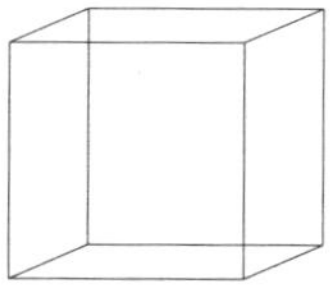

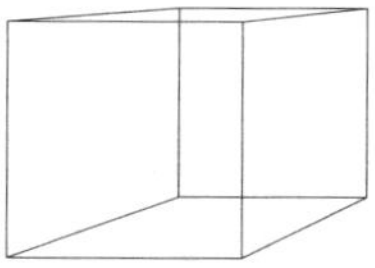

La diferencia radica que en las primeras líneas de la extrusión son paralelas, a diferencia de la segunda donde las líneas de extrusión son convergentes. Para definir la extrusión se hace a través de un tirador, una vez seleccionado el botón editar de esta persiana, que aparece en forma de "X" con el que, arrastrándolo, podemos definir tanto la profundidad como la dirección de la extrusión.

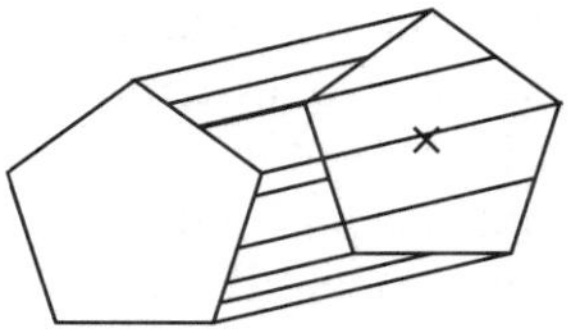

La segunda pestaña nos muestra el logotipo de Corel, a través del cual podemos girar en el espacio la extrusión.

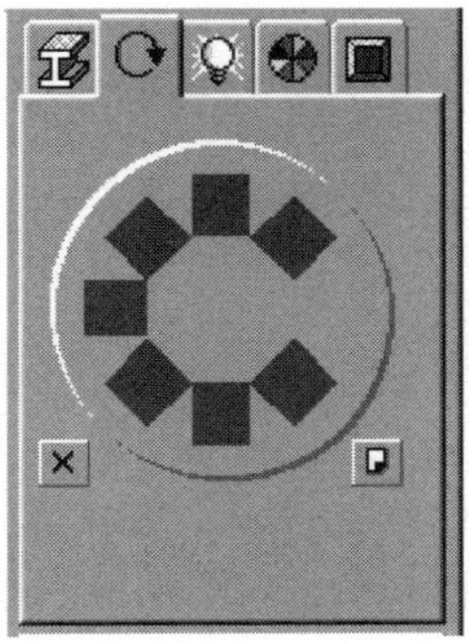

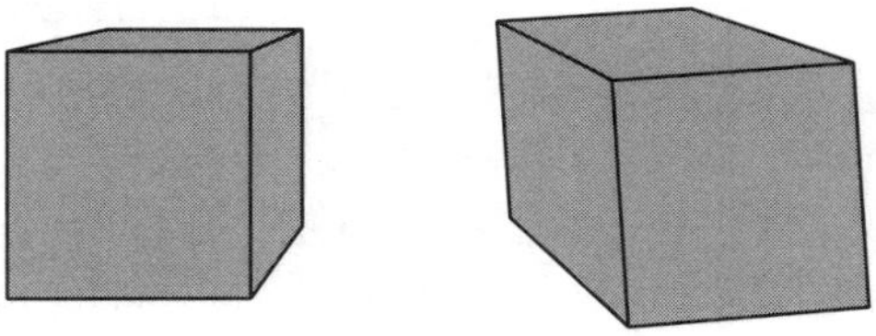

Por medio de la tercera pestaña podemos definir las fuentes de luz modificando el aspecto de la extrusión

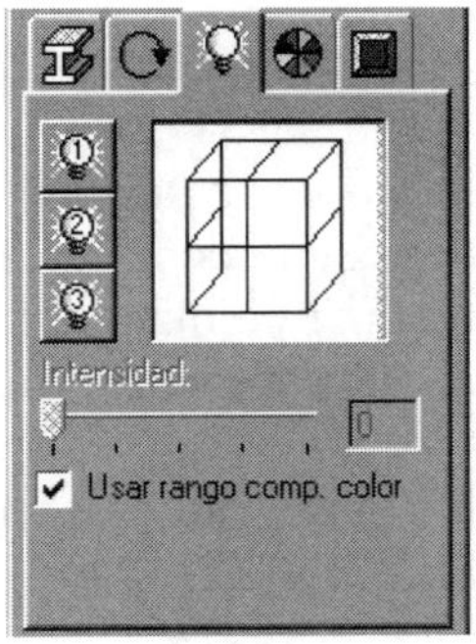

La cuarta pestaña nos permite seleccionar el relleno de la extrusión que puede ser de tres tipos.

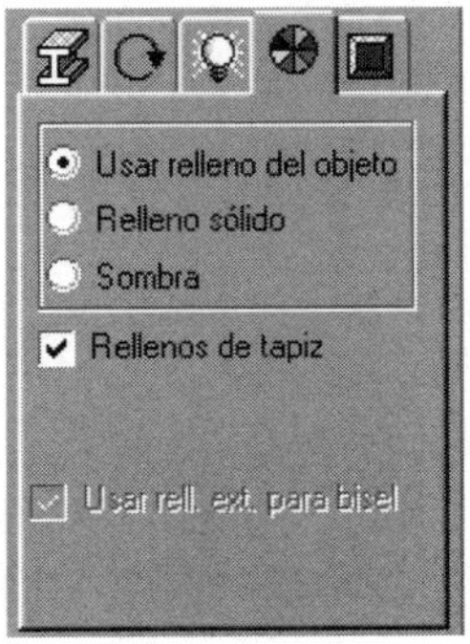

Usar relleno del objeto, éste es el relleno por defecto de las extrusión, cada nuevo elemento que forme la extrusión estará relleno con el relleno original del objeto.

Relleno sólido, como su nombre indica este relleno se basa en un color sólido que elegiremos definiendo el color en el botón "*Usando*" que se activa al seleccionar este tipo de relleno.

Sombra, este relleno se basa en un relleno graduado simple que al igual que el relleno sólido podremos definir en los botones de colores que se han activado.

La última pestaña nos permite dotar a la extrusión de bisel. Para aplicar un bisel al objeto al que hemos definido una extrusión debemos activar el botón "*Usar bisel*", en el recuadro inferior definimos la profundidad y el ángulo del bisel, tan simple como hacer clic en el nodo y arrastrarlo. Sólo nos resta aplicarla.

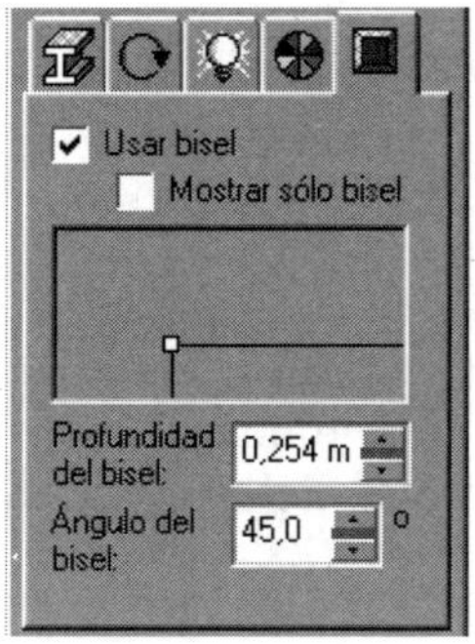

El segundo camino para realizar una extrusión a un objeto es la herramienta "*Extrusión interactiva*"  de la barra de herramientas. Para utilizar esta herramienta la seleccionamos, hacemos clic en el objeto elegido y arrastramos. Al aplicar esta herramienta a un objeto se activan varios modificadores de extrusión.

El primero (un cuadrado blanco) nos permite modificar la posición del objeto, el segundo, punto de fuga, (una X) nos permite variar la dirección de la extrusión, y el tercero (un rectángulo blanco) que se desliza por la línea de fuga nos permitirá modificar profundidad.

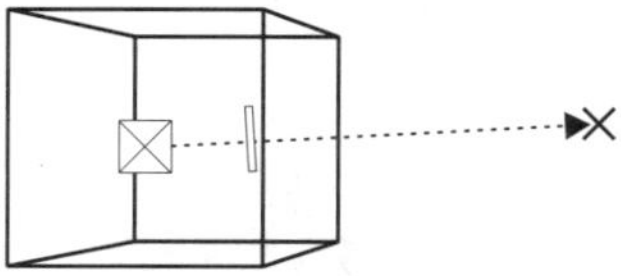

Nosotros vamos a aplicar una extrusión al texto utilizando la herramienta "*Extrusión interactiva*".

Modificamos la extrusión para adecuarla al fondo de las elipses. Esto se puede realizar como ya hemos explicado a través de la persiana "*Efectos-Extrusión*" o como vamos a realizar ahora a través de la barra de *Propiedades*.

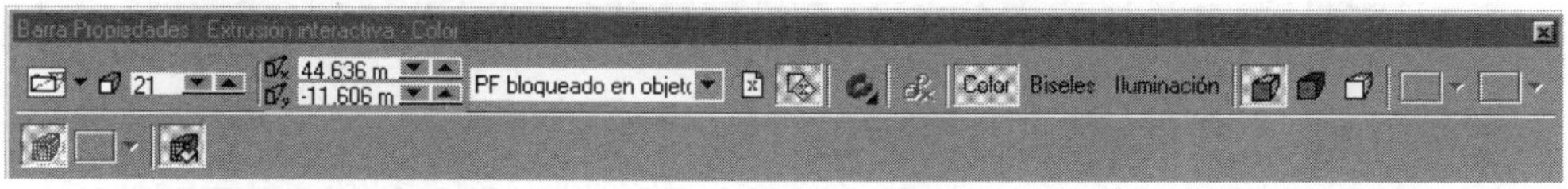

En el icono " *Tipo de extrusión*" elegimos "*grande atrás*". Modificamos igualmente la profundidad y el punto de fuga,  para que la extrusión no sea muy exagerada y tecleamos "*Enter*".

Seleccionamos el icono "*Usar sombreado de color*" 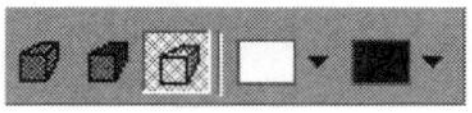 y cambiamos los colores unificándolos con la elipse de fondo.

La opción "Extruir texto"

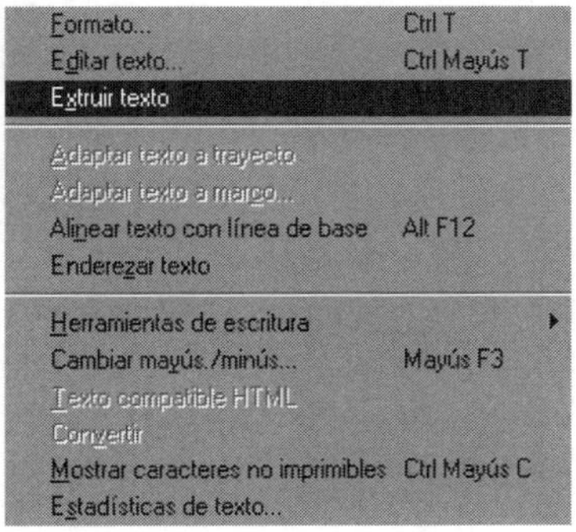

En el menú *Texto* tenemos la opción **Extruir texto**, esta opción nos permite dotar a textos artístico de la cualidad *3D,* podrá ver el texto desde cualquier posición en el espacio, así como todas las opciones de la extrusión normal.

Creamos un texto artístico y seleccionamos la opción *Extruir texto* del menú *Texto,* comprobaremos que la pantalla normal de CorelDraw se convierte en modo cámara, activándose nuevas herramientas en la caja lateral así como en la barra de propiedades.

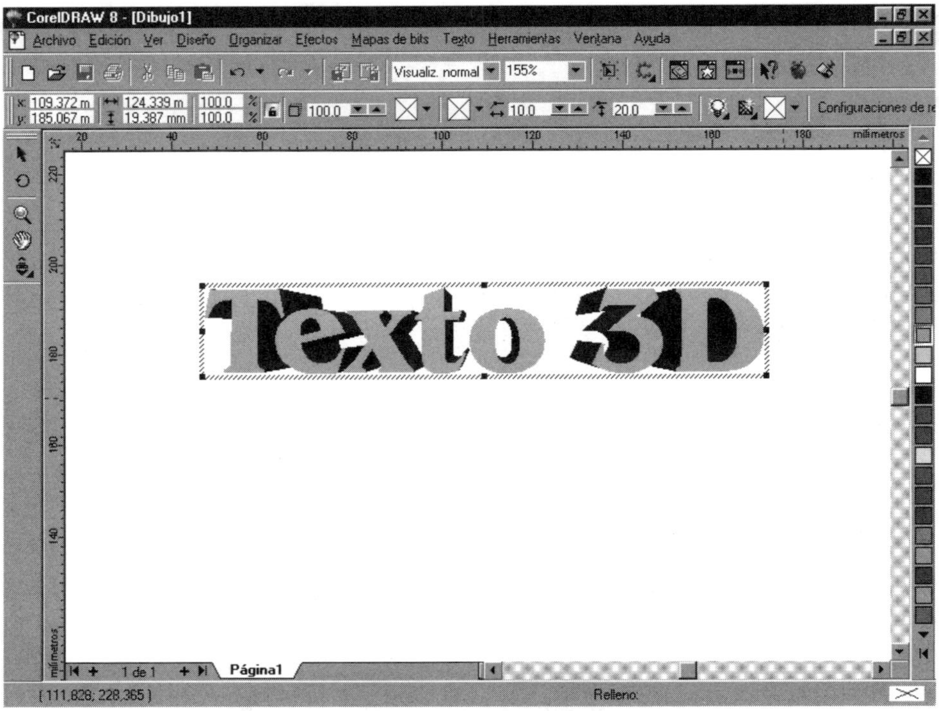

La nuevas opciones de la caja de herramientas son:

Selección de objetos, con esta herramienta podemos variar el tamaño de la cámara.

Rotación de objeto, nos permite mover en el espacio el objeto, para poder verlo desde cualquier punto de vista.

Zoom de cámara, nos permite alejar o acercar el objeto hasta sacarlo de foco, aumentando o disminuyendo su tamaño.

Deslizamiento de cámara, nos permite mover el objeto dentro del eje **XY**, téngase en cuenta que si un objeto no se ve completo dentro del recuadro cámara tampoco se verá una vez terminado su edición 3D.

Desplazamiento de cámara, esta herramienta a su vez se divide en *Panorámica de cámara* y *Rotación de cámara*, todas ellas pensadas para la modificación 3D del objeto; colocación de la cámara en el eje **Z**, dirección de la cámara y rotación de la cámara.

La barra de propiedades nos muestra las siguientes opciones;

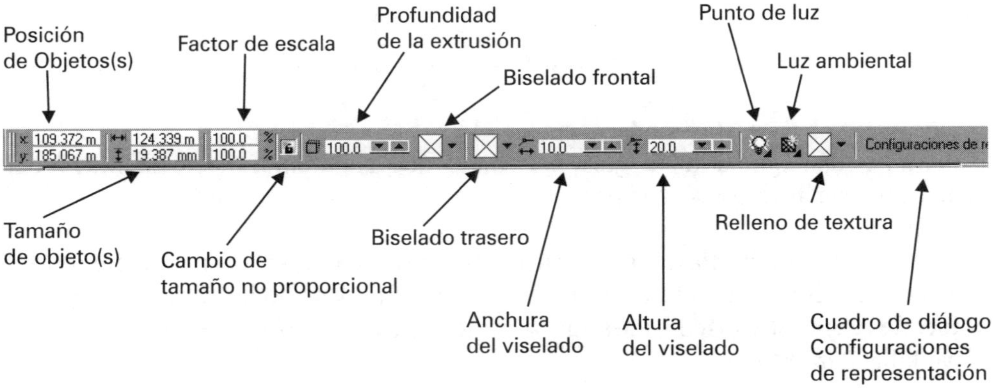

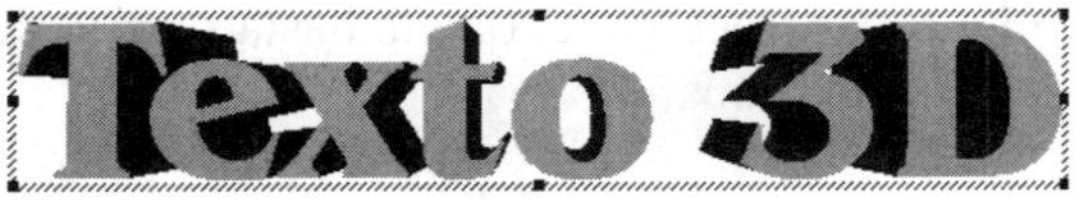

Original

Luz ambiental

Punto de luz

El siguiente paso que vamos a realizar es el fondo del diseño para ello utilizaremos dos fotografías incluidas en el CD-ROM nº 3 de CorelDraw.

Las fotografías que vamos a utilizar como fondo irán fundidas entre sí y a su vez con un fondo general negro.

Dibujamos el fondo general, un cuadrado con las medidas de un CD de música que vendría a ser12 x 12 cm, siendo su relleno, simple de color negro. Activamos 4 líneas guías que haremos coincidir con los lados del cuadrado y que nos servirán de referencia para la colocación de las fotografías.

Activamos una quinta línea guía horizontal que situaremos hacia la mitad del cuadrado. Esta línea nos servirá para cuadrar las fotografías exactamente.

Importamos las fotografías, como explicaremos en el capítulo 10, vamos a importarlas a través del icono "Importar" de la barra *Estándar* para poder dimensionarlas al colocarlas en nuestro diseño. Para ello seleccionamos el icono importar, se abrirá la pantalla *Importar*.

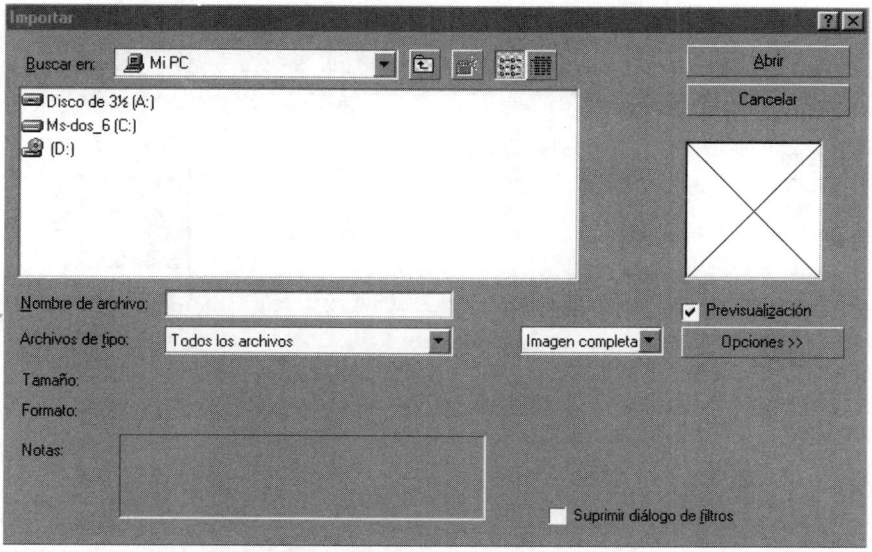

Buscamos la fotografía 797012 de la carpeta "Futuristic", del CD-ROM nº 3 de CorelDraw y la importamos cuadrándola entre las líneas guía de la base y la del centro, a la derecha del cuadrado.

De la misma forma importamos la fotografía 797003 de la misma carpeta, pero activando la opción "Recortar" de la pantalla de diálogo "Importar".

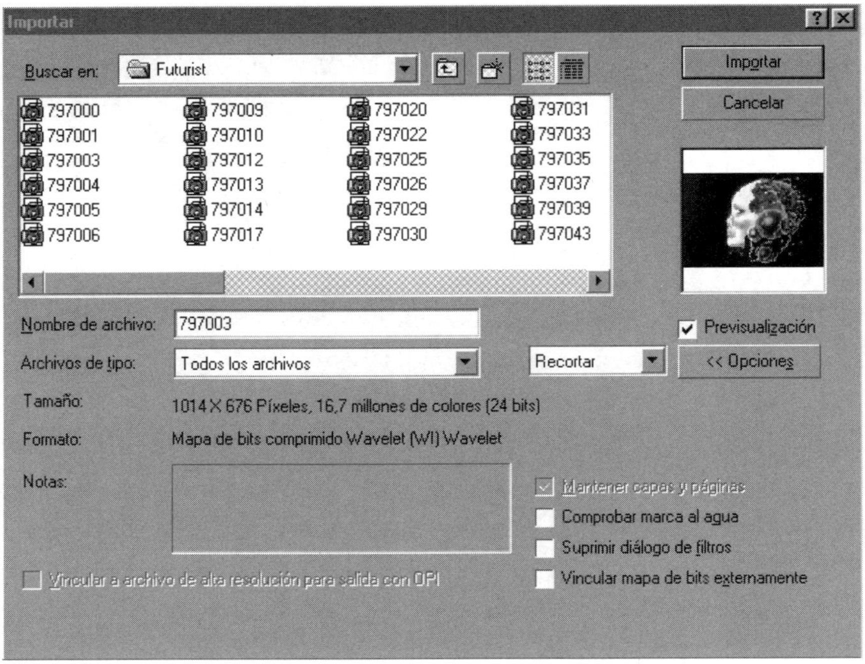

En pantalla se abrirá el cuadro de diálogo “Recortar imagen” en el que modificaremos el tamaño horizontal de la foto para adecuarla a nuestro diseño. A través de los nodos que rodean al objeto a importar podemos dimensionar el nuevo tamaño de este o si conocemos las medidas exactas podemos dimensionarlo por medio de las cajas de diálogo “medidas”.

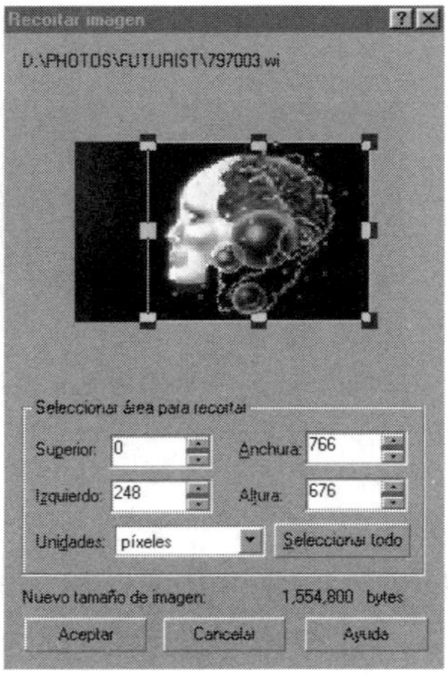

Aceptamos y situamos la fotografía encima de la anterior pero en el lado contrario.

La Herramienta Transparencia Interactiva

La herramienta *transparencia* como su nombre indica nos permite convertir un objeto sólido en transparente es decir, que se visualicen a través de él los objetos que estén situados detrás.

Esta transparencia puede ser de varios tipos pudiéndola modificar a través de la barra de herramientas.

Ninguna, el objeto es totalmente opaco viéndose su relleno inicial sin modificaciones.

Uniforme, todo el objeto se transforma en transparente. Pudiendo variar el grado de transparencia de opaco a cristalino.

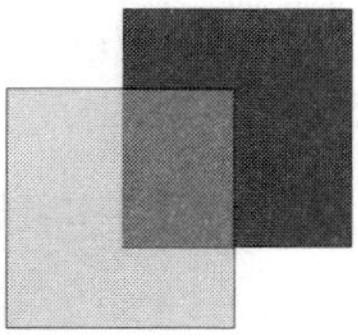

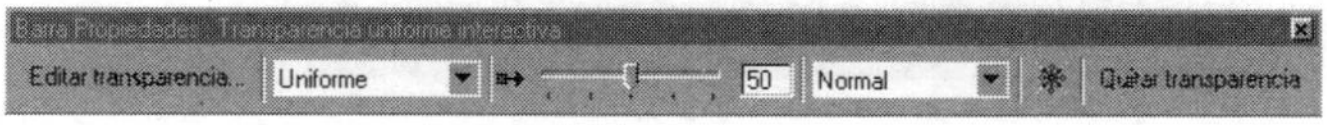

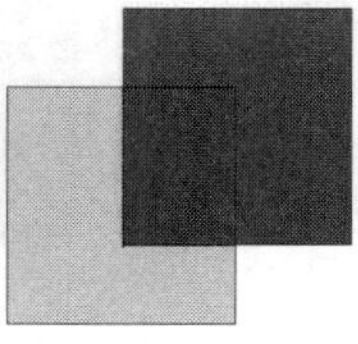

Degradado, este tipo de transparencia confiere al objeto la propiedad de ser a la vez opaco y cristalino, pudiéndose variar la forma del degradado, lineal, radial, cónico o cuadrado. Asímismo podrá definir el punto de comienzo de la opacidad y de la cristalinidad.

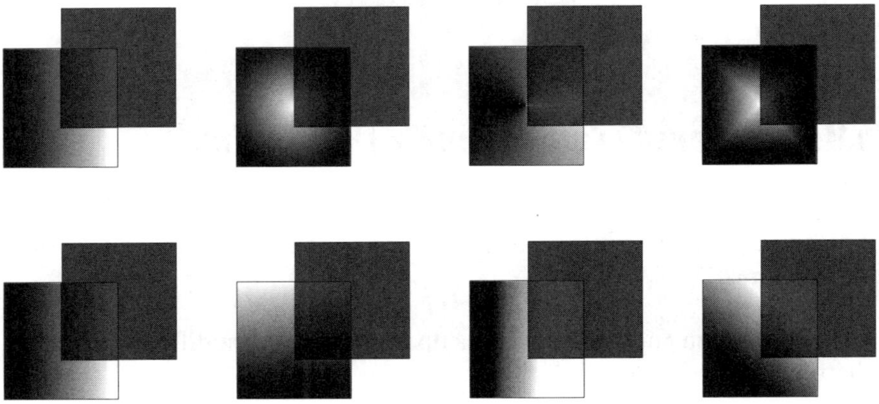

Patrón, confiere al objeto un relleno de patrón donde una parte del relleno hará las veces de transparencia cristalina y la otro parte la opaca, pudiendo definir en ésta el grado de opacidad.

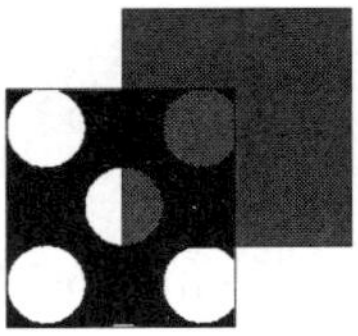

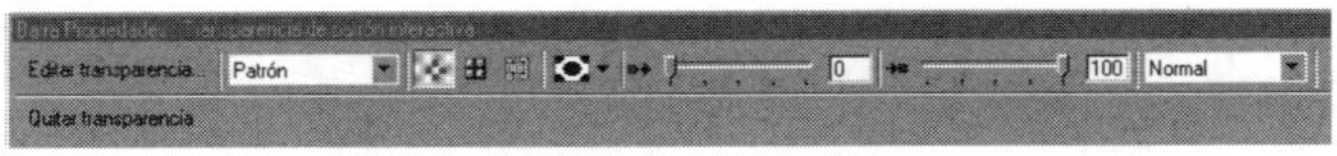

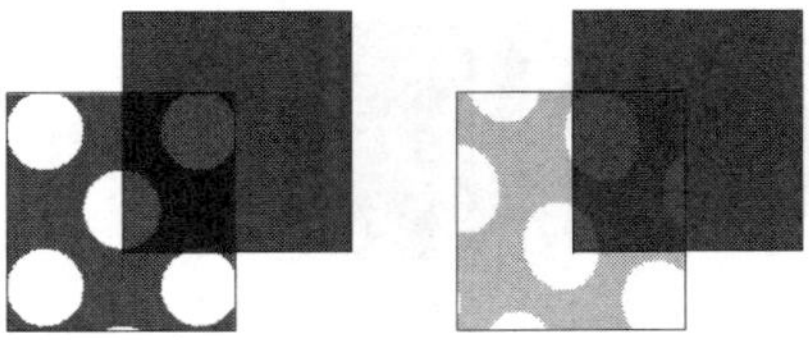

Textura, define una transparencia dotando al objeto de un relleno de textura con la forma de esta pero basado en degradados fractales. En ésta transparencia podrá definir tanto la opacidad inicial de los degradados como la final.

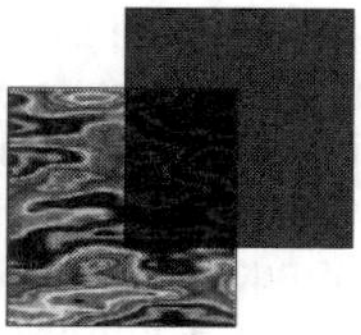

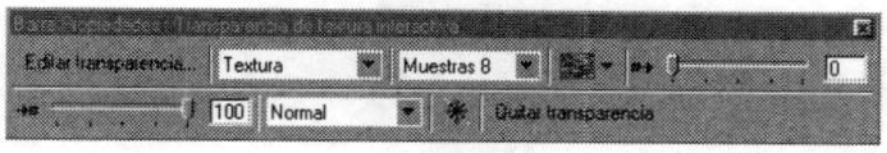

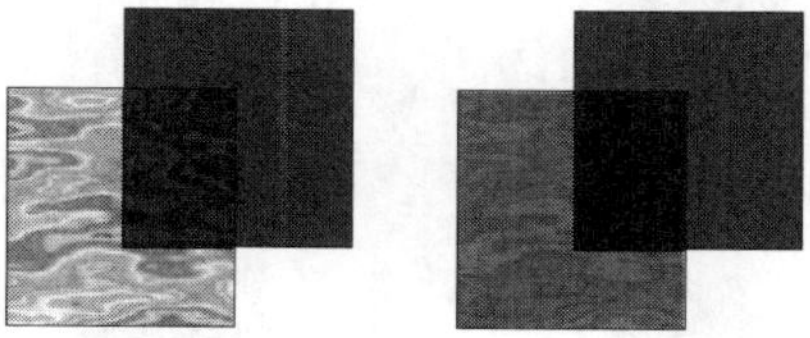

Pues bien, vamos aplicar a las fotografías transparencias para fundirlas entre sí.

Seleccionamos la herramienta "*Transparencia*"  y hacemos clic encima de la segunda fotografía, seleccionando ésta, en la barra de propiedades elegimos degradado lineal y hacemos nuevamente clic en el centro de la fotografía arrastrando el cursor hacia el borde derecho de la misma. Veremos que se han activado los nodos de transparencia, siendo el nodo blanco el punto más opaco y el nodo negro el más cristalino, el nodo rectangular intermedio nos muestra el punto medio de la transparencia.

Según sea el tipo de transparencia los nodos que se mostrarán al activarla variarán para poder modificar la misma.

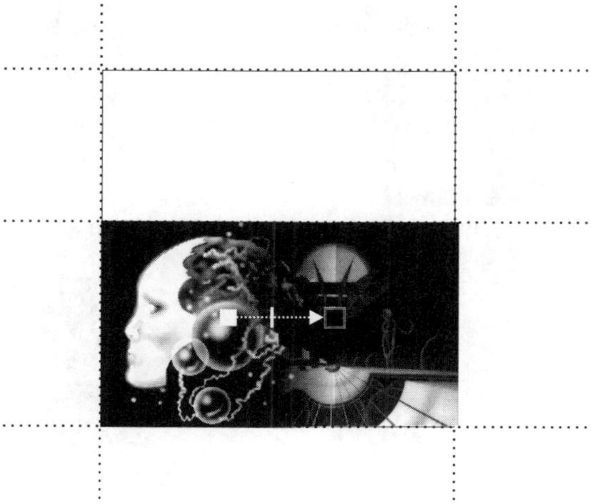

A la hora de aplicar una transparencia a un objeto tenemos que tener en cuenta que podemos definir de antemano el modo de fusión que se va a producir entre los colores de los objetos implicados en la misma.

A continuación se muestra cómo afectan a una transparencia los diferentes modos de fusión. Esta figura la podrá ver usted a color en el anexo "Color" para apreciar mejor sus efectos.

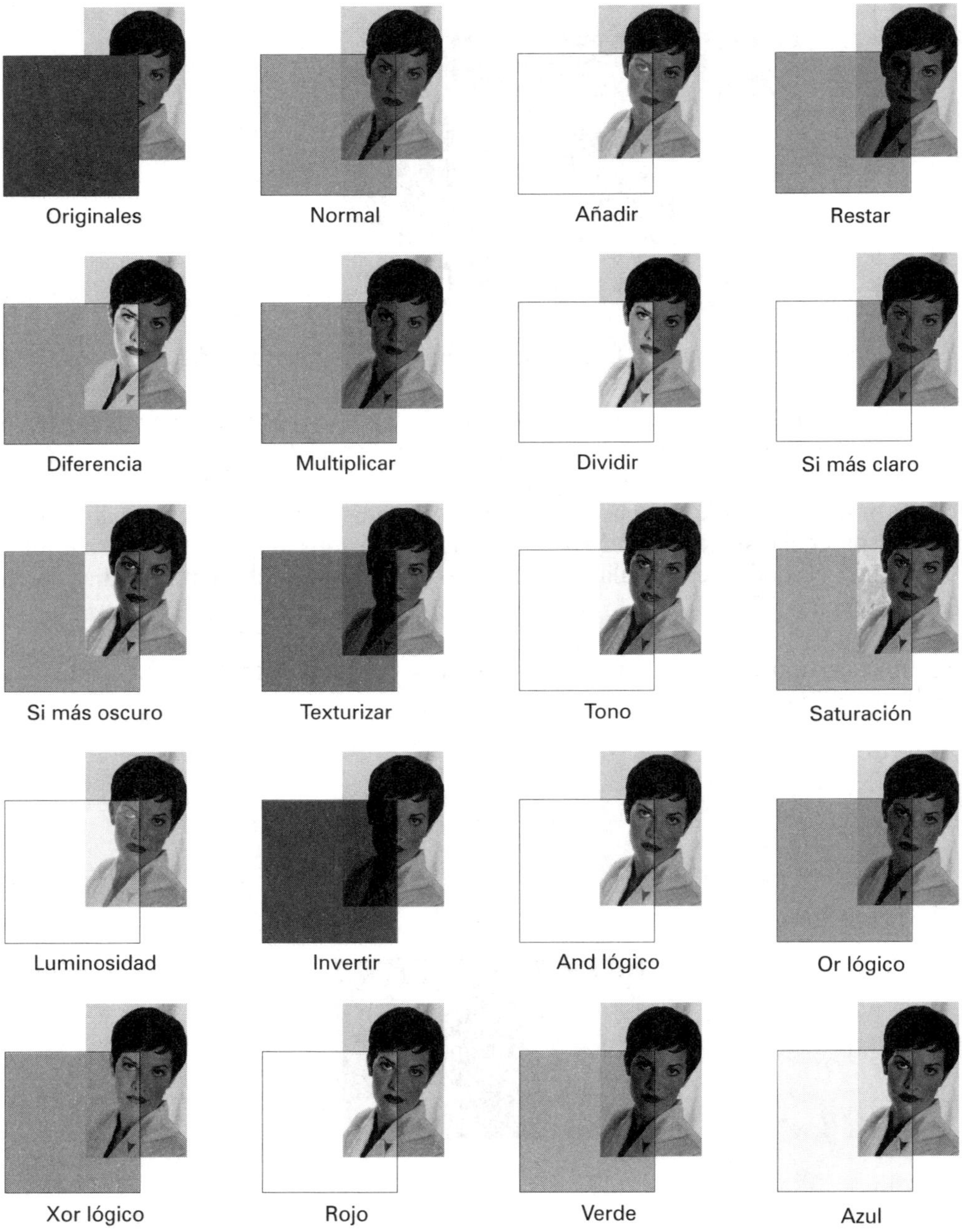

Continuando con nuestro diseño, colocamos los objetos que formaban el título en la parte superior derecha.

El último paso de este diseño va a ser añadir un motivo central, que en este caso será la inicial de la palabra "relax", a la cual le vamos a hacer en un primer paso un efecto de silueta para personalizarla.

Silueta

Esta herramienta añade líneas o etapas con céntricas a un objeto. Estas etapas están basadas en el objeto inicial y pueden desplegarse hacia el interior del mismo o hacia el exterior. La silueta puede ser de tres tipos "Al centro", "Dentro" y "Fuera".

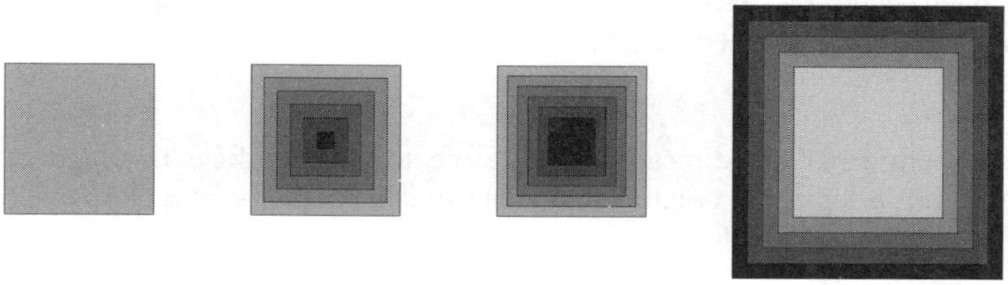

La persiana "Efectos-Silueta" nos muestra dos pestañas en la que podemos seleccionar el tipo de silueta que deseamos, así como las etapas intermedias y la separación entre éstas.

La silueta centro no nos permite seleccionar el número de etapas a realizar ya que según la separación de éstas, definirá automáticamente el mayor número de etapas, manteniendo siempre su proporcionalidad con el objeto.

La segunda pestaña nos permite modificar, la definición del color del último paso de la silueta realizada, el color de las líneas y la progresión del color.

Seleccionamos la herramienta texto y la utilizamos como texto artístico, el tipo de letra que vamos a utilizar para este texto es la *Shelley Allegro* cuerpo 149, y escribiremos la inicial de relax. El relleno de la letra será negro, la pluma ninguna.

Haga clic en la herramienta selección y nuevamente clic en la letra para activar los tiradores de distorsión, modificando el objeto horizontalmente.

Seguidamente abrimos la persiana "Efectos-Silueta" y le aplicamos al objeto una silueta con los siguientes valores:

Tipo de silueta: Fuera
Separar: 0,1
Etapas: 10
Tipo de paso de color:
Color de relleno: blanco

A continuación vamos a rellenar el objeto inicial con una fotografía para ello vamos a utilizar el efecto "PowerClip".

Aunque se podría realizar directamente este efecto sin modificar la silueta anteriormente aplicada, vamos a separar el objeto inicial de la silueta para tener más claro que el efecto sólo afecta a la "R" y no a su silueta.

El Efecto Powerclip

Este efecto le permitirá incluir un objeto dentro de otro o dentro de un grupo de objetos.

El objeto a incluir será el contenido y el objeto o grupo de objetos, que va a contener al anterior se define como contenedor. El contenedor puede ser cualquier objeto creado con CorelDraw y el contenido podrá ser a su vez cualquier objeto, ya sea creado por CorelDraw o importado de otra aplicación.

Hay dos formas de llevar a cabo este efecto. Una sería a través del menú "Efectos", para ello, con la herramienta selección activa elegimos el objeto que vamos a utilizar como contenido, abrimos el menú "Efectos" y elegimos PowerClip.

➪ MENÚ EFECTOS ➪ POWERCLIP

Se activará un menú donde elegiremos "Situar dentro del contenedor". El cursor se convierte en la flecha, selección de contenedor "➡", con la que seleccionamos el objeto que hará las veces de contenedor. Si el contenedor va a ser un grupo de objetos éstos tendrán que estar agrupados anteriormente.

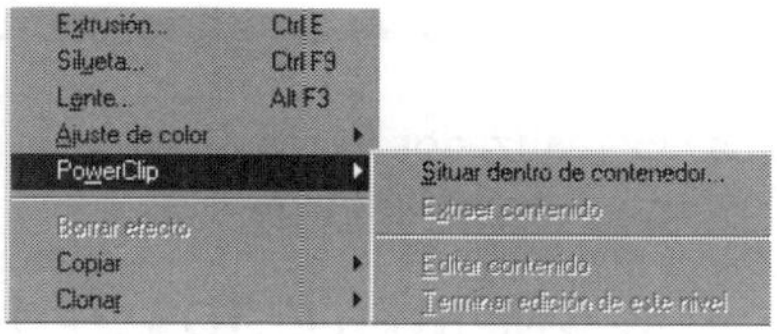

Contenido Contenedor Objeto Resultado

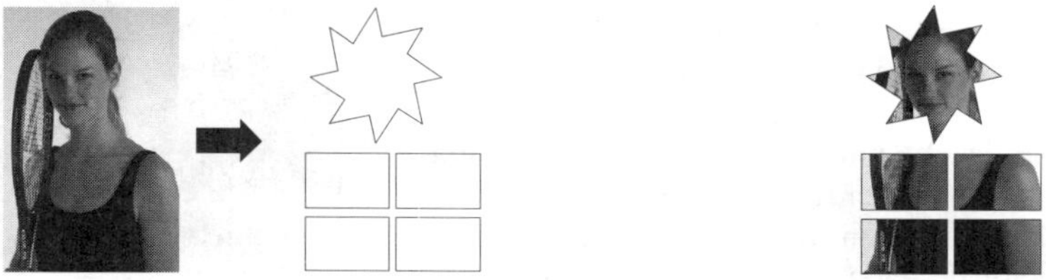

Contenido Contenedor Grupo Resultado

En el caso de que el contenedor sea un grupo de objetos, una vez realizado el efecto PowerClip, este grupo se puede desagrupar, sin que sus diferentes objetos modifique su contenido y pudiendo modificar éstos como deseemos.

El efecto PowerClip también nos permite modificar el contenido de un objeto, tanto en su forma como en la colocación de éste, eligiendo de este modo, la parte del mismo que se va a visualizar en el objeto contenedor.

Para modificar el contenido de un PowerClip seleccionamos el objeto que contiene el objeto a modificar y abrimos PowerClip en el menú "Efectos".

➪ MENÚ EFECTOS ➪ POWERCLIP ➪ EDITAR CONTENIDO

en pantalla se mostrarán solamente el objeto contenedor y el contenido en su totalidad. El contenedor en el modo editar contenido no es modificable, este modo sólo es para la modificación del formato o la visualización del contenido.

Una vez realizados los cambios oportunos en el objeto contenido abrimos de nuevo el efecto PowerClip, y seleccionamos;

➪ MENÚ EFECTOS ➪ POWERCLIP ➪ TERMINAR EDICIÓN EN ESTE NIVEL

con lo que los cambios realizados se aplican. Si quisiéramos deshacer un efecto Powerclip sólo tendríamos que seleccionar la opción "*Extraer contenido*" con lo cual el efecto PowerClip quedaría desecho, perdiendo los objetos implicados las características de contenido y de contenedor.

La segunda forma de realizar un PowerClip es interactiva a través del ratón.

Seleccionamos el objeto que va a hacer las veces de contenido con el botón derecho del ratón y lo arrastramos hasta el objeto contenedor, al realizar esta acción se abrirá en pantalla un menú donde elegiremos "PowerClip dentro"realizándose automáticamente el efecto deseado.

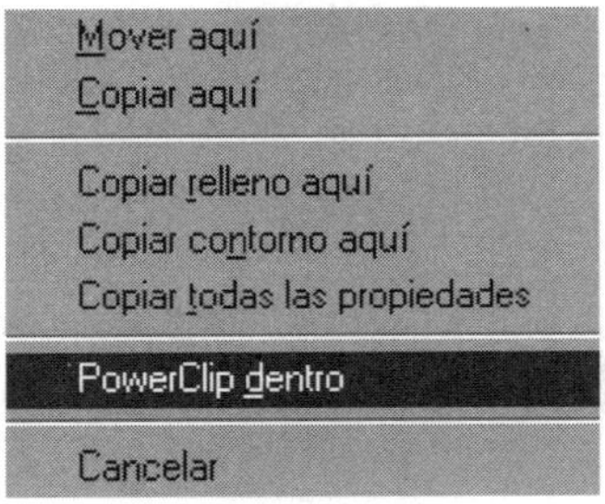

Para editar o extraer el contenido de un PowerClip sólo tendremos que hacer c**lic** en objeto que tenga el efecto PowerClip, apareciendo un menú en pantalla donde elegiremos la acción deseada.

Una vez visto cómo se realiza este efecto, lo vamos a aplicar en nuestro diseño. Para ello importaremos, antes de nada una fotografía que hará las veces de contenido, hemos elegido la 790081 de la carpeta "Evening Skies" del CD-ROM nº 3 de CorelDraw.

El contenedor como ya hemos dicho será la letra "R" a la que la habíamos realizado el efecto silueta. Procedemos a realizar el efecto Powerclip para lo que seleccionamos la fotografía con la herramienta selección y el botón derecho del ratón y la arrastramos hasta la letra soltando el botón del ratón.

Como se puede apreciar en la figura anterior la fotografía que hemos importado es más pequeña que el objeto que la va a contener, esto no tiene importancia ya que gracias a la edición del PowerClip ajustaremos la fotografía, tanto en tamaño como en la situación que más nos convenga. Hacemos clic en el objeto y seleccionamos en el menú que se ha abierto "Editar contenido".

PowerClip realizado

Edición de contenido

Modificamos el tamaño de la imagen y la movemos para que el sol sea visible a través del contenedor.

Una vez realizados los cambios volvemos a hacer clic en la fotografía y seleccionamos del menú "Terminar edición en este nivel" con lo que la fotografía, contenido, queda perfectamente ajustada a la letra "R", contenedor.

Sólo nos resta colocar este elemento en la parte superior izquierda y el diseño está acabado.

Tempo de Relax

6 La Impresión

El destino normal para cualquier diseño es su edición ya sea ésta a través de soporte electrónico o impreso, este capítulo lo vamos a dedicar a la edición impresa de nuestros diseños.

Imprimir

En la actualidad los dispositivos de impresión más comunes son, impresoras de chorro de tinta, impresoras láser y filmadoras. La elección de cada uno de ellos dependerá de la utilización que se vaya a hacer del diseño impreso.

La utilización de impresoras láser se destina, normalmente, a pruebas así como a trabajos que no requieren una calidad impresa alta, publicaciones de bajo coste, informes, cartas, ect.

Las impresoras de chorro de tinta se dedican igualmente a pruebas o a trabajos de tiradas cortas de baja calidad. Aunque gracias a las nuevas tecnologías estas impresoras son capaces de hacer impresiones de altísima calidad, aunque siempre condicionadas por el tiempo de impresión, por su coste y por el número de repeticiones a la hora de publicar un trabajo.

La impresión en filmadoras se utiliza para aquellos trabajos que requieren una calidad superior, libros, publicaciones a color, diseños tramados, etc.

Independientemente del dispositivo que vayamos a utilizar para la impresión de nuestro trabajo CorelDraw nos presenta unos cuadros de diálogos de impresión en los que podremos seleccionar todas y cada una de las características necesarias para llevar a buen fin, la impresión de nuestros diseños.

El icono Imprimir

A la hora de imprimir necesitamos unificar la configuración de la impresora con la presentación del documento, es decir, definir el formato en el que vamos a imprimir, la calidad, el tamaño, ect.

Aunque a través del menú archivo podemos definir la impresora, sus propiedades y configurar nuestro documento, nosotros vamos a utilizar directamente el icono impresión de la barra *Estándar* ya que aglutina todas estas funciones inter-relacionándolas.

Al seleccionar este icono se abre la pantalla Imprimir.

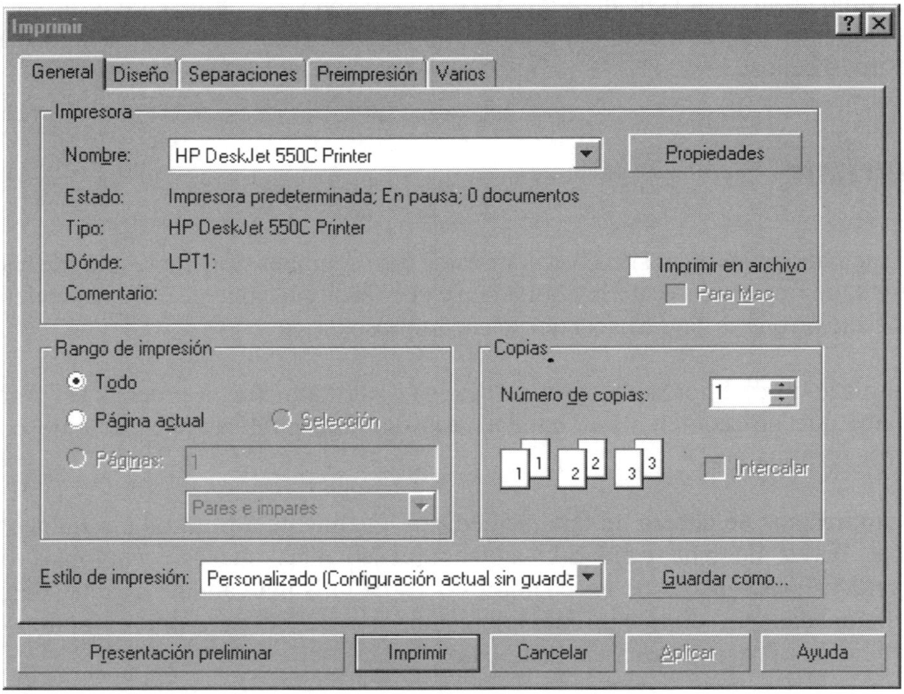

En la primera pestaña *"General"* nos muestra en primer término el cuadro de diálogo *Configuración de impresora*, donde especificaremos la impresora a utilizar independientemente de la que Windows tenga seleccionada como predeterminada así como sus propiedades.

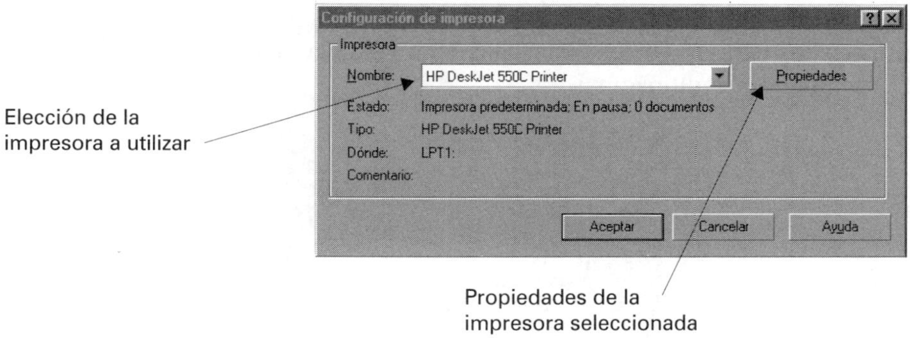

Una vez seleccionada la impresora abrimos las propiedades de la misma donde seleccionaremos, siempre dependiendo de las características de la impresora, el tamaño del papel a imprimir, que es aconsejable que coincida con el tamaño y orientación del que tenemos activo en el diseño.

En la siguiente figura se pueden observar las características principales de la impresora -HP Deskjet 560 Printer-, esta pantalla dependerá de la impresora seleccionada, así como del fabricante de la misma.

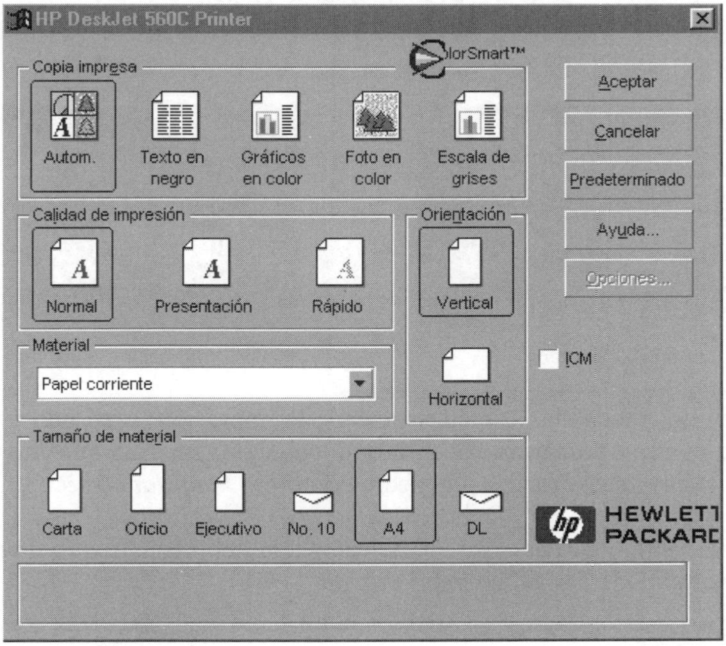

También seleccionaremos la calidad de impresión, dependiendo de las posibilidades de la impresora.

En la parte inferior tenemos los cuadros de diálogo "*Rango de impresión*" y "*Copias*", el primero nos permitirá seleccionar qué parte del documento queremos imprimir si éste se compone de multipáginas.

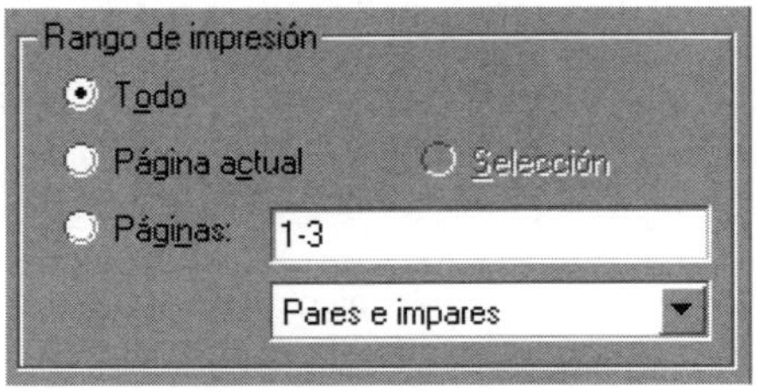

Si quisiéramos imprimir solamente un número determinado de páginas tendríamos que seleccionar la opción "*Páginas*" y escribir los números de orden de estas, separándolos de una coma ","si las páginas no son correlativas, y de un guión "-" si lo son.

En la opción copias definiremos el número de repeticiones que queremos imprimir de un documento o página. En caso de que el documento tenga varias páginas podemos activar la opción *Intercalar* para que la impresión se realice ordenadamente es decir; 1ª página, 2ª página, 3ª página... Si la opción no se activa primero se imprimirá la 1ª página el número de veces que hayamos definido, después la 2ª página y sus repeticiones y así sucesivamente.

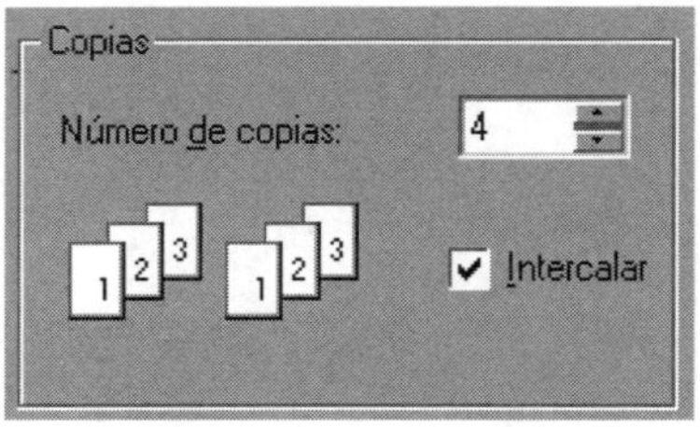

Intercalar activada

Intercalar desactivada

Una vez definidas todas las características de la impresión usted podrá guardarlas como un estilo propio para usarlo en futuros documentos sin tener que volver a definir sus características, esto se realiza por medio del botón "*Guardar como...*".

Para elegir un estilo guardado, éste se seleccionará del menú "*Estilo de impresión*" activándolo a través del botón "*Aplicar*".

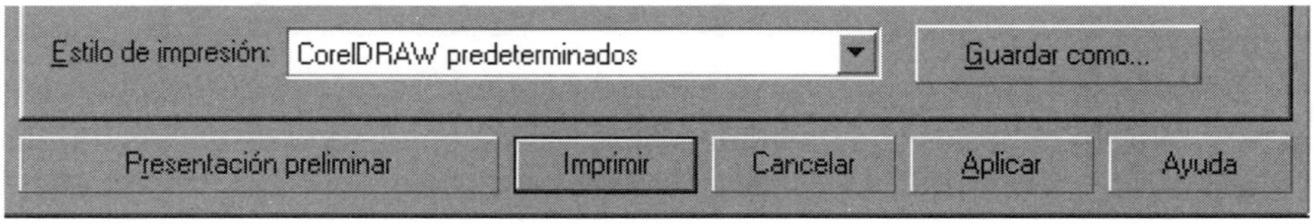

La pestaña *Diseño* nos permite definir la posición de los objetos a imprimir dentro de la página imprimible.

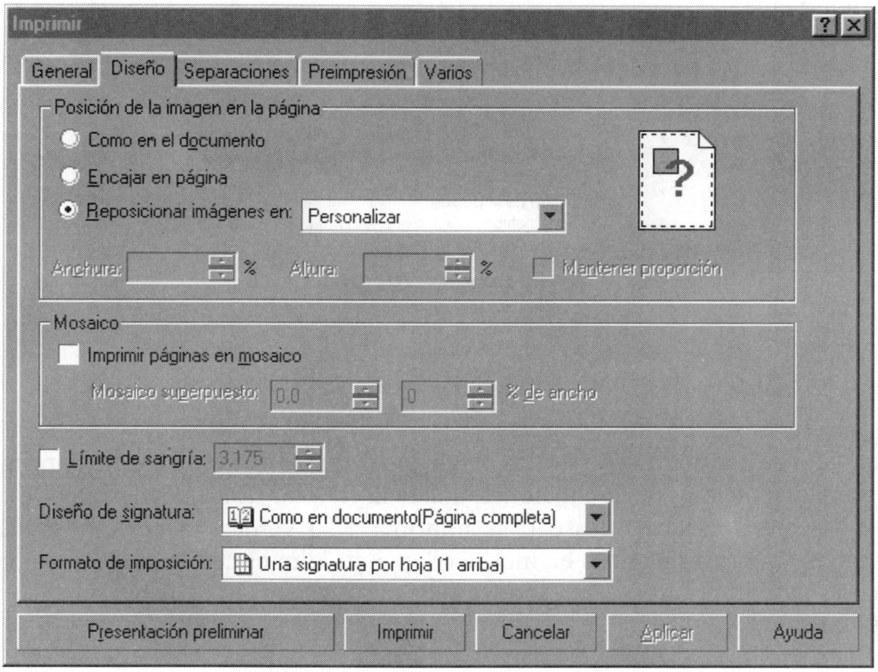

La opción "*Como en el documento*" colocará los objetos en el mismo lugar que estaban situados en el documento sin variar su tamaño.

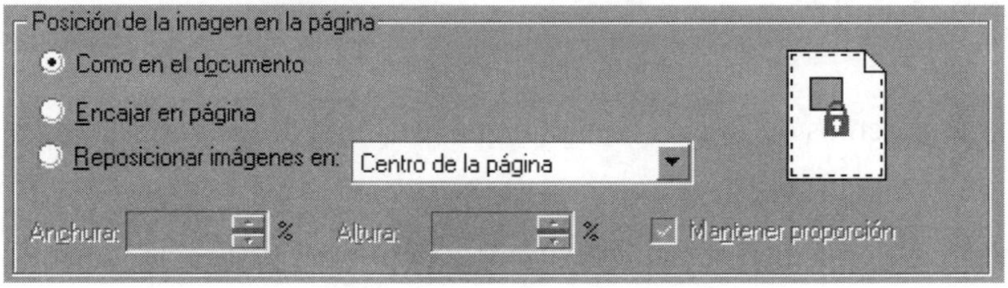

La opción "*Encajar en página*" aumentará los objetos proporcionalmente hasta el mayor tamaño posible sin que éstos traspasen el área imprimible.

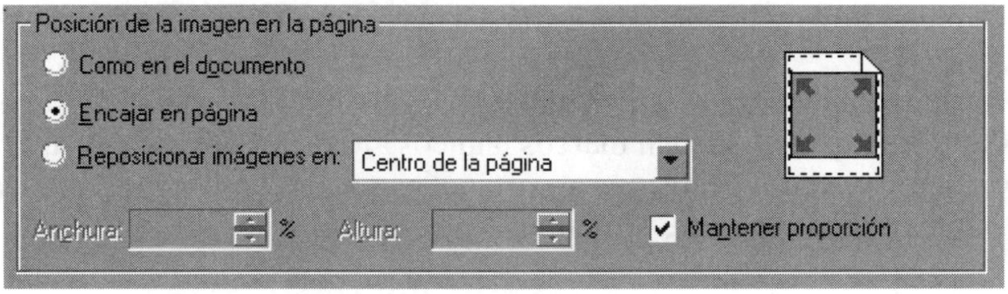

La opción "Reposicionar imágenes en:" nos permite seleccionar la posición de los objetos dentro del menú disponible así como variar su tamaño tanto proporcional como libremente.

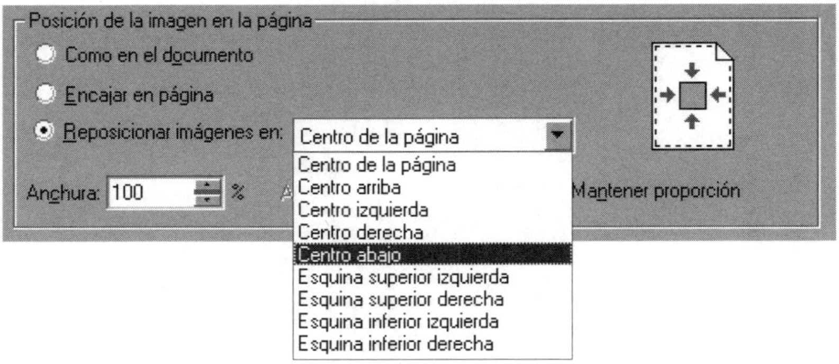

Si el tamaño de nuestro diseño supera al tamaño de papel que es capaz de imprimir la impresora, disponemos de dos opciones, una es la ya vista "Encajar en página" pero si lo que deseamos es que el diseño se imprima a su verdadero tamaño, podemos seleccionar "Imprimir páginas en mosaico" que dividirá el documento en las partes necesarias para imprimirlo adecuándose cada parte al tamaño de papel seleccionado en la impresión.

En esta opción podemos definir el montante que cada una de las partes realiza en las correlativas.

El límite de sangría es la distancia que el diseño a imprimir puede extenderse fuera de las marcas de corte.

Las marcas de corte delimitan el tamaño de papel definido a la hora de realizar el diseño, por lo cual si usted aplica un límite de sangría debe tener la precaución de que el papel en el que se va a realizar la impresión sea mayor del que en realidad desea.

Supongamos que tenemos un diseño y queremos que el color de fondo supere las marcas de corte para que no queden marcos blancos alrededor del mismo, aplicamos un límite de sangría que provocará, que al cortar el papel, en el que hemos realizado la impresión, por las marcas de corte, se realice dentro del color de fondo.

La tercera pestaña nos permite definir las separaciones de color del diseño, indicadas para imprimir trabajos a todo color.

La impresión de color se realiza normalmente a través del sistema "Cuatricomía", este sistema se basa en la formación de todo el espectro de colores a partir de la mezcla de cuatro colores, cian, magenta, amarillo, negro.

También se utilizan separaciones de color por pantones, si los colores a utilizar son corporativos o el tipo de trabajo a imprimir es un bicolor o tricolor .

Los bicolores y tricolores también se pueden imprimir a través del sistema Cuatricomía, siempre que los colores no sean especiales, sólo que en esta oportunidad se desactivarán las planchas innecesarias para crear los colores necesarios.

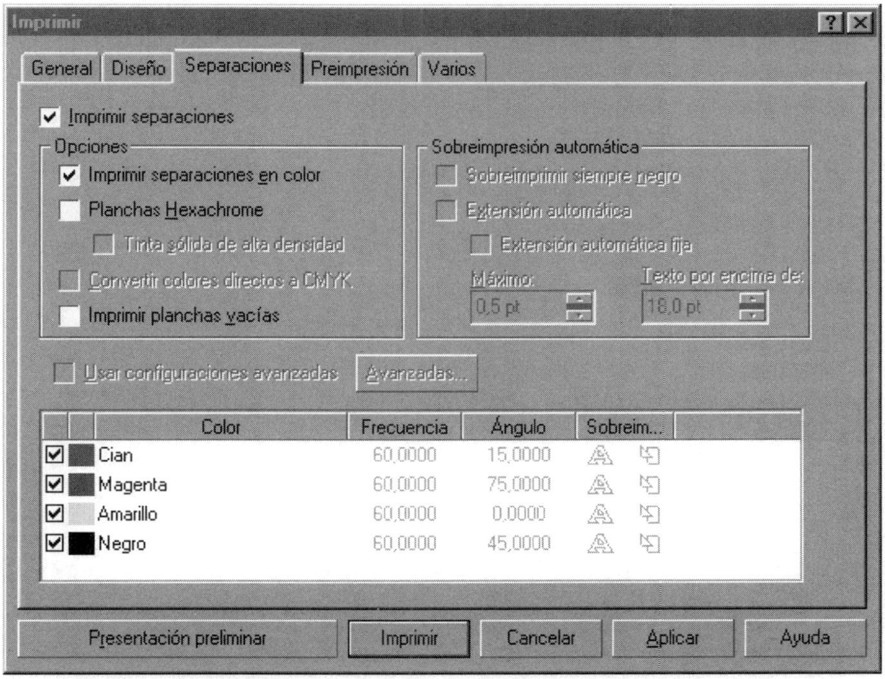

Para deseleccionar una plancha determinada haga clic en el recuadro marcado que aparece a la izquierda de cada plancha.

Si ha utilizado colores *Pantones* o colores directos, a la hora de aplicar color a los objetos diseñados, éstos aparecerán como planchas aparte.

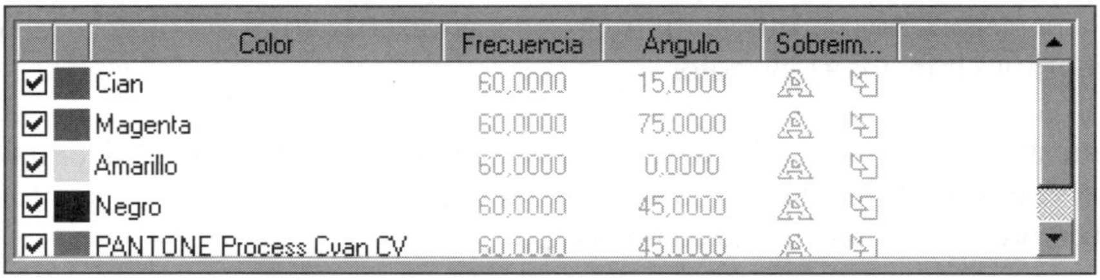

Y a no ser que específicamente necesite una quinta plancha de color, caso de necesitar reproducir colores especiales tales como platas, oros o colores corporativos, esta plancha se puede anular convirtiéndola a colores de cuatricomía, seleccionando la opción "*Convertir colores directos a CMYK*".

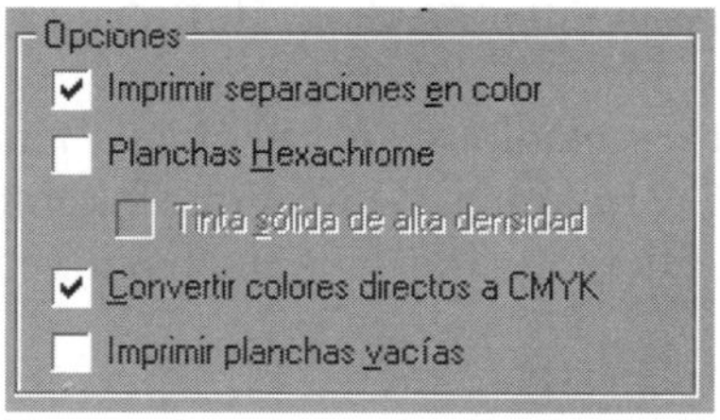

Si la impresión se va a realizar en una filmadora podrá definir a su vez "*Configuraciones avanzadas*" tales como la resolución, la frecuencia de trama, los ángulos de las planchas, el tipo de punto o la plancha de sobreimpresión.

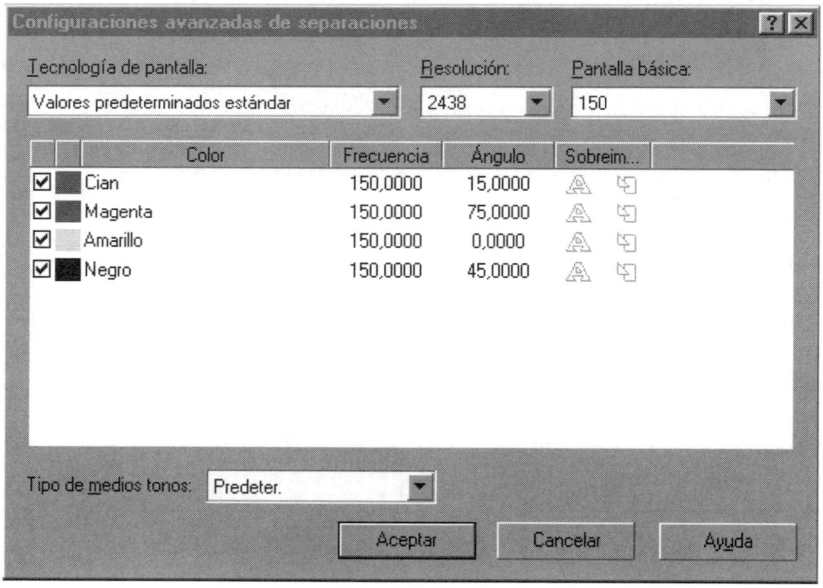

Todos los cambios que se pueden realizar en la pantalla "*Configuraciones avanzadas*" se harán según consejo de la empresa que vaya a realizar el trabajo de impresión, por ejemplo es normal variar la *frecuencia de trama* = (**Pantalla básica)** si el diseño realizado está pensado para imprimirse a través de serigrafía, siendo ésta de unas 60 líneas por pulgada, de igual forma para trabajos de imprenta, como portadas de libros, carteles, publicidad a todo color o trabajos similares la frecuencia a elegir sería 150 líneas por pulgada. Siempre consultando de ante mano, como ya he dicho, a la empresa que va a imprimir el trabajo.

La resolución se mide en puntos por pulgada, (ppp) y dependerá del trabajo realizado. Si un trabajo sólo está formado por texto, líneas y objetos sin relleno, es decir blanco y negro, la resolución a utilizar podría ser perfectamente 1.200 ppp, si éste incluyera tramas o degradados la resolución mínima para un acabado perfecto sería de 2.400 ppp, así como para separaciones CMYK en la cual la resolución sería 2.400 ppp o superior.

Los ángulos se modifican sólo si la empresa que va a realizar el trabajo de impresión así lo solicita ya que depende totalmente del procedimiento de impresión utilizado por dicha empresa.

La *sobreimpresión de una plancha* nos permite que el color de la plancha elegida pise, literalmente sobre los colores adyacentes, evitando registros imprecisos, para eliminar posibles líneas blancas entre objetos, esta opción se utiliza normalmente sobre la plancha de "Negro" que es en la que se da este efecto más comúnmente.

La *sobreimpresión* automática se puede activar en el cuadro que hay en la pestaña "*Separaciones*" o a través de *Configuraciones avanzadas*, activando los iconos sobreimprimir objetos y texto.

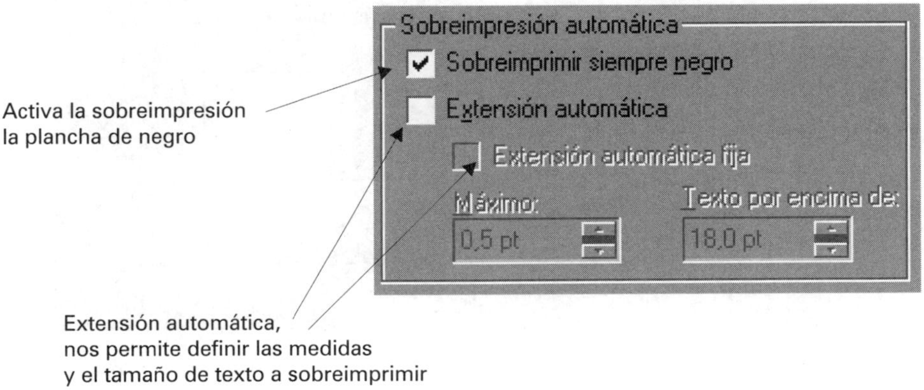

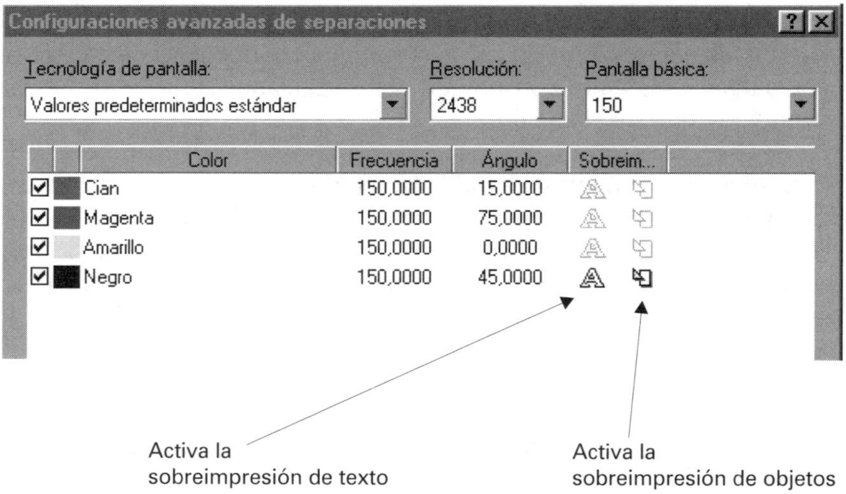

La pestaña Preimpresión nos permite activar las marcas de centrado entre planchas , las marcas de corte, la información de archivo, las barras de calibración y de densidad, así como cambiar la emulsión del papel y activar el modo negativo.

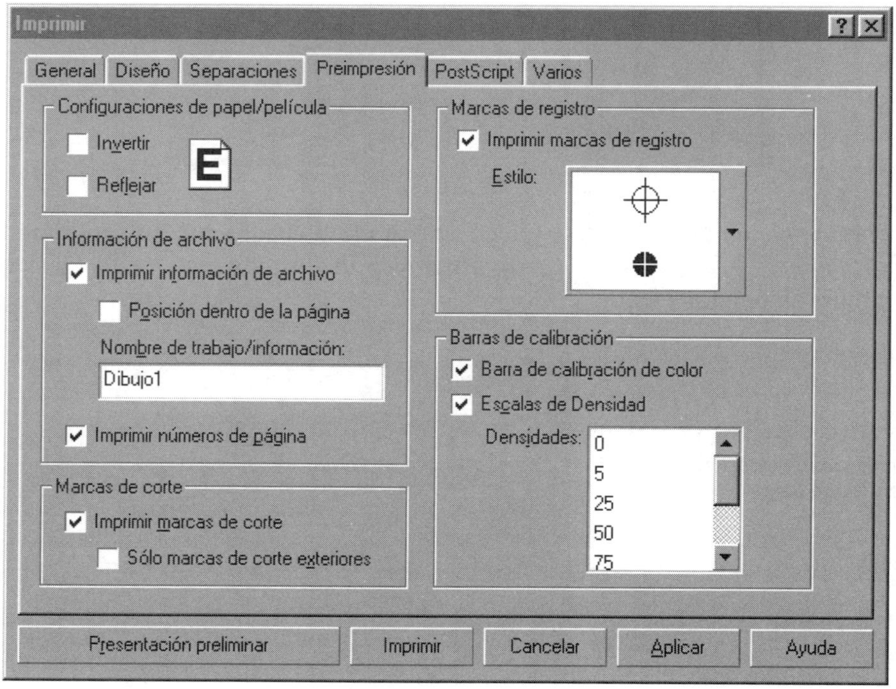

En el cuadro *Configuraciones de papel/película* podemos activar la opción *invertir*, que provocará que la impresión resultante sea el negativo del trabajo realizado, necesario por ejemplo para realizar troqueles que se utilizan en el resalte de formas o impresiones de oro en encuadernaciones de piel.

Positivo

Negativo

La opción *Reflejar*, permite realizar un efecto espejo de forma que, a la hora de imprimir la emulsión se vea al derecho o al revés.

Emulsión por detrás de la película

Emulsión por delante de la película

En el cuadro *Información de archivo* podemos activar la información necesaria para la identificación del archivo impreso así como el nombre da las distintas planchas y sus características específicas.

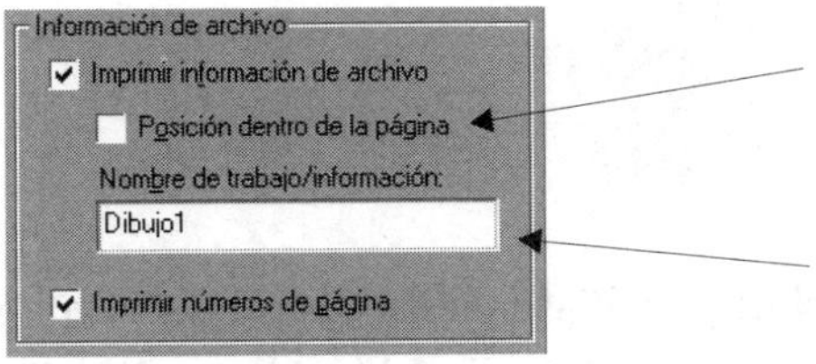

Inclusión de la información de archivo dentro de la pagina definida

Cuadro de definición del Nombre del trabajo

Atención: cuando en la impresión de un documento se necesita que aparezcan marcas de corte, información del archivo, marcas de registro, etc., se tiene que tener la precaución de que el tamaño de la página a imprimir debe ser más grande que la pagina definida en el documento pues si no las marcas especiales no se imprimirían.

Las *marcas de registro* valen para poder cuadrar perfectamente todas las planchas entre sí evitando el efecto *doble imagen.*

La forma de las marcas de registro se define por habitualidad, no siendo unas mejor que otras, CorelDraw nos deja elegir, cinco modelos distintos.

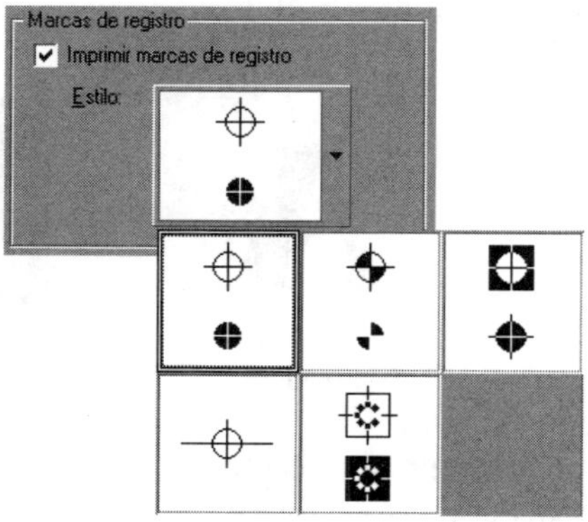

Las marcas de corte definen el tamaño de página que hemos seleccionado en el documento independientemente del que esté seleccionado en la impresora.

Las barras de calibración de color y de escalas de densidades son una consecución de cuadrados que se imprimen en los laterales de la documento, fuera de éste, y que sirven al impresor para testar el trabajo impreso.

Los pasos de la escala de densidades nos mostrarán cuadrados en trama de grises con el tanto porciento de los valores seleccionados.

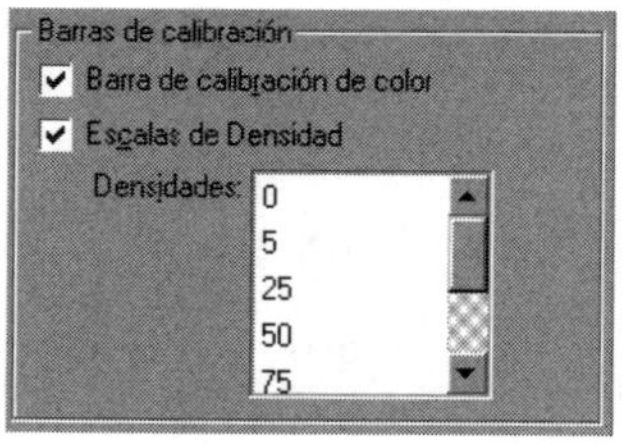

La pestaña PostScript nos permite definir el nivel o clase de PostScrip que vamos a utilizar, el nivel debe ser igual o inferior al del periférico donde vayamos a realizar la impresión, este dato deberá venir en las especificaciones de la impresora o filmadora.

Puede darse el caso que al imprimir en impresoras que no funcionen con lenguaje PostScrip, éstas no puedan reproducir ciertas partes del diseño realizado, por ejemplo el efecto lente. No se preocupe por esta impresión, a la hora de preparar su trabajo para la edición en una filmadora o impresora PostScript, el trabajo se imprimirá correctamente.

En la pestaña *Varios* disponemos de opciones prueba, perfil de color y configuraciones de información.

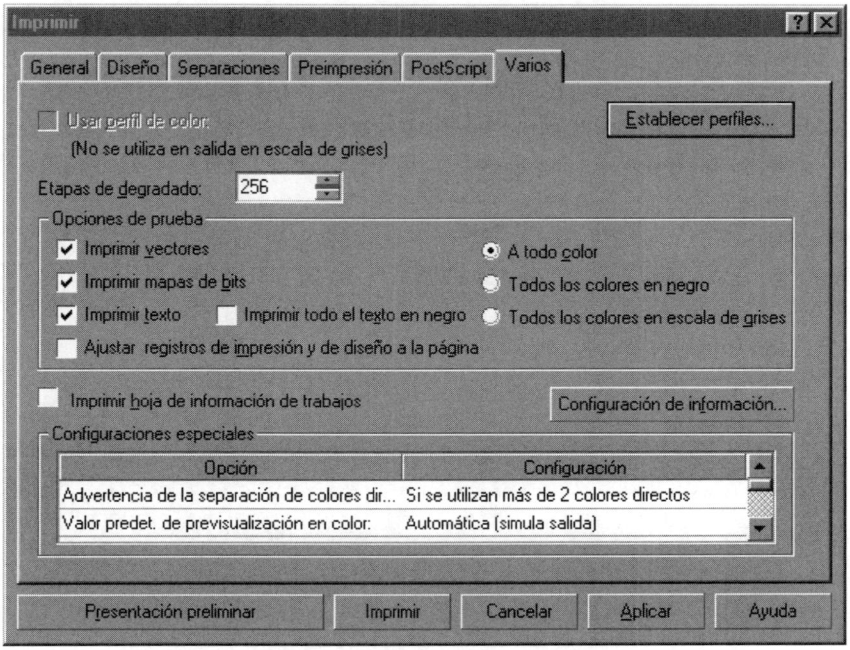

Las opciones prueba deshabilitan partes del diseño para que la impresión de éste sea más rápida.

La opción *Establecer perfiles* trabaja como un gestor de color para que lo que vemos en pantalla, en la impresora de pruebas y en la filmadora guarde la mayor relación posible.

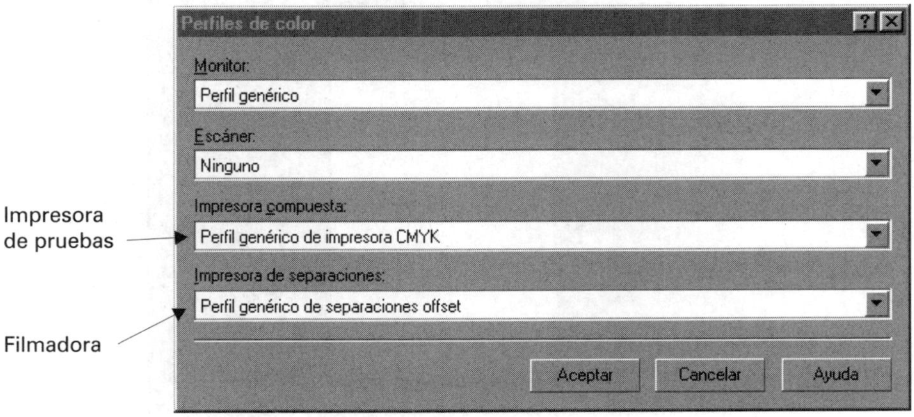

A través de *Imprimir hoja de información de trabajos*, podemos llevar un registro impreso de los trabajos realizados así como de todas las características de cada uno de ellos. En el botón *Configuración de información* podemos ver el contenido de este registro.

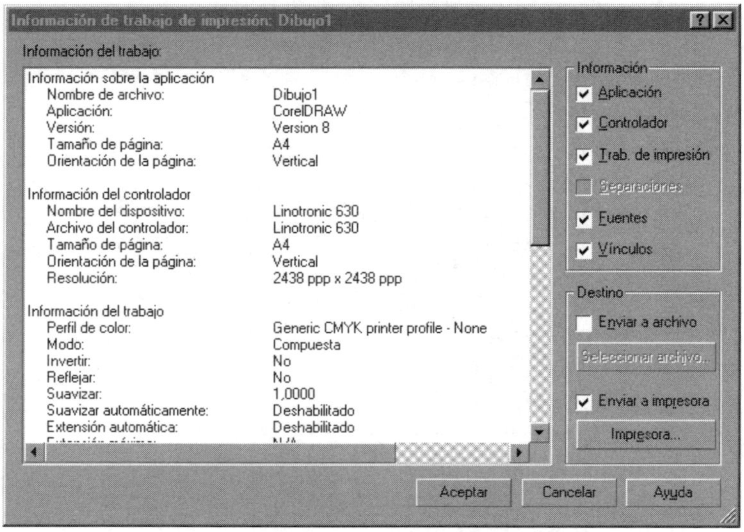

El botón *Presentación preliminar* de la pantalla Imprimir nos abre una pantalla donde podremos visualizar el aspecto final de la impresión, pudiendo modificar la misma para adaptarla a nuestras necesidades.

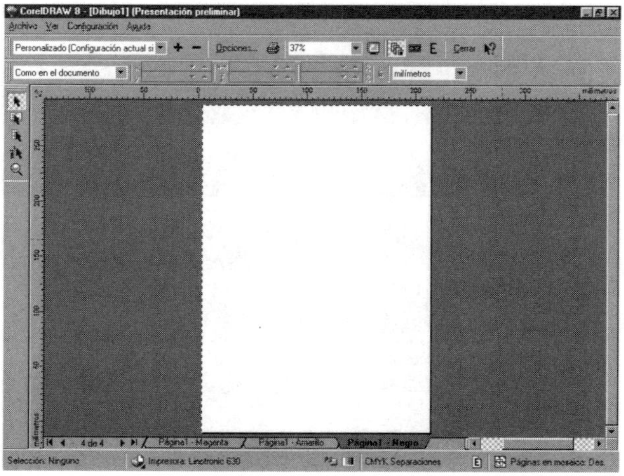

Los formatos de impresión

Como ya hemos dicho anteriormente el destino final de un diseño es su impresión, este paso se hace por medio del positivado, impresión en filmadora, pero es muy común, por su alto coste, que no todos podamos disponer de una filmadora para preparar los fotolitos necesarios, es por ello que normalmente tengamos que enviar nuestro trabajo a empresas de filmación. Este envío se puede realizar a través de tres formatos diferentes de archivos PRN, EPS, CDR.

El formato **PRN** tiene la particularidad de que usted tiene un control absoluto sobre la configuración de la filmación, es decir, el servicio de filmación no podrá modificar el archivo de ninguna forma, sólo podrá enviarlo desde un ordenador a la filmadora.

Los puntos en contra es que usted debe tener los drivers de la filmadora y un control absoluto sobre las configuraciones de impresión ya que como hemos dicho el servicio de filmación no podrá arreglar fallos en el archivo. Esto se consigue preguntando al servicio de filmación, pues ellos normalmente tienen un formulario con las descripciones de preimpresión esenciales.

El archivo PRN se activa enviando el trabajo a "Imprimir en archivo".

El archivo **EPS** es un archivo PostScript por lo cual el servicio de filmación podrá abrirlo en otra aplicación diferente, ajustarlo y mandarlo a filmar. Este formato tiene el inconveniente de que debe ser manipulado, con el peligro de modificaciones.

El formato **CDR** es lo bastante conocido y está lo suficientemente difundido que si usted no tiene tiempo o no posee los conocimientos adecuados para realizar los formatos anteriores, no tendrá ningún problema en mandar el archivo directamente. En este caso debería incluir conjuntamente con el archivo todo lo necesario para su apertura e impresión, nos referimos por ejemplo, a tipos de letra no comunes, etc.

En lo concerniente a tipos de letra, si usted no sabe cómo copiar un tipo de letra para incluirlo con el trabajo, podrá optar por convertir éste a curvas en el diseño realizado, con lo cual la fuente requerida ya no es necesaria.

Como cosa habitual incluya siempre una impresión aunque ésta sea en blanco y negro del archivo a filmar, pues ésta servirá para verificar posibles fallos.

En cualquier caso no dude en informarse en su servicio de filmación, ya que ellos son los primeros interesados, en que sus archivos no den ningún tipo de problemas y le informarán gustosos de todas sus dudas.

7 Efectos 3D

En este capítulo vamos a ver efectos especiales con herramientas ya explicadas anteriormente.

Estrellas en 3D

Para realizar estrellas en tres dimensiones vamos a utilizar la herramienta mezcla. Dibujamos una elipse de unos 20 mm de diámetro y la aplicamos un relleno degradado de 5 colores basados en grises.

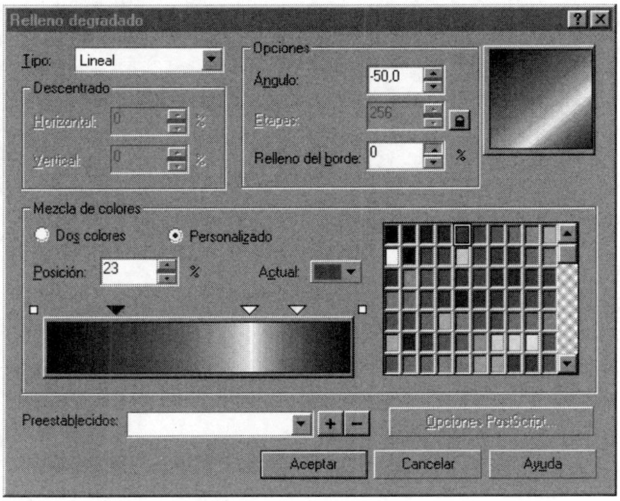

Duplicamos la elipse y la reducimos utilizando la persiana transformar *Escala y reflejo* a un 20%, una vez reducida la duplicamos varias veces situando las repeticiones aleatoriamente alrededor de la elipse inicial.

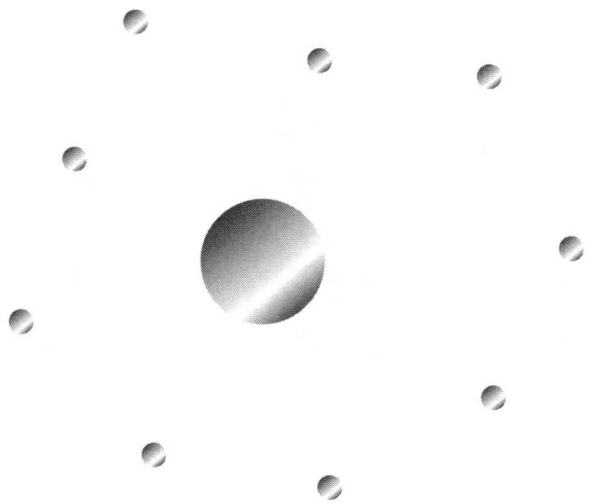

Seleccionamos todos los objetos excepto la elipse central y los agrupamos, seleccionamos la elipse central y la mandamos *hacia atrás, seleccionamos todos los objetos y* abrimos la persiana *Efectos Mezcla* aumentando a 150 en el número de etapas y a continuación lo aplicamos.

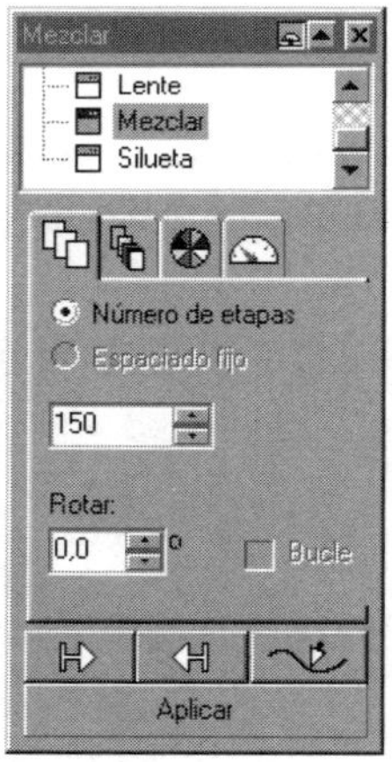

Si no hubiéramos agrupado las elipses el resultado de la mezcla hubiese sido el siguiente;

Apréciese la diferencia en la intersección de las diferentes mezclas.

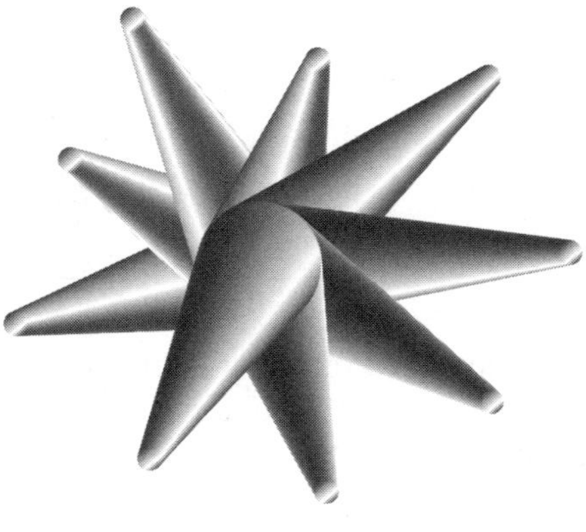

Si a la mezcla de un grupo de objetos con un objeto le aplicamos un ángulo de rotación conseguiremos efectos de movimiento muy sugestivos.

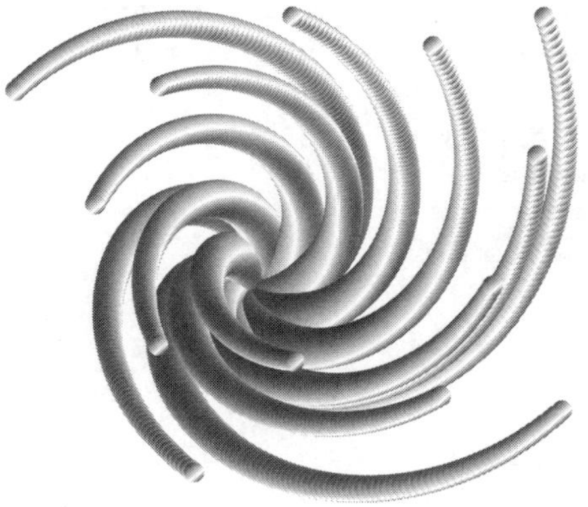

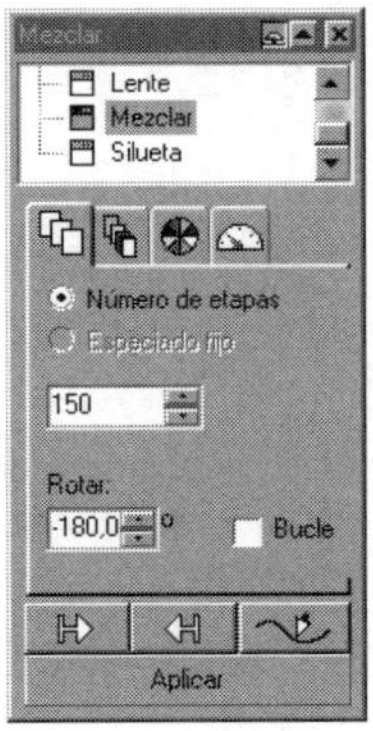

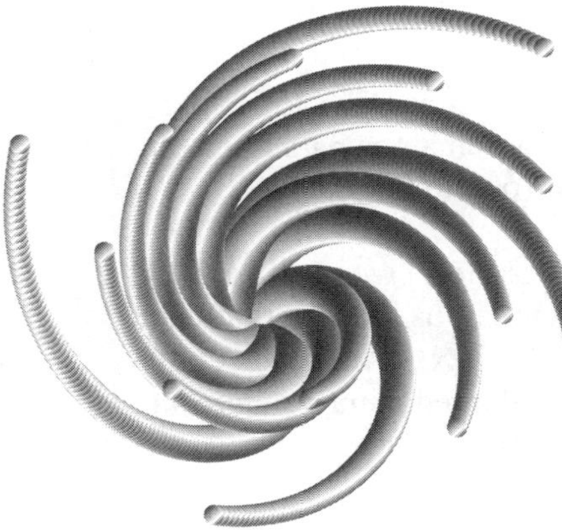

Si además activamos el botón Bucle y seleccionamos aceleración de objetos tendremos unos preciosos fuegos artificiales.

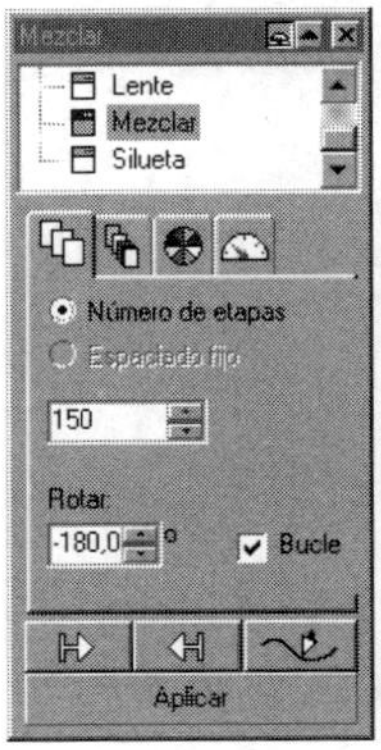

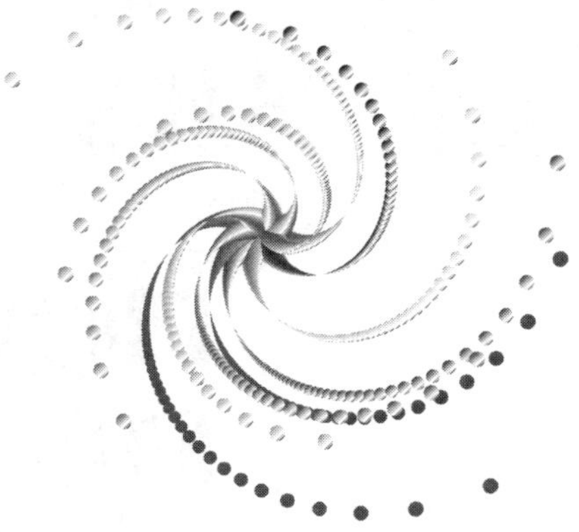

Textos sugerentes

Vamos a crear un texto que sólo con su forma nos transmita la sensación de frío. Escribimos el texto artístico "Noche de ski" para ello utilizamos el tipo de letra **Benguiat BK BT**.

La convertimos a curvas para personalizarla, reduciendo en cada letra el número de nodos hasta el mínimo posible, sin que pierda su grafía.

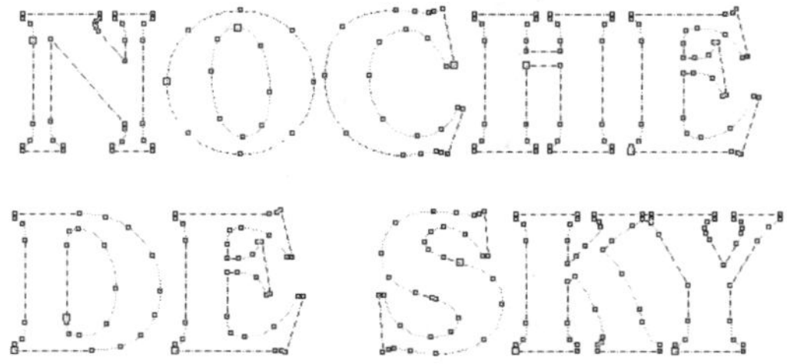

Seleccionamos todos los objetos y los combinamos para que sean un sólo objeto.

Duplicamos este objeto y seleccionamos la herramienta borrador , y haciendo doble clic en ella reducimos su tamaño a 0,5 mm.

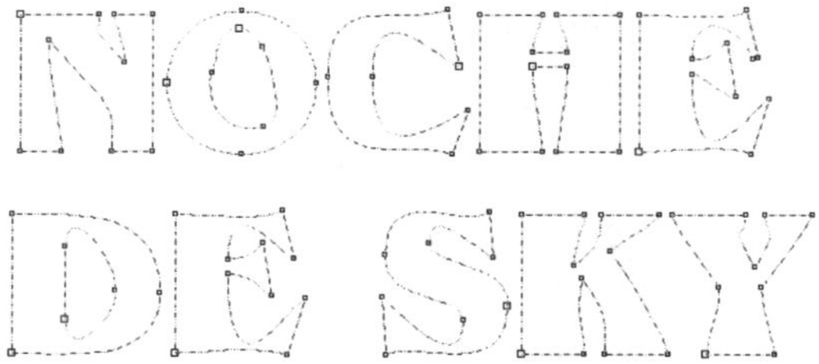

Sobre el duplicado vamos borrando la parte inferior de cada letra.

Objeto original

Objeto cortado

Montaje de los objetos

Aplicamos un efecto de extrusión a los dos objetos y los rellenamos con texturas.

Al texto le aplicamos a su vez un bisel definiéndole el relleno de la extrusión como "Sombra" de azul oscuro a azul claro, también le definimos el contorno como azul claro para realzarle los contornos. Al objeto que hemos cortado le definimos el relleno de extrusión como "Usar relleno del objeto". Los rellenos de texturas aplicados son los siguientes.

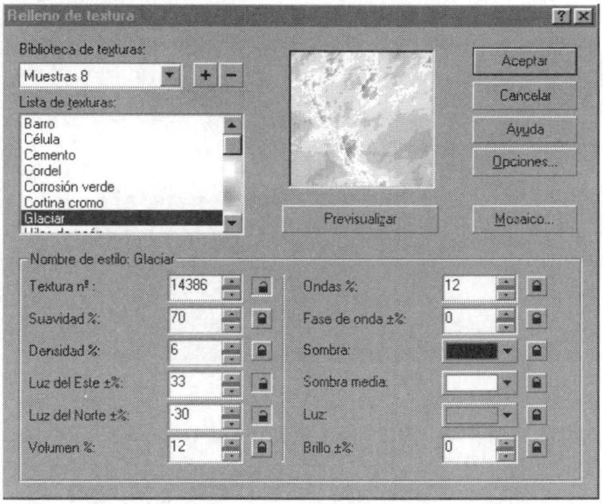

Relleno de textura aplicado al objeto cortado (Nieve)

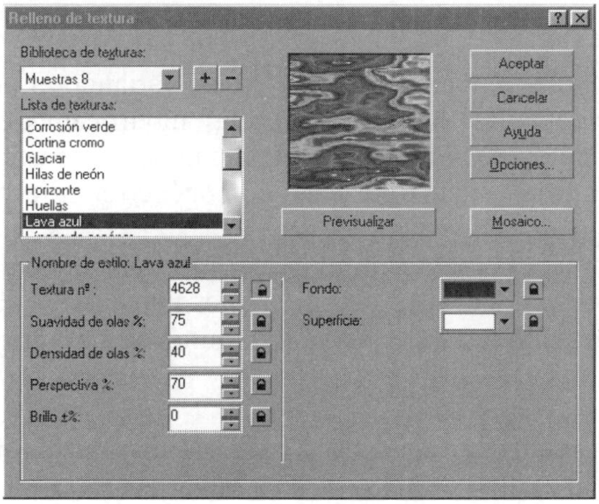

Relleno de textura aplicado al objeto Texto

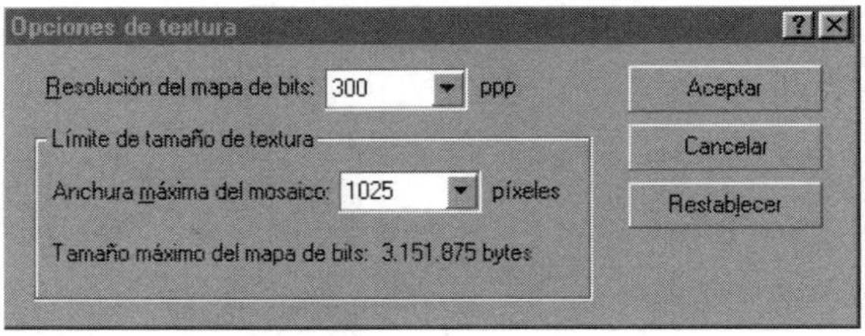

Modificación realizada en los rellenos de textura
a través del botón *Opciones*

Los objetos, una vez aplicados los rellenos, se agrupan, mostrándose en la figura siguiente el aspecto final.

Como fondo para este texto vamos a realizar una serie de mezclas, basadas en una inicial, a modo de fuegos artificiales. Para ello dibujamos como se ha explicado al comienzo de este capítulo varias elipses del mismo tamaño rodeando a otra elipse central de tamaño mayor.

Una vez realizada esta mezcla la duplicamos varias veces, variando el tamaño en algunos casos, en otros, valiéndonos de la persiana "Mezcla", modificamos el color de los objetos iniciales, la aceleración de objetos, la aceleración de rellenos/contornos, etc., hasta conseguir un conjunto de "objetos-mezclas" homogéneo en color y forma.

Hay que tener la precaución que el objeto central de cada mezcla coincida con los anteriores. Se repite este proceso 4 o 5 veces, en diferentes tamaños y colores y se distribuyen por el fondo para simular la explosión simultánea de varios fuegos artificiales.

A continuación se muestran pequeñas variaciones basadas una mezcla inicial así como su montaje final.

Mezcla base: 200 pasos. Elipse central, naranja. Elipses exteriores, blanco

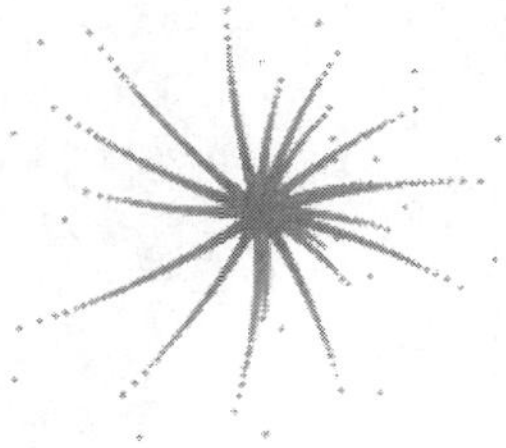

1ª duplicado: 200 pasos. Elipse central, naranja claro. Elipses exteriores naranja claro. Aceleración de objetos. Rotar, -10

2º duplicado: 200 pasos. Elipse central, naranja claro. Elipses exteriores amarillo. Aceleración de objetos. Rotar, 10

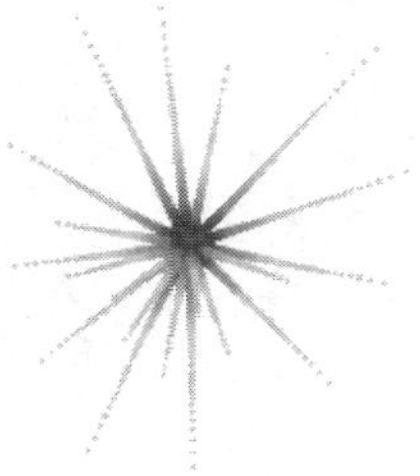

3º duplicado: 200 pasos. Elipse central, rojo. Elipses exteriores gris. Aceleración de objetos. Rotar, 0. Color arcoiris

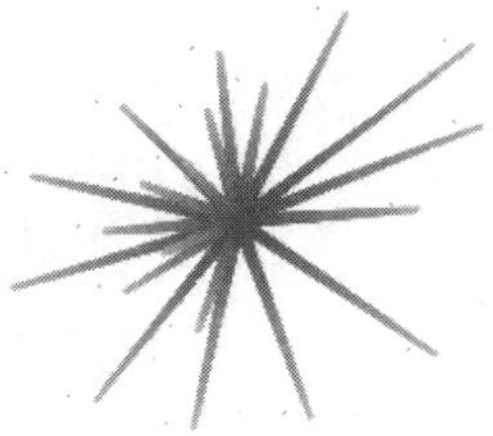

4º duplicado: 200 pasos. Elipse central, rojo. Elipses exteriores naranja. Sin aceleración de objetos. Rotar, 0

Duplicado de las elipses exteriores del 3 º duplicado. Color rojo. Situación hacia delante.

Elipse fondo. Tamaño = ¾ partes de la elipse mas grande. Situación hacia a tras. Relleno degradado radial 3 colores, naranja, rojo negro.

Montaje final de todos los componentes

NOCHE
DE SKY

Otra aplicación de las mezclas, es su utilización como acentuadoras de volúmenes naturales así como de brillos, sustituyendo rellenos que por su forma serían inviables. En el siguiente diseño vamos a aplicar mezclas para realzar las formas de un conjunto de círculos que por sí solos dan sensación de esféricos.

Para este diseño nos vamos a basar en un clipart del CD-ROM 2, el clipart en cuestión se encuentra en la carpeta "*Fantasy*".

⇨ MENÚ IMPORTAR ⇨ CD-ROM 2 ⇨ CLIPART ⇨ FANTASY ⇨ FANTS012

Una vez importado el dibujo, comprobamos que su aspecto se identifica con una bola de cristal.

La bola se compone de tres elipses, que hacen las veces de esfera y cuatro formas que hacen las veces de reflejos. Vamos a interrelacionar estos objetos para suavizar sus formas y contrastes.

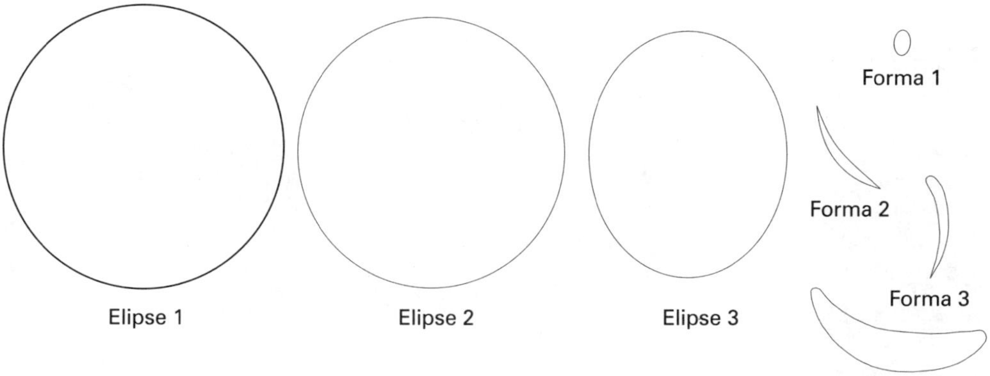

El primer paso es realizar una mezcla entre las elipses 1 y 2, suavizando de esta forma el claro oscuro del borde de la bola. Seleccionamos ambas elipses y las mezclamos.

Seguidamente mezclamos la elipse 2 con la 3.

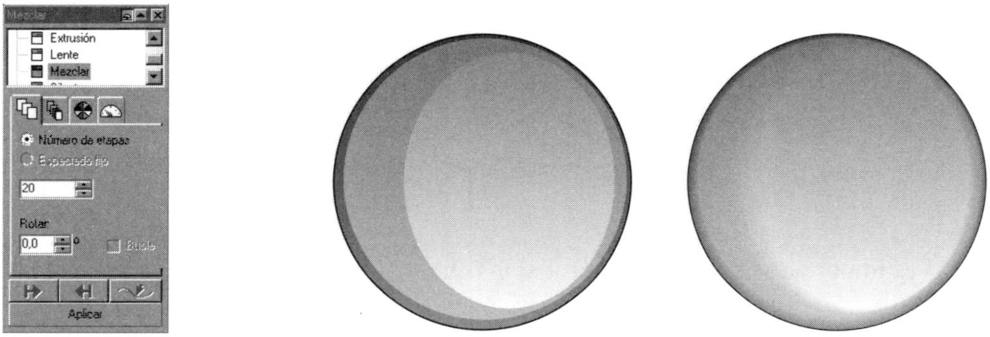

Ya tenemos realizada la esfera base, en los siguientes pasos añadiremos los reflejos. El primer reflejo "forma 3" lo vamos a mezclar con la "elipse 3" para restarle importancia y así resaltar los restantes.

Los objetos "forma 2" y "forma 4" no se modifican, al contrario que "forma 1" al cual vamos a darle el mayor protagonismo.

Cambiamos el color de relleno de la "forma 1", anteriormente blanco por un azul claro, (10% de cian), y la duplicamos, reduciéndola a través de la persiana *transformar* a un 10%, y cambiando su relleno a blanco. Hemos conseguido dos formas a las que vamos a aplicar una mezcla de 50 etapas para unificarlas.

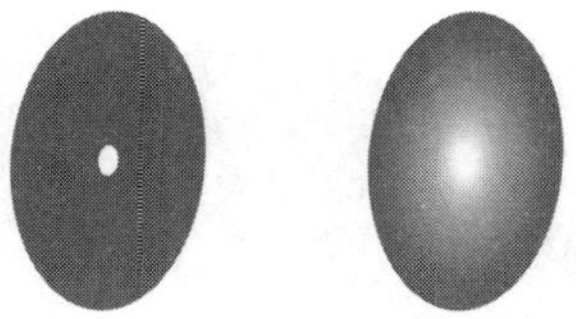

Y le añadimos un nuevo objeto que hará las veces de destello. Este nuevo objeto lo realizamos con la herramienta *Polígono.* Dibujamos un polígono de 8 lados, y con la herramienta forma lo convertimos en una estrella, para ello seleccionamos uno de los nodos situados en el centro de las aristas, y lo arrastramos, manteniendo apretada la tecla "Control", hasta situarlo cerca del centro del polígono.

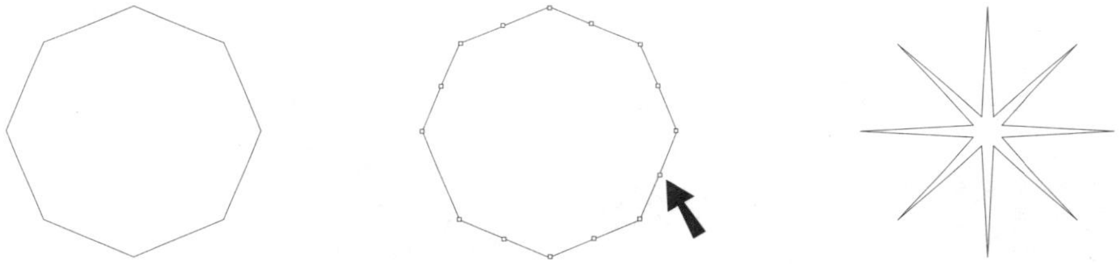

Convertimos este objeto a curvas para poder modificar sus nodos por separado, para ello una vez seleccionado el objeto, activamos la opción *Convertir a Curvas,*

⇨ MENÚ ORGANIZAR ⇨ CONVERTIR A CURVAS

Situamos el nuevo objeto haciendo coincidir más o menos su centro con el centro de la mezcla anterior "forma 1" y modificamos la situación de sus nodos para asemejarlo a un resplandor de luz.

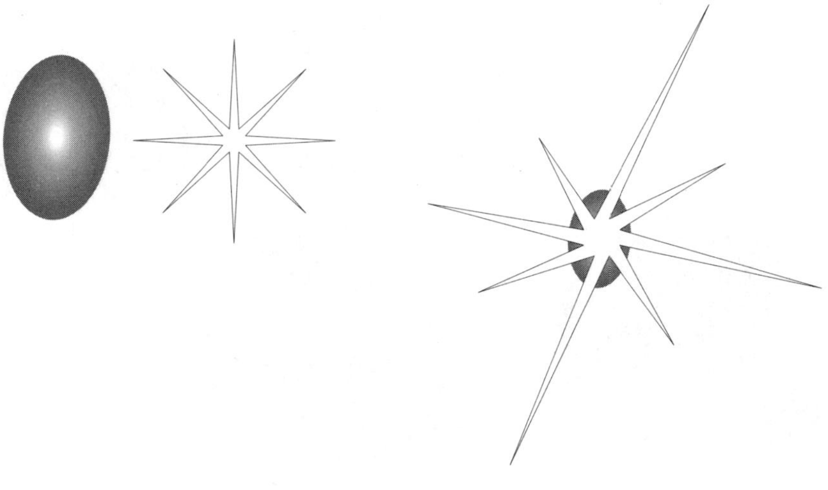

Y modificación terminada.

Otros ejemplos de este tipo de aplicaciones del efecto mezcla son:

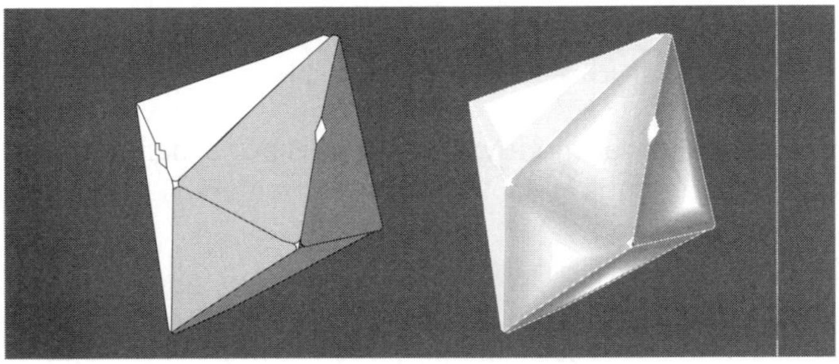

Otras opciones de texto en 3D podrían ser las siguientes conjugando rellenos diferentes entre el objeto y la extrusión.

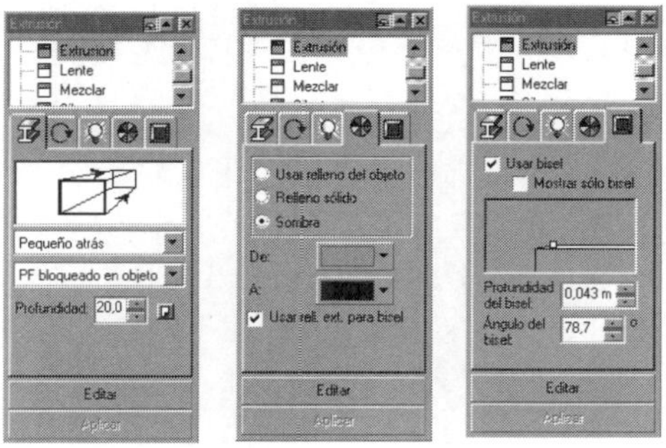

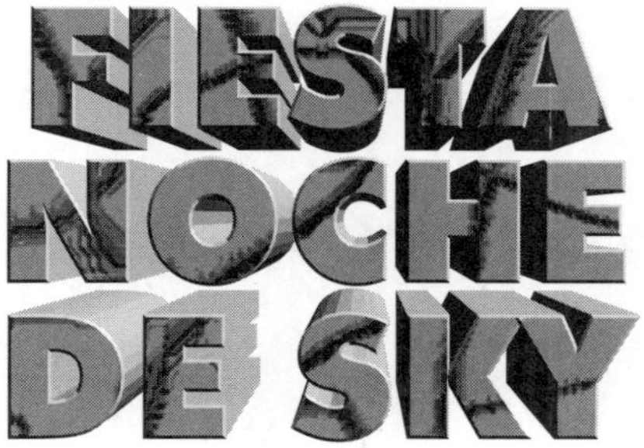

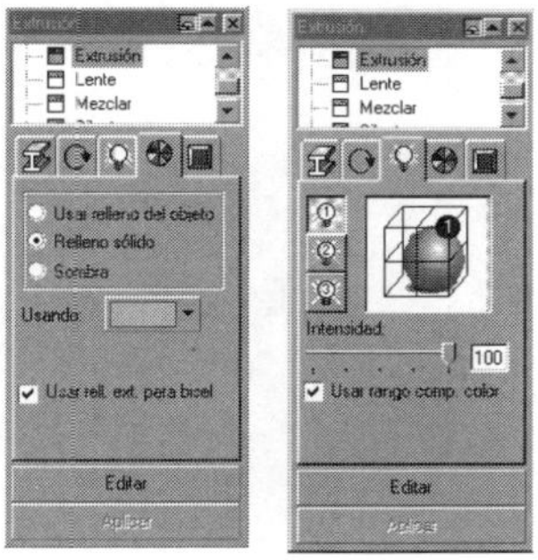

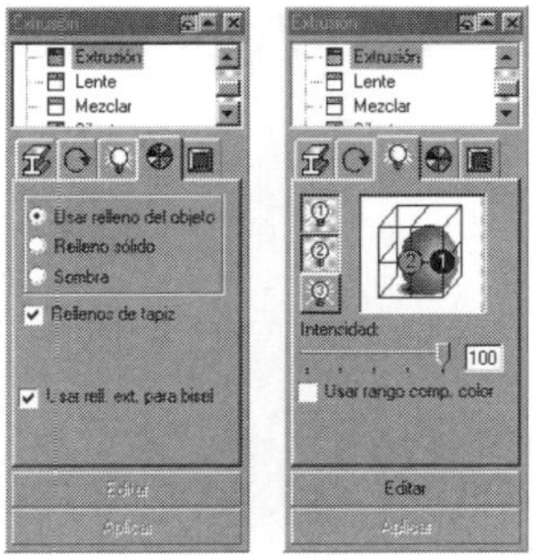

8 Retoque Fotográfico

El siguiente diseño se basa en el retoque fotográfico por lo que utilizaremos una de las aplicaciones que forman el paquete de CorelDraw, nos referimos a Photo-paint. Esta aplicación está diseñada para la edición y retoque de mapas de bits así como para la creación desde cero de los mismos.

Con Photo-paint se puede pintar, dibujar objetos y líneas, rellenar áreas, etc., todo ello con múltiples formas de pinceles y características. Podrá añadir textos y modificarlos a su antojo, podrá hacer correcciones fotográficas, brillo, contraste, saturación tonalidades, etc., tanto en el total de la fotografía como en áreas particulares gracias a los variados sistemas de selección de mascaras, asimismo, podrá seleccionar o crear objetos específicos y modificarlos a voluntad y en resumen, todas las características que se pueden esperar de un programa de retoque de imagen.

Empecemos abriendo la aplicación, esto se pude realizar desde Windows al igual que todas las aplicaciones o simplemente seleccionando el nombre de la aplicación en el menú que se despliega al seleccionar el icono "Iniciador de aplicaciones"de la barra *Estándar.*

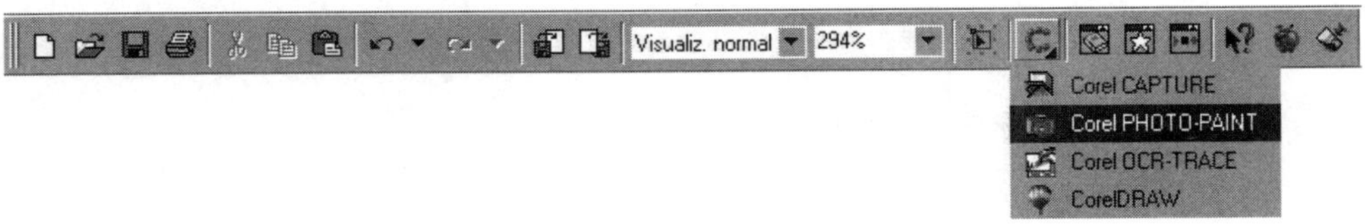

Al abrirse la aplicación, al igual que en CorelDraw, nos aparece una pantalla de accesos directos, seleccionamos "Nueva imagen" lo que nos remitirá a un cuadro de diálogo donde podremos personificar las característica de la nueva imagen.

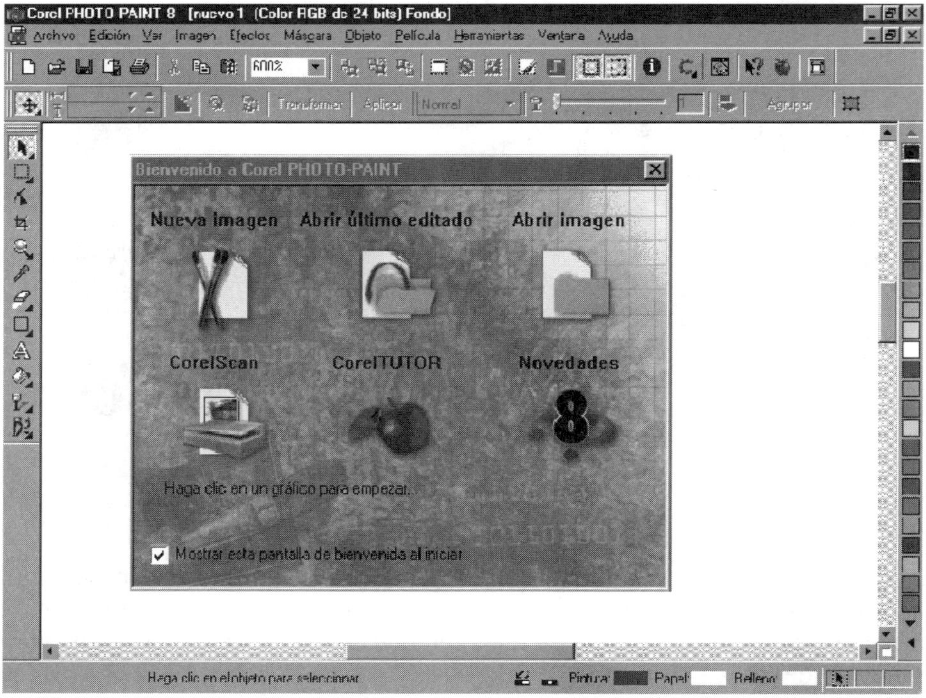

Pantalla de inicio de corel Photo-paint

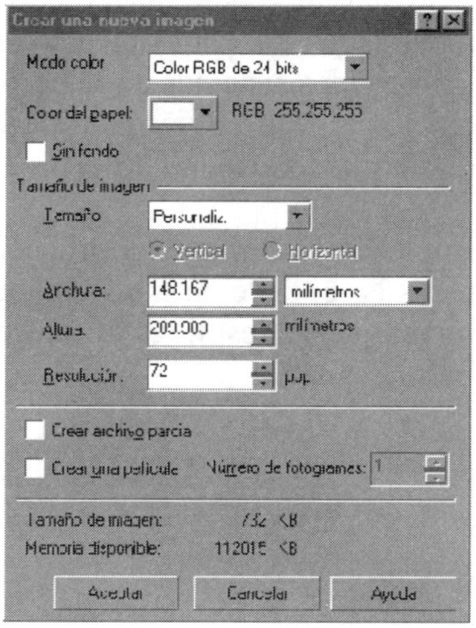

Estas características son las siguientes:

Modo color: donde definiremos el modo de color en el que se va a basar la imagen. Independientemente del modo elegido usted podrá, a través del menú "Imagen" convertir la imagen a cualquiera de los otros modos una vez esté trabajando con ella.

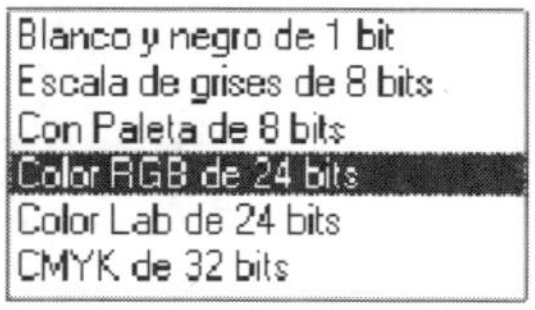

Tamaño: donde definiremos el tamaño exterior de la nueva imagen. Según la unidad de medida que tengamos seleccionada el menú "tamaño" nos mostrará diferentes opciones predefinidas.

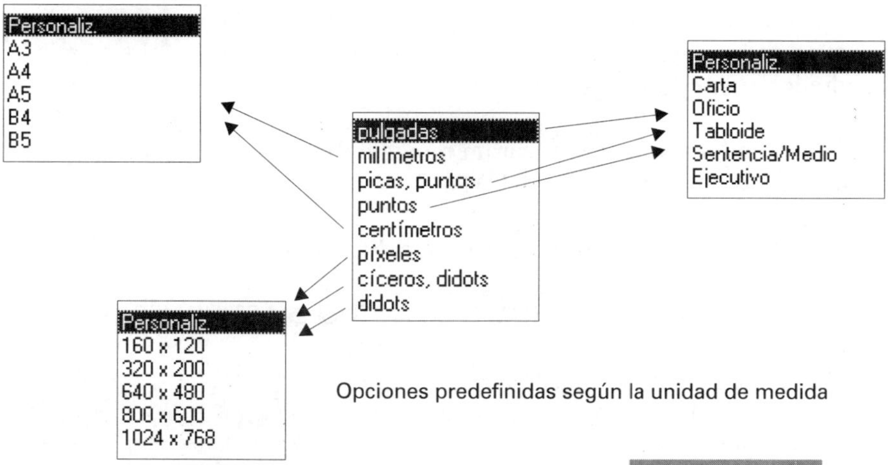

Opciones predefinidas según la unidad de medida

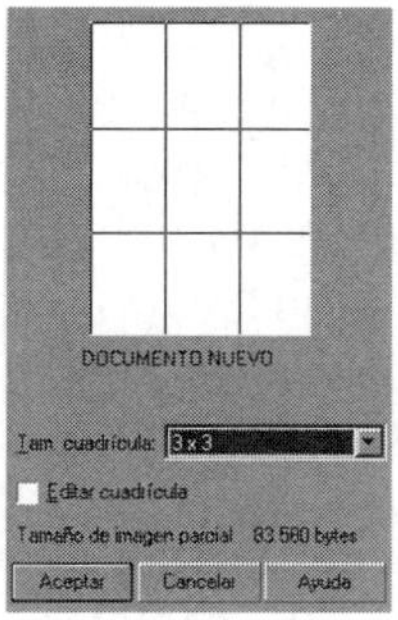

Crear archivo parcial: divide la futura imagen en una cuadrícula proporcional, indicado cuándo el tamaño de la imagen es demasiado grande.

Crear una película: abre un documento con un número de paginas igual al número de fotogramas seleccionado. Cada fotograma es un diseño inter relacionado con los siguientes fotogramas.

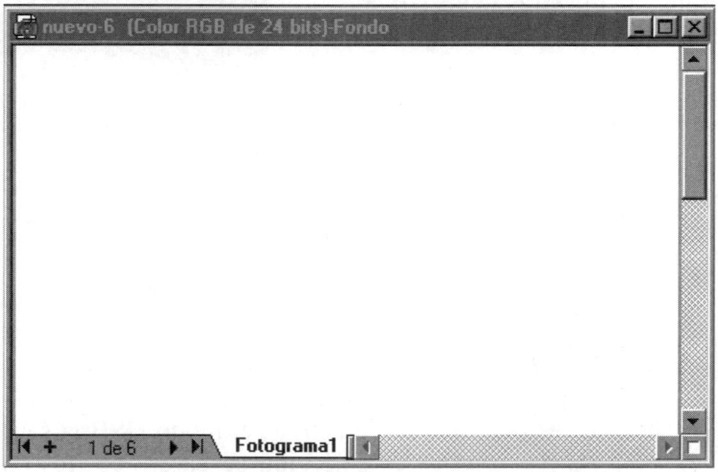

Pantalla de imagen en formato "Película"

Para la realización de nuestro diseño seleccionamos un tamaño A5 horizontal, sin fondo, por lo que deberíamos haber seleccionado anteriormente las unidades de medida decimal.

La opción “Sin fondo” se verifica por el relleno de la pantalla de imagen, éste debe ser una cuadrícula con cuadrados grises y blancos correlativos.

En esta pantalla vamos a realizar un montaje fotográfico basados en fotografías del CD-ROM nº 3.

La primera imagen que vamos a abrir la localizamos en.

➪ IMPORTAR ➪ CD-ROM 3 ➪ PHOTOS ➪ ACTIVE LIFESTYLES ➪ 834047

de esta imagen vamos a seleccionar el cuerpo de la chica, lo copiaremos y lo pegaremos en nuestra imagen.

Seleccionamos la herramienta “Máscara rectángulo”  . Esta herramienta al igual que los otros tipos de herramienta máscara nos permite seleccionar zonas determinadas de la imagen basándose en el color, en el color predominante o en la forma de la herramienta.

Antes de utilizar esta herramienta debemos definir sus características principales para que se acople a nuestras necesidades. Hacemos doble clic en el icono “Máscara” y se abrirá la persiana “Configuración de herramientas”.

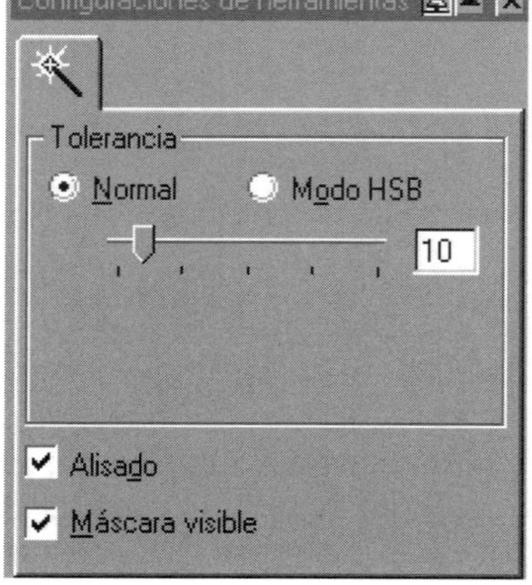

Por medio de la “Tolerancia” definimos la sensibilidad de selección de píxel, si activamos el modo normal esta sensibilidad se basará en el color, si por contra elegimos el modo HSB la sensibilidad de selección se basará en tres componentes (H) tono, (S) saturación, (B) brillo. Cuanto mayor sean los valores, tanto de un modo u otro menor, será la sensibilidad. En las figuras siguientes podemos apreciar estas diferencias.

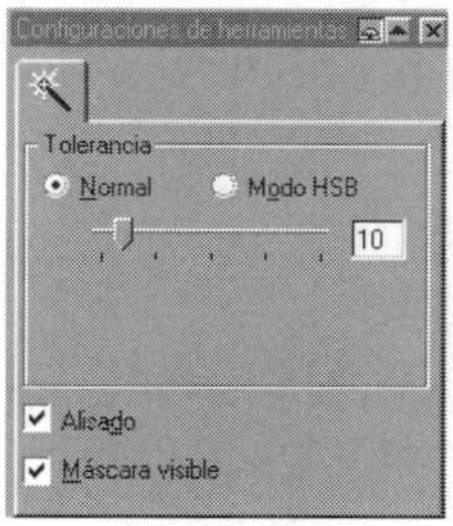

En ambos casos la selección
se realizó con la herramienta
"Máscara varita mágica",
haciendo clic en el centro del cielo

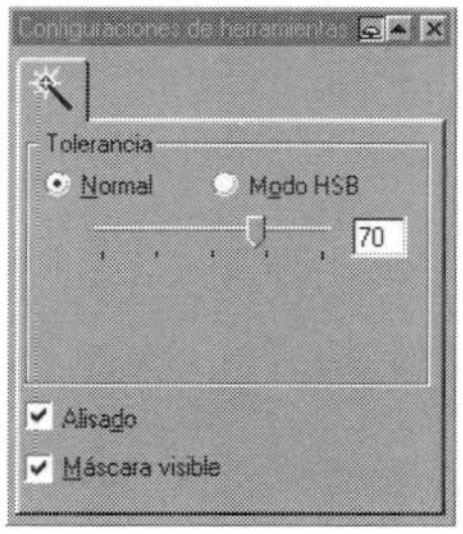

Para nuestra selección elegiremos un grado de tolerancia medio, con lo cual las zonas seleccionadas "máscaras" serán de mediano contraste, como se puede apreciar la modelo tiene zonas muy diferenciadas por lo que en vez de seleccionar éstas, vamos a seleccionar todo el fondo y más tarde invertir la selección.

Hacemos clic en la herramienta *máscara rectangular* y mantenemos unos segundos el botón del ratón pulsado, desplegándose así el menú, tipos de mascaras.

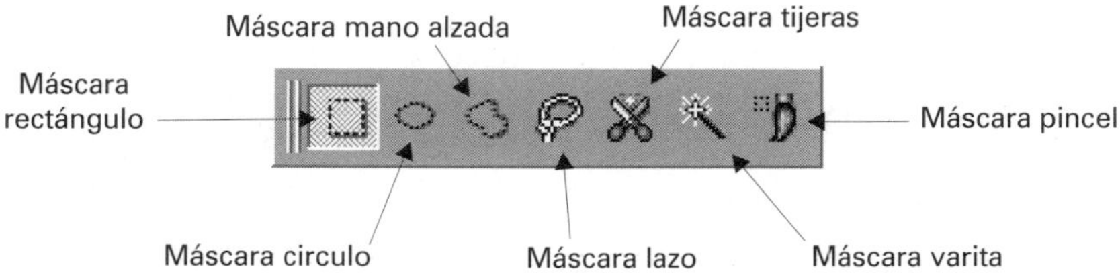

Rectangular. Selecciona áreas rectangulares.

Circular. Selecciona áreas circulares.

Mano alzada. Selecciona áreas irregulares o poligonales, para cerrar la forma dibujada haga doble clic cerca del primer nodo dibujado.

Lazo. Selecciona áreas irregulares que están rodeadas por píxeles de colores similares.

Tijeras. Selecciona áreas irregulares, las cuales tengan bordes definidos por el contraste con los píxeles adyacentes.

Varita mágica. Permite seleccionar colores en un área determinada.

Pincel. Selecciona áreas irregulares como si estuviese pintando con un pincel.

Seleccionamos la herramienta varita mágica  y con una tolerancia de "44" hacemos clic en la parte superior del mar.

Para unir a esta selección la parte inferior no seleccionada con el anterior paso abrimos el menú máscara.

➪ MENÚ MÁSCARA ➪ MODO ➪ADITIVO

El modo de máscara define la forma en que podemos seleccionar nuevas áreas dentro de una misma fotografía.

Al haber elegido el modo *aditivo* todas las nuevas selecciones de máscara que realicemos se irán sumando a las ya existentes, formando una sola máscara.

Seleccionamos la herramienta *Máscara rectangular* y dibujamos un rectángulo que englobe toda la parte inferior no seleccionada anteriormente.

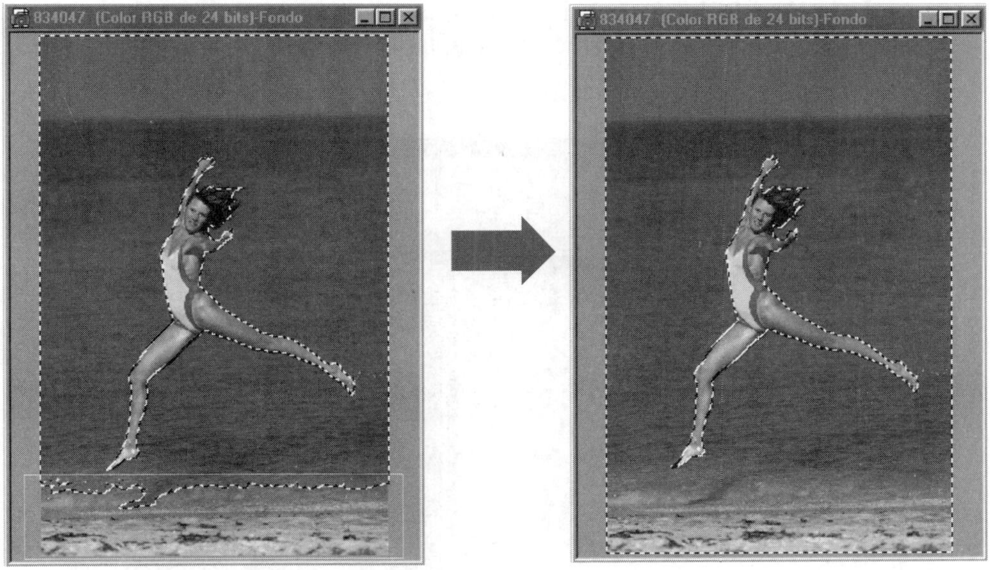

Invertimos la selección,

➪ MENÚ MÁSCARA ➪ INVERTIR

y tendremos seleccionada la modelo. Si al invertir la máscara quedasen pequeñas áreas seleccionadas pertenecientes al fondo, éstas se podrían eliminar eligiendo el modo *Sustractivo* y seleccionando las mismas con una herramienta de máscara cualquiera.

Para incluir esta selección en el montaje fotográfico que estamos realizando, primero debemos convertirla en un objeto que podamos colocar en el nuevo documento.

Abrimos el menú "Objeto" y seleccionamos la opción "Crear", dentro de esta opción podremos elegir diferentes formatos de creación, nosotros elegiremos "Objeto: Crear selección" que tiene la particularidad de crear un objeto basado en una máscara, sin modificar la fotografía de origen.

La máscara se convertirá así en un objeto que arrastraremos hasta nuestro nuevo documento, utilizando la técnica de seleccionar y arrastrar, reduciendo, una vez pegado el objeto, el tamaño del mismo para adaptarlo a nuestro documento.

Abrimos una nueva imagen para incluir un nuevo objeto en nuestro diseño.

➪CD-ROM 3 ➪ POTOS ➪ OBJETS VII ➪ 764067

Y al igual que en la fotografía anterior seleccionamos una máscara que contenga el monitor para transformarlo en un objeto que incluiremos en nuestro documento.

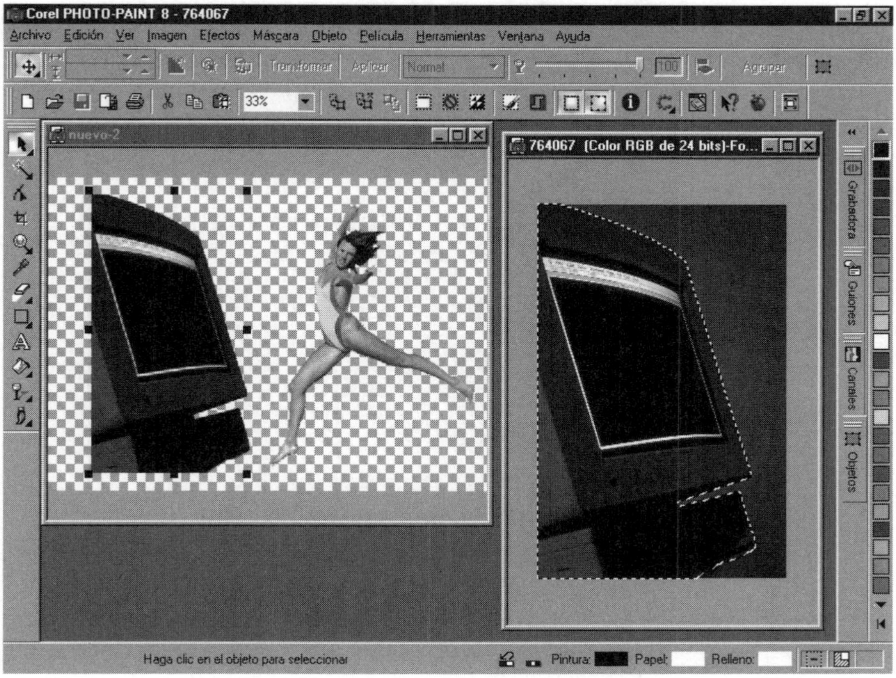

La sensación que estamos buscando con este montaje fotográfico es, el que la chica esté saliendo desde dentro de la pantalla, por lo cual los siguientes pasos irán encaminados a realzar este efecto.

El primer paso es cambiar el tamaño relativo entre la chica y la pantalla del ordenador, como necesitamos que la pantalla sea lo más grande posible la aumentamos al máximo posible sin importarnos que el resto del monitor quede fuera del documento visible.

Para variar el tamaño de un objeto en PhotoPaint se selecciona el objeto indicado y se trabaja con él, al igual que si variásemos un objeto en CorelDraw. Al hacer sucesivos clic encima de un objeto seleccionado, los tiradores del mismo van variando para mostrarnos cuatro formas diferentes de transformación.

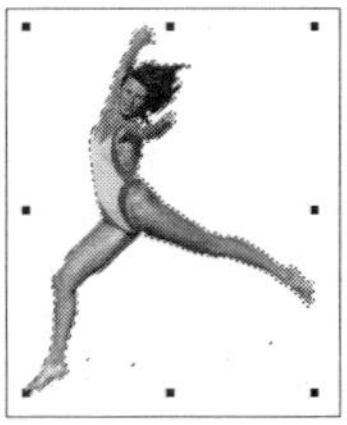
Sitúa y transforma

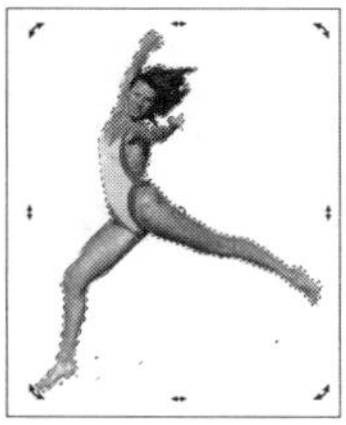
Rotación

Distorsión

Perspectiva

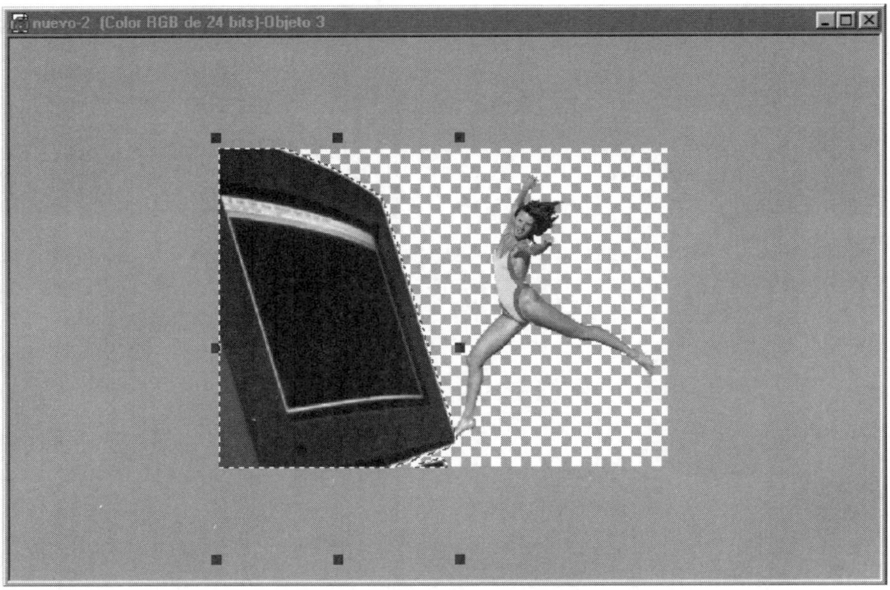

Una vez modificado el tamaño y la posición del objeto *pantalla* procedemos a situar a la chica en relación con este objeto. En primer lugar la reflejamos y posteriormente la colocamos delante del objeto *pantalla.* Seleccionamos el objeto y,

⇨ MENÚ OBJETO ⇨ REFLEJAR ⇨ HORIZONTALMENTE
⇨ MENÚ OBJETO ⇨ ORGANIZAR ⇨ ORDEN ⇨ HACIA DELANTE

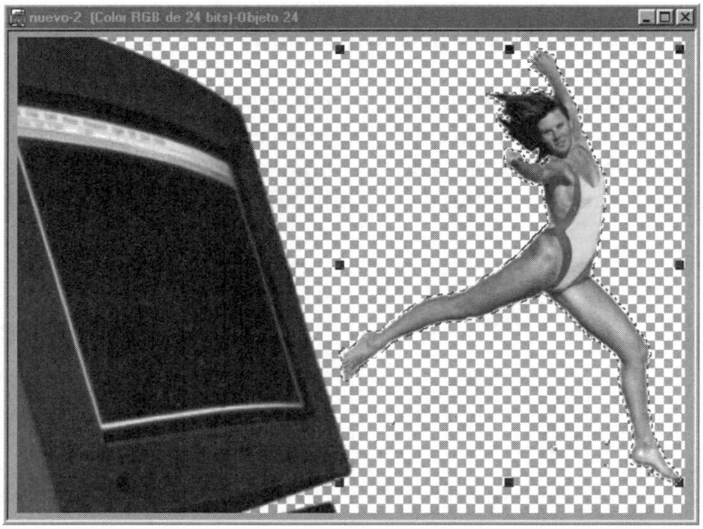

Importamos una tercera imagen, que hará las veces de fondo emitido por el ordenador, seleccionamos el icono abrir y,

CD-ROM 3 ➪ PHOTOS ➪LOCATION➪ 708043

El primer paso a realizar con esta fotografía será variar su perspectiva para adecuarla a la perspectiva del objeto *pantalla* para ello seleccionamos la herramienta “máscara rectángulo” y trazamos una máscara que abarque casi la totalidad de la fotografía.

Convertimos la máscara en un objeto,

MENÚ OBJETO ➪ CREAR ➪ OBJETO: CORTAR SELECCIÓN

Hacemos varios clic en el nuevo objeto hasta que se muestren los tiradores de distorsión y modificamos el objeto para asemejarlo a la pantalla del monitor.

Para que este nuevo objeto tenga la forma exacta de la pantalla debemos crear una máscara con esa forma que más tarde aplicaremos al objeto que acabamos de realizar para darle su forma definitiva.

Esta máscara la crearemos a partir del objeto pantalla pegado en nuestro documento. Seleccionamos la herramienta *varita mágica* con una tolerancia de (10) y hacemos clic en el centro de la pantalla, de esta forma tenemos la máscara creada. Para exportar esta máscara a la fotografía que estamos modificando seleccionamos,

➪ MENÚ OBJETO ➪ GUARDAR ➪ GUARDAR EN DISCO

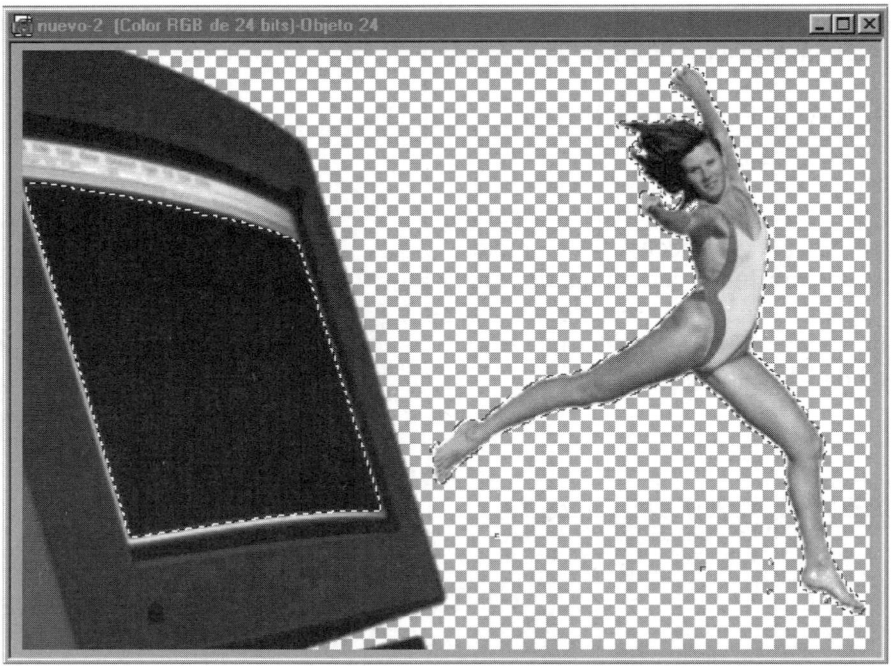

Se abrirá el cuadro de diálogo "Guardar una máscara en disco" donde seleccionaremos un nombre para este *archivo máscara* y la unidad donde deseamos guardarlo. Una vez guardado seleccionamos la fotografía que estamos modificando e importamos el archivo que acabamos de crear,

➪ MENÚ MÁSCARA ➪ CARGAR ➪ GARGAR DESDE DISCO

Se abrirá el cuadro de diálogo "Cargar una máscara de disco" donde seleccionaremos el archivo que acabamos de guardar, importándose de esta manera la máscara anteriormente creada.

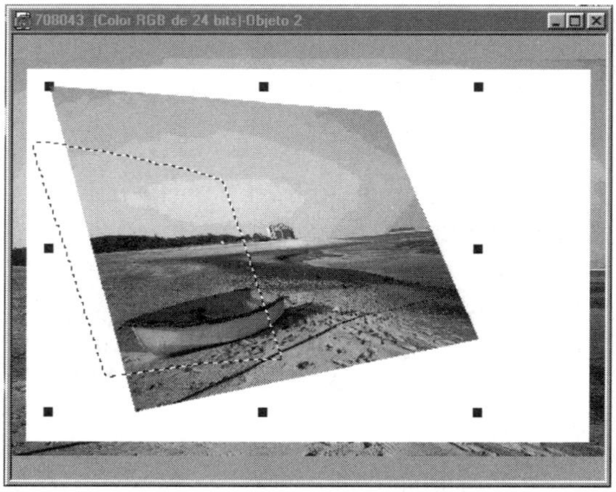

Seleccionamos la herramienta "Selector de objetos" y mantenemos el botón del ratón pulsado hasta que se despliegue el menú lateral donde seleccionaremos la

herramienta "*Máscara transformar*" , valiéndonos de esta herramienta adecuamos la máscara importada a la fotografía modificada. Si la modificación realizada anteriormente no se ajustase todo lo deseable a la máscara importada, podríamos en este momento ajustarla definitivamente a través de los tiradores de distorsionar y de transformación.

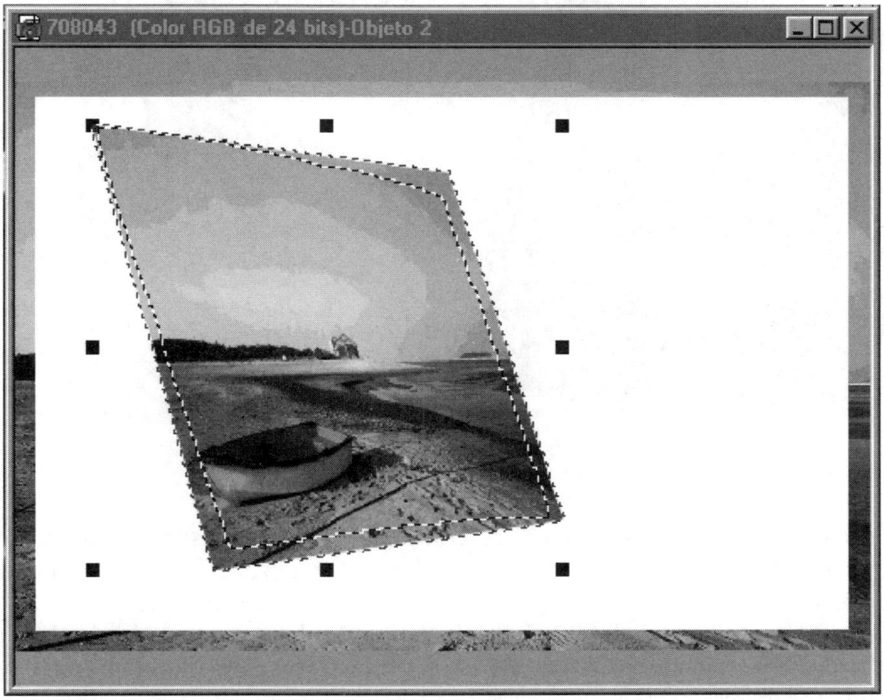

Seleccionamos la máscara con la herramienta "Máscara transformar" , la copiamos y la pegamos acto seguido en el documento que estamos creando,

⇨ SELECCIONAR MÁSCARA ⇨ MENÚ EDICIÓN ⇨ COPIAR,

Seleccionamos el documento que estamos creando y,

⇨ MENÚ EDICIÓN ⇨ PEGAR ⇨ COMO NUEVO OBJETO

Modificamos el tamaño de este nuevo objeto adecuándolo a la pantalla del monitor y lo situamos en su lugar correspondiente, que será haciéndolo coincidir exactamente con la máscara antes realizada.

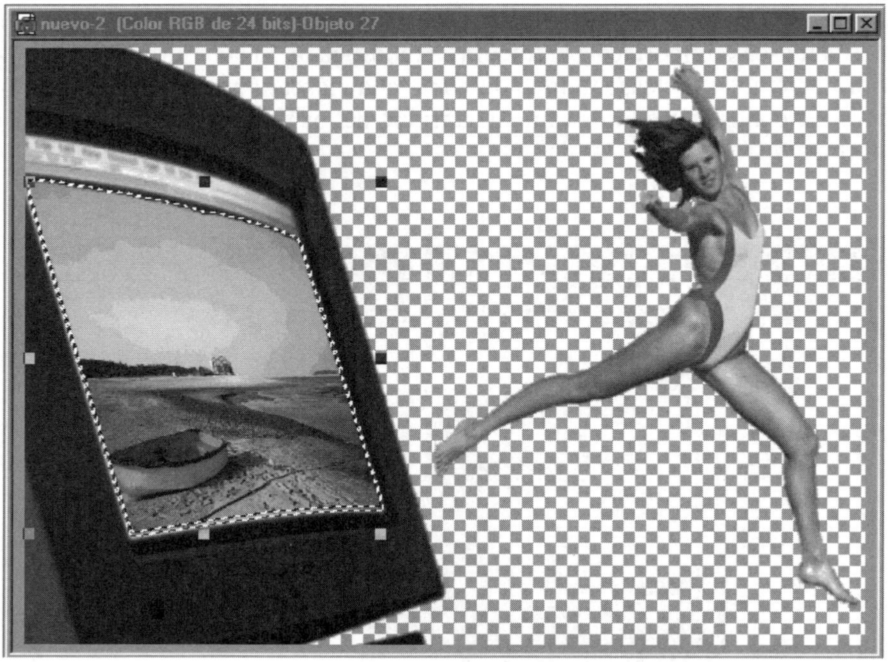

Para que el efecto fusión de este objeto con el objeto *pantalla* sea la mejor posible, vamos a modificar su contorno fundiéndolo. Antes de realizar esta opción eliminamos la máscara creada anteriormente para que una vez realizada la fusión entre los dos objetos, ésta no nos moleste. Seleccionamos la herramienta,  "*Máscara transformar*", activándose los tiradores de transformación de la máscara y la eliminamos a través del menú "Máscara",

MENÚ MÁSCARA ➪ QUITAR

Seleccionamos la herramienta "*Selector de objetos*"  y activamos el objeto a fundir, abriendo acto seguido la opción *Fundir* del menú "Objeto",

MENÚ OBJETO ➪ FUNDIDO

Se mostrará el cuadro de diálogo "Fundido" donde seleccionaremos la anchura del borde que deseamos que se funda así como el tipo de fundido, *Lineal* o *Curvo*.

Situamos el objeto *Modelo* en su lugar definitivo colocándolo delante del todo

➪ MENÚ OBJETO ➪ ORGANIZAR ➪ ORDEN ➪ HACIA DELANTE

y creamos una máscara basándonos en el mismo. Con esta nueva máscara, vamos a potenciar el efecto de que la chica está saliendo de la pantalla, seleccionamos el objeto *Modelo* con la herramienta "*Selector de objetos*", lo arrastramos hasta su ubicación definitiva y a través del menú máscara creamos la nueva máscara,

➪ MENÚ MÁSCARA ➪ CREAR DESDE OBJETOS

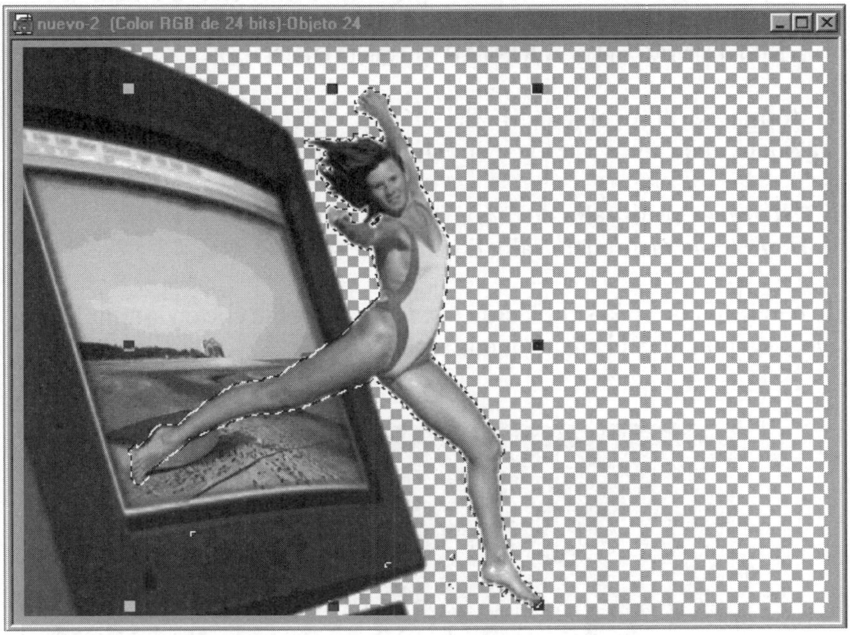

Seleccionamos la herramienta "*Máscara transformar*" y modificamos la máscara reduciéndola sólo a la parte de la pierna que se supone que todavía está dentro de la pantalla, para ello debemos seleccionar una de las herramientas de máscara, por ejemplo "*Máscara pincel*" y activar el *Modo sustractivo* del menú "Máscara",

➪ MENÚ MÁSCARA ➪ MODO ➪ SUSTRACTIVO

Redefinimos la forma de la máscara a la cual le vamos a aplicar un efecto para potenciar la sensación.

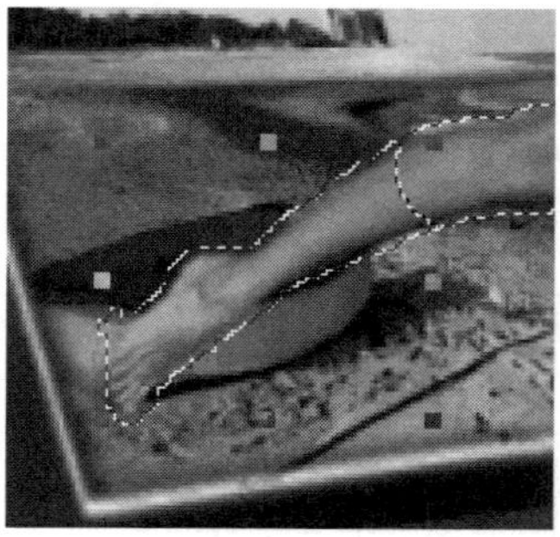

Máscara redefinida

El efecto que le vamos a aplicar a esta máscara será una reducción en su tono de color, para ello abrimos la opción *Tono de color* que se encuentra en el menú imagen,

➪ MENÚ IMAGEN ➪ AJUSTAR ➪ TONO DE COLOR

De esta forma se abre el cuadro de diálogo "Control del tono de color", las modificaciones que vamos a realizar en este cuadro de diálogo son;

Oscurecer en un valor de *Etapa* de (10), y
Menos contraste en un valor de *Etapa* de (20),

para ello haremos clic en la simulación *Oscurecer* y doble clic en la simulación *Menos contraste.* Aceptamos y el efecto queda realizado.

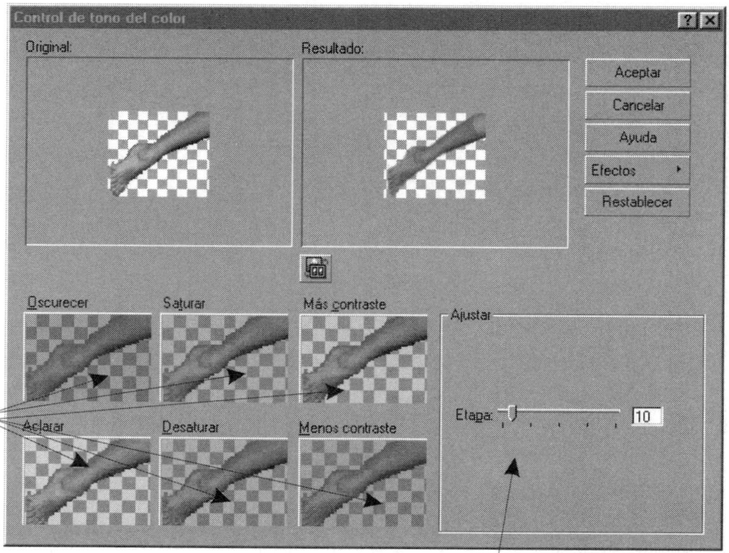

Simulaciones

Valor de las etapas

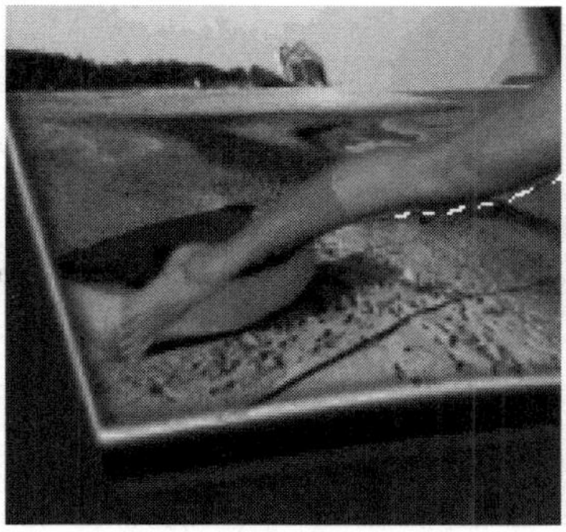

Detalle del efecto aplicado

Eliminamos la máscara y a través de la herramienta "Pintar-Aerógrafo" dibujamos una línea para remarcar la intersección "dentro-fuera" de la pantalla.

Para elegir el tipo *aerógrafo* dentro de la herramienta "Pintar" hacemos doble clic en la herramienta mostrándose la persiana "Configuraciones de herramienta" donde elegiremos el tipo deseado, así como sus características de utilización.

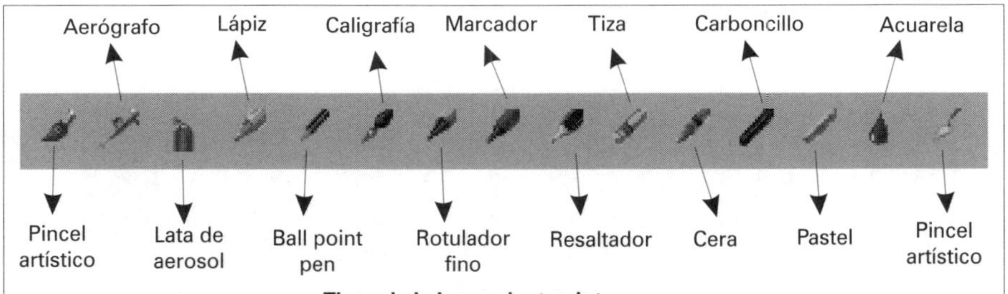

Tipos de la herramienta pintar

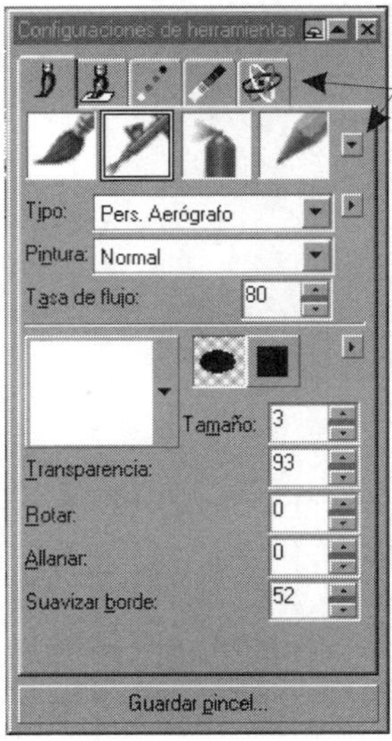

Características principales de pintar

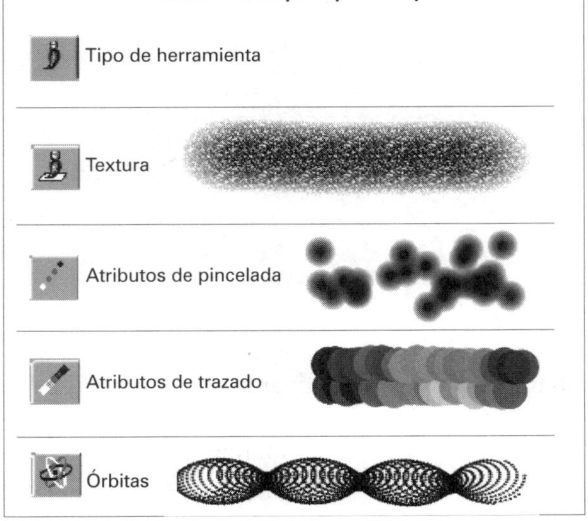

Detalle de la intersección

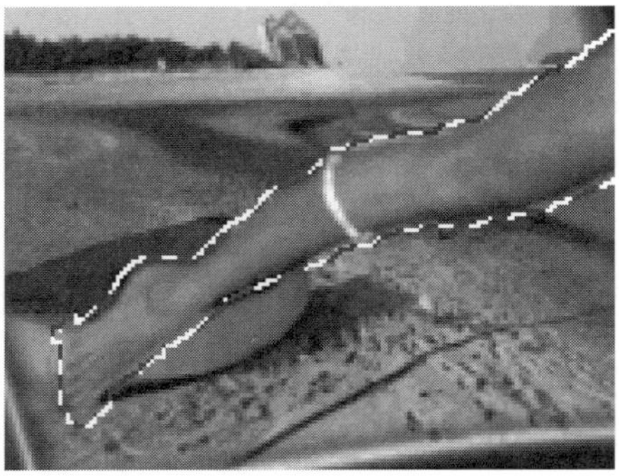

Sólo nos resta aplicar un fondo general a la fotografía y fundir levemente, tanto el *monitor* como la *modelo.* Abrimos una nueva fotografía a la que le seleccionamos un área que utilizaremos como fondo.

➩ CD-ROM 3 ➩ PHOTOS ➩ EVE_SKY ➩ 790032

Recuerde que para fundir objetos debemos seleccionar primeramente el objeto a fundir y acto seguido activar la opción *Fundido* del menú "Objeto".

Como último paso combinaremos todos los objetos con el fondo para que todo se convierta en una única fotografía.

Montaje finalizado

Los formatos fotográficos

Los principales formatos de archivos gráficos son:

CPT: Este tipo de formato de archivo es el nativo de PhotoPaint, su contenido son mapas de bits formados por píxeles, este archivo es el más indicado si necesitásemos retocar o modificar una imagen guardada anteriormente ya que este tipo de archivo guarda por separado las máscaras, lentes y objetos flotantes, con lo que no haría falta volverlas a crear. En contra tiene que al ser nativo de Corel, no todas las aplicaciones gráficas lo interpretan.

TIFF: Es uno de los formatos de imagen con mayor calidad de imagen y que la gran mayoría, por no decir todas, de las aplicaciones gráficas reconocen. Puede guardar información en los modos de color RGB, CMYK, y LAB.

EPS: Este formato se basa en el sistema *PostScript Encapsulados.* Algunos tipos de archivos EPS pueden incluir trayectos de recorte. Al estar basado en el sistema PostScript son archivos muy conocidos y que casi todas las aplicaciones reconocen.

BMP: Es el archivo original de Windows para los archivos de mapas de bits y está basado en el sistema binario.

PCD: Tipo de archivo basado en (Eastman Kodak Photo-CD).

PICT: Es un formato del sistema Macintosh y que puede utilizar hasta cuatro canales, rojo, verde, azul, alpha.

PSD: Formato nativo de Adobe Photoshop.

PCX: Formato utilizado por aplicaciones como Paintbrush.

TGA: Formato de imagen de mapa de bits.

VRML: Formato de archivo para modelos tridimensionales.

Formatos Internet:

JPEG: (Joint Photografic Experts Group) Este formato se basa en la compresión de sus datos, siendo la pérdida de información, por culpa de la compresión, mínima. Es uno de los más utilizados en internet dado el pequeño tamaño de sus archivos. La calidad fotográfica es alta, siempre que se utilice para soportes electrónicos. Admite color hasta de 32 bits.

GIF: Siglas de (Graphics Interchange Format) es un formato de archivo basado en sus reducidas dimensiones sin pérdidas a la hora de su creación y pensado para el trabajo entre sistemas. Admite color de 8 bits y puede ofrecer fondos transparentes, imágenes entrelazadas y animación entre otras opciones.

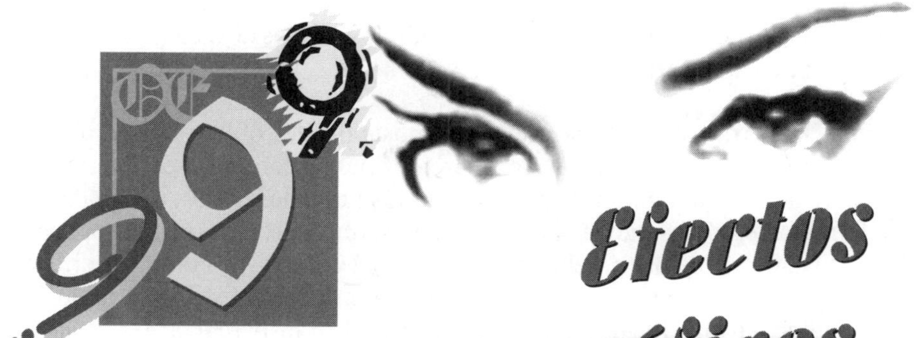

9 Efectos Fotográficos

Transparencias

En el siguiente diseño vamos a utilizar nuevas herramientas tanto de unión-fusión de objetos, como de efectos especiales, que nos proporciona PhotoPaint.

Como ya hemos explicado en el capítulo anterior creamos un nuevo documento de tamaño A5 con fondo negro, donde realizaremos nuestro montaje, éste se va a basar en la fusión de objetos con transparencias.

Una vez creado el nuevo documento abrimos la primera fotografía de la cual vamos a seleccionar una parte,

➪ CD-ROM 3 ➪ BACKGRDS ➪ 754023

Seleccionamos la herramienta máscara rectangular y dibujamos una máscara más o menos cuadrada, la copiamos y la pegamos en nuestro nuevo documento. Una vez pegado lo situamos en la esquina superior derecha, y le aplicamos una transparencia en los bordes inferior e izquierdo para que funda

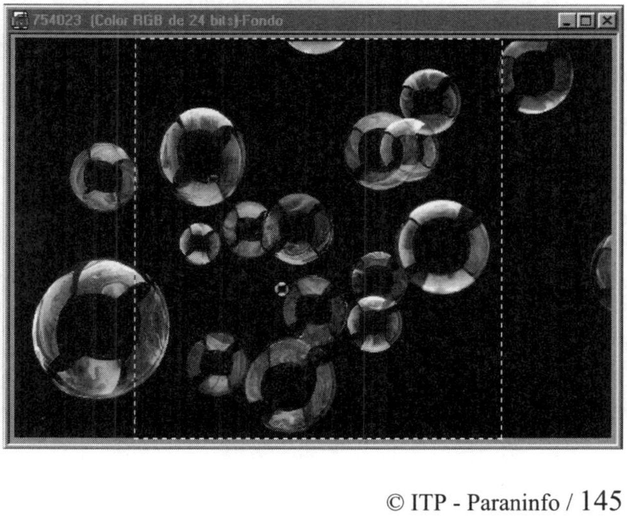

perfectamente con el fondo. Para ello seleccionamos la herramienta "*transparencia de objetos*" esta herramienta nos permite fundir los píxeles de un objeto con el objeto o fondo que se encuentre tras él.

Seleccione la herramienta, haga clic en la posición del objeto donde quiera que empiece la transparencia y un nuevo clic en el punto donde desee que termine la misma, al realizar esta función, en pantalla se mostrarán dos nodos, uno blanco y otro negro. El nodo negro nos indica el comienzo de la transparencia (píxeles opacos) y el blanco el final de la misma (píxeles transparentes). La flecha nos indica la dirección y el nodo rectangular central el punto de transparencia (50 %). Si el nodo blanco estuviese colocado más alla de los límites del objeto la transparencia no se realizaría al 100 %, sino al tanto por ciento que coincidiera con el borde del objeto.

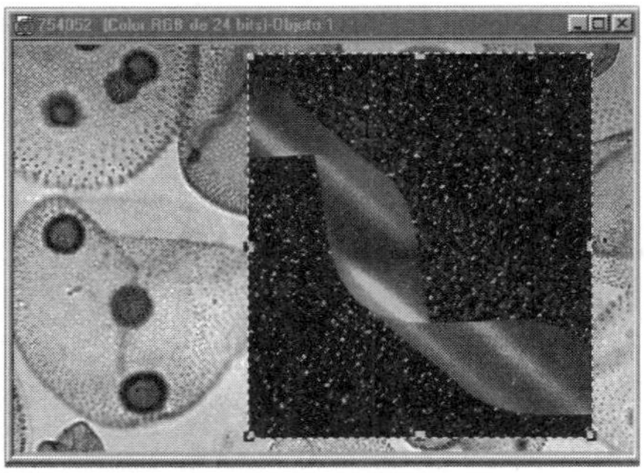

Objeto sin modificación

Transparencia parcial

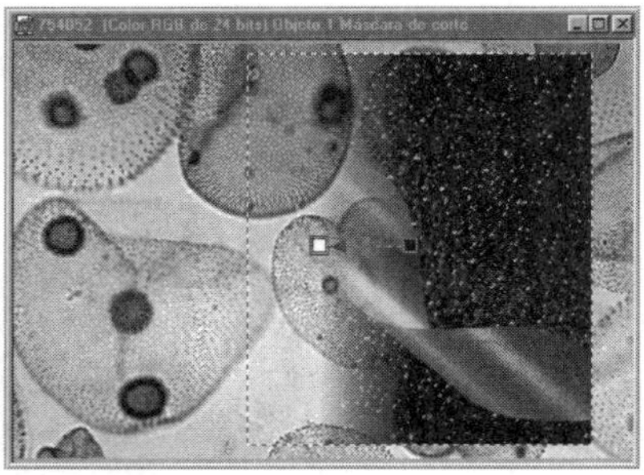

Transparencia total

Para aplicar una transparencia debemos seguir los siguientes pasos, una vez definida la transparencia con su respectiva herramienta deberemos seleccionar el icono "aplicar" Aplicar , de la barra de propiedades o presione "Intro" y la transparencia quedará aplicada al objeto, de igual forma, para que un objeto fuera transparente en distintos vertientes o ángulos el procedimiento a seguir sería el siguiente:

Activamos la opción “Aplicar a máscara de corte” de la barra de propiedades.

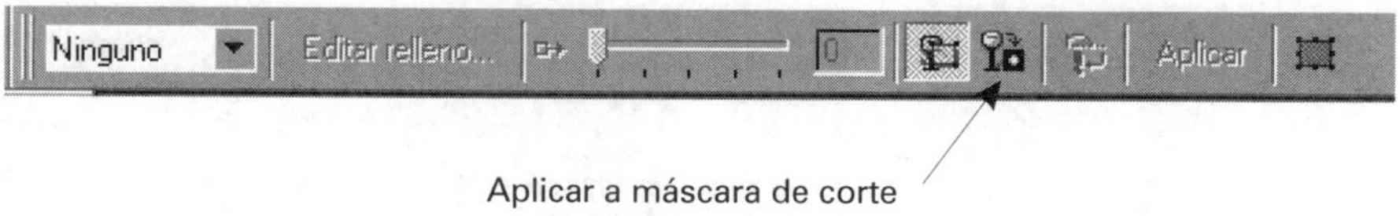

Definimos la transparencia y la activamos por medio del botón “aplicar”  de la barra de herramientas.

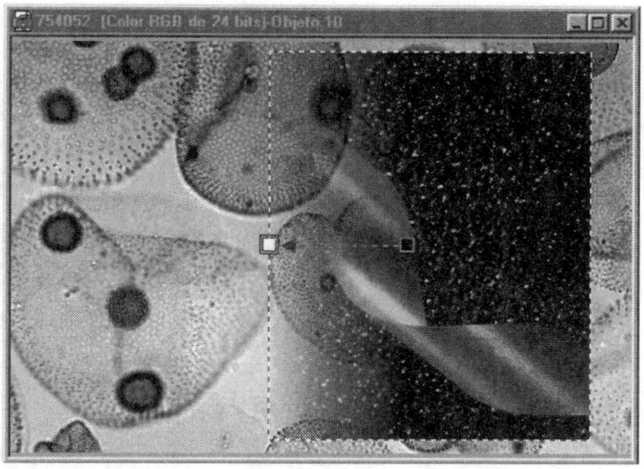

Definimos la siguiente transparencia y la aplicamos, y así sucesivamente para nuevas transparencias.

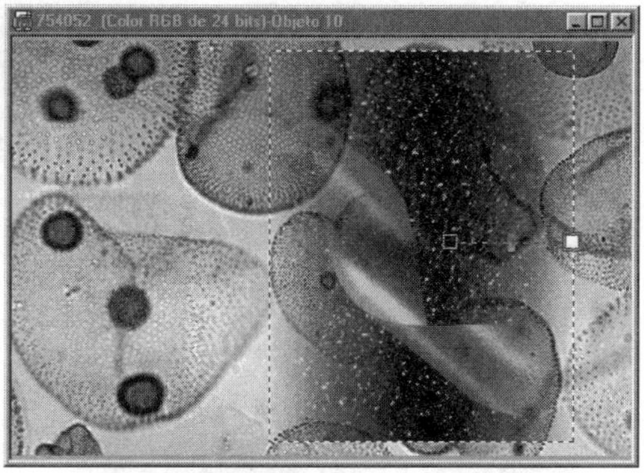

Las transparencias pueden ser de varios tipos, estos se definen a través de la barra de herramientas o de la persiana “Configuración de herramientas”.

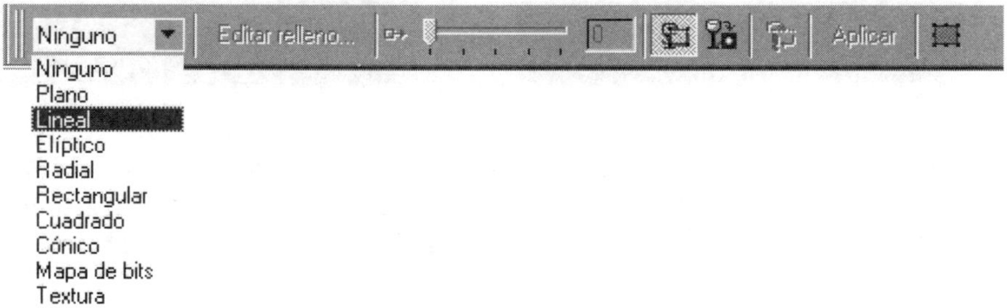

Tipos de transparencia

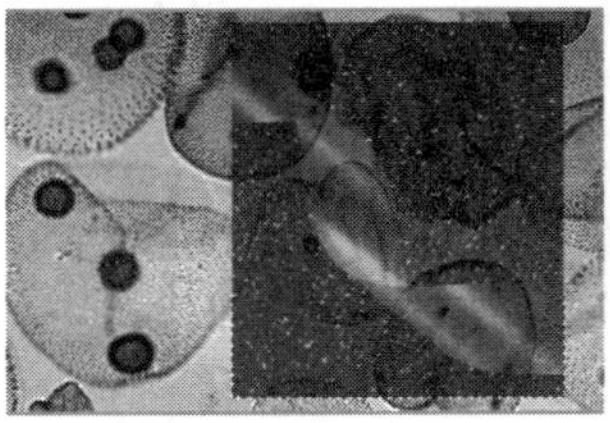

Plano

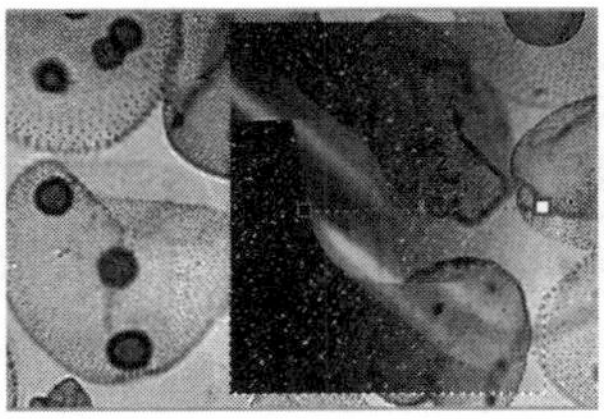

Lineal

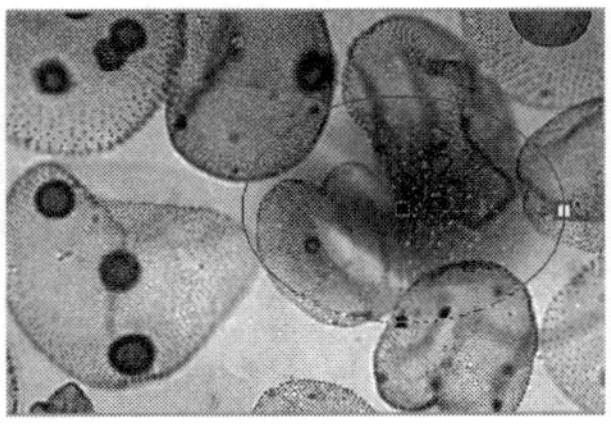

Elíptico

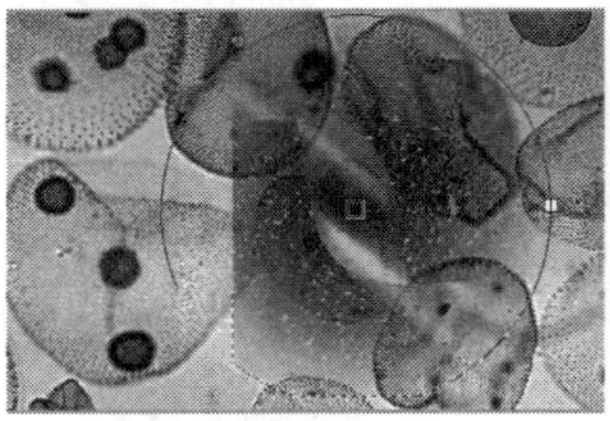

Radial

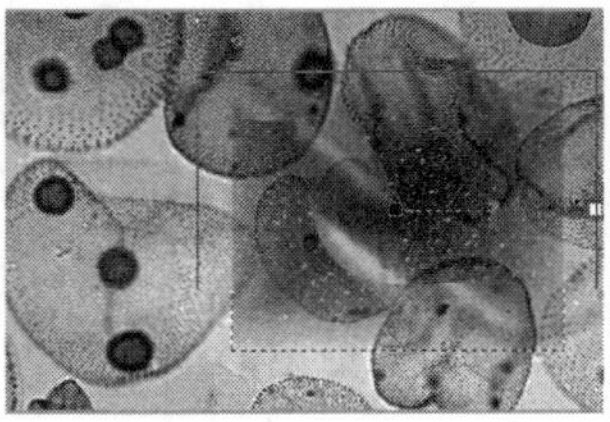

Rectangular

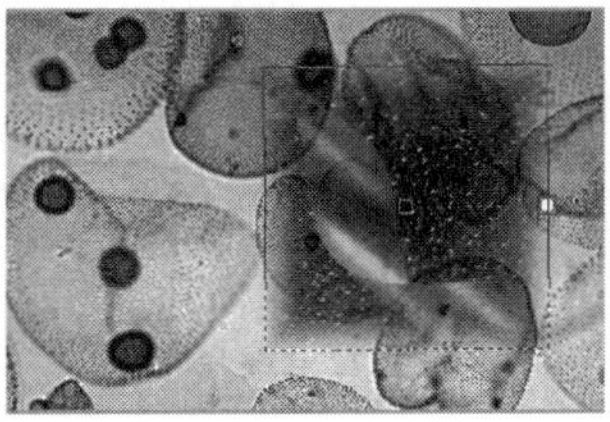

Cuadrado

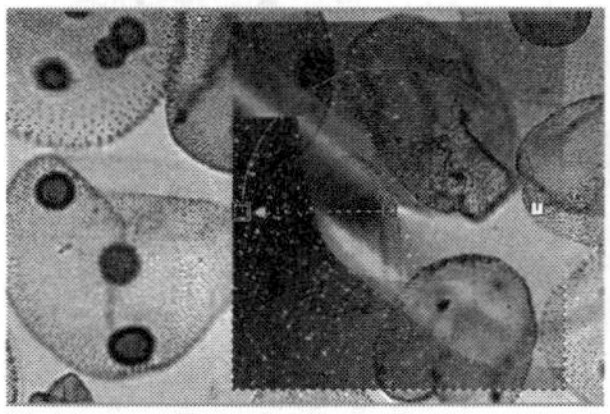

Cónico

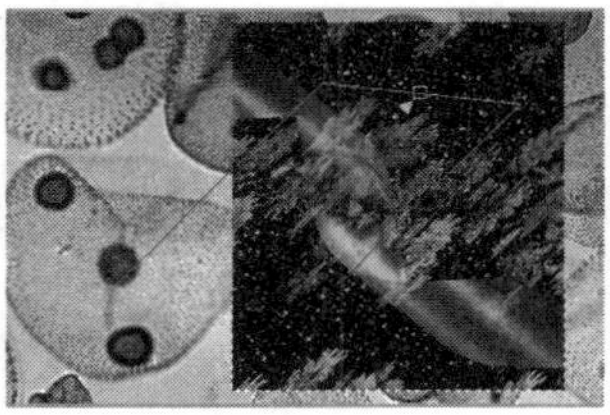

Mapa de bits

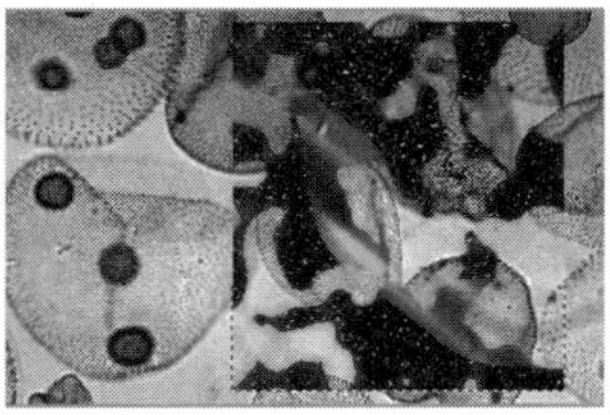

Textura

Aplicamos lo explicado en el objeto que acabamos de pegar.

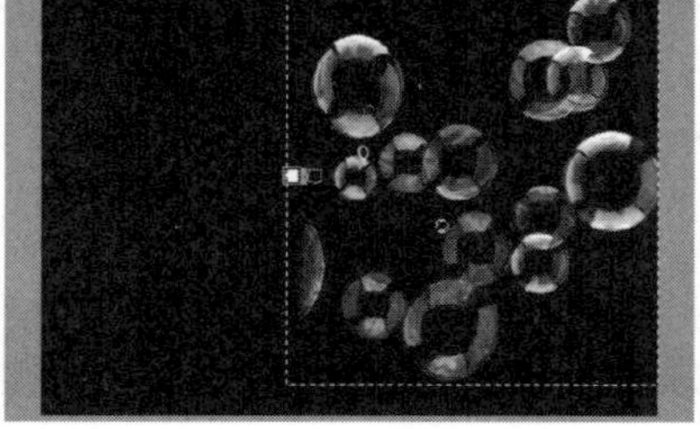

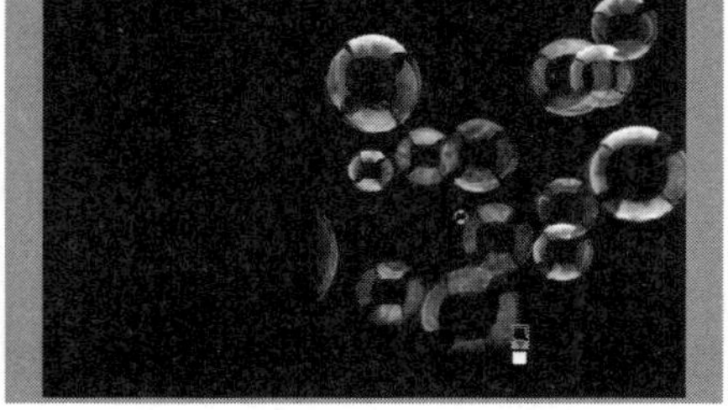

Una vez aplicadas las transparencias vamos a abrir un Clipart para desde él crear una máscara que aplicaremos a este objeto y a la cual le vamos a realizar unos efectos especiales, esta máscara hará las veces de fondo para el futuro título, abrimos,

➪ CD-ROM 2➪ CLIPART ➪ THREE_D ➪ SQBTN3D3

Como podrá usted suponer lo que estamos haciendo es abrir un archivo CDR, es decir un archivo de vectores con PhotoPaint por lo que esta aplicación convertirá este archivo en uno de "Mapa de bits" con el cual podamos trabajar.

A través de la pantalla "Importar a mapa de bits", que se activa automáticamente al abrir un archivo de este tipo con Corel PhotoPaint, podremos especificar las características de este nuevo elemento.

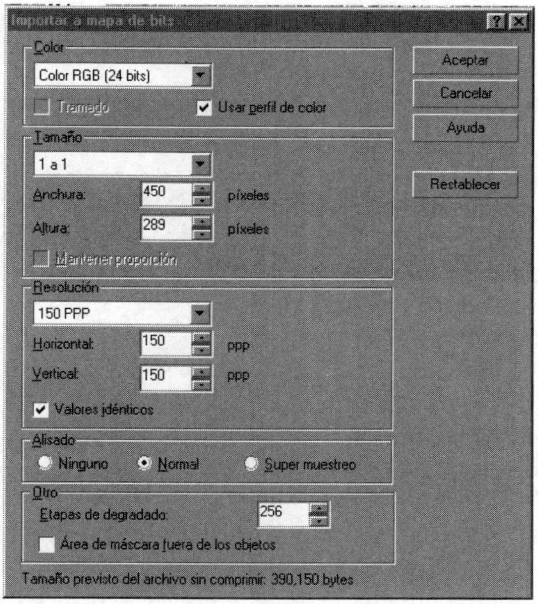

Una vez abierto seleccionamos la herramienta "*Máscara varita*" en el modo aditivo,

➪ MENÚ MÁSCARA ➪ MODO ➪ ADITIVO

y seleccionamos las esquinas blancas, invertimos la máscara con lo que seleccionaremos automáticamente la forma deseada y la guardamos como "Guardar en disco" dándola un nombre cualquiera. Ya tenemos la máscara preparada, activamos nuestro diseño y a través del menú "Máscara" importamos la misma.

➪ MENÚ MÁSCARA ➪ CARGAR ➪ CARGAR DESDE DISCO

Como podemos comprobar en nuestro diseño se ha activado la máscara antes creada, seleccionamos la herramienta "*Máscara transformar*" que nos permitirá además de situar la máscara en su lugar, modificar la forma para adecuarla a nuestro montaje.

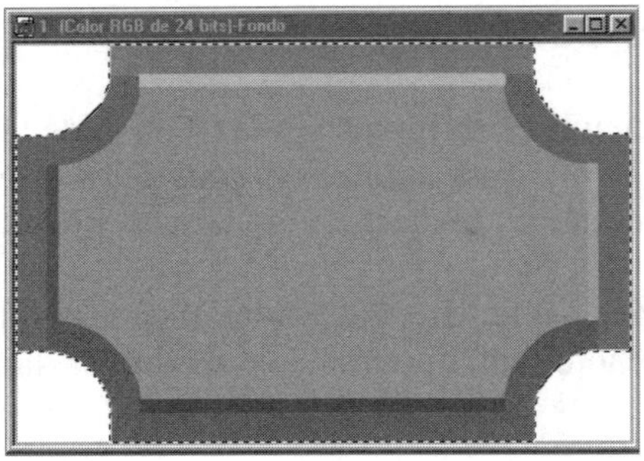

Máscara

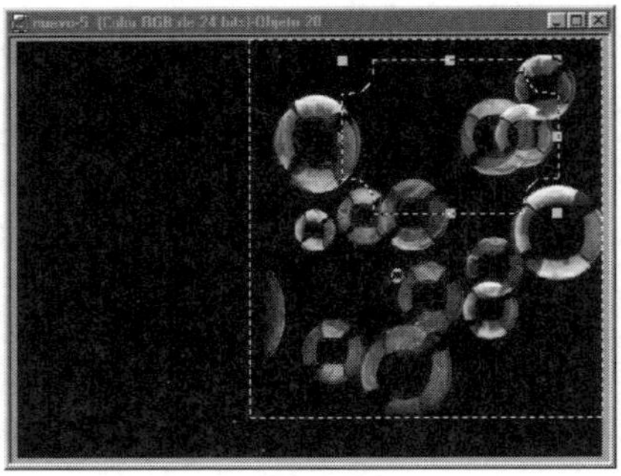

Importación de la máscara

Reducimos levemente la altura de la máscara a través de los tiradores de distorsión y la aplicamos tres efectos para personalizar el área que engloba. Para poder aplicar efectos a una máscara debemos en primer lugar seleccionar la herramienta "Selector de objetos"  . Una vez seleccionada la herramienta activamos el primer efecto con el que pretendemos crear un contraste con el fondo, para ello desplegamos el menú "Efectos" y abrimos el conjunto de efectos "Representar" donde elegiremos "Mancha luminosa", este efecto crea un área de destello de luz a modo de brillo.

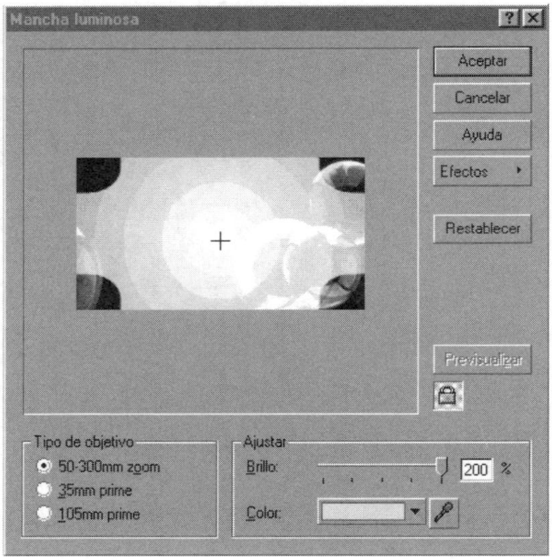

Variamos el brillo al 100% y seleccionamos un color amarillo claro para la luz, seleccionando el botón "Aceptar" para aplicar el efecto.

El segundo efecto que vamos a aplicar a esta máscara será "Relieve" que se encuentra en el grupo "Efectos 3D", este efecto nos proporcionará la sensación de borde.

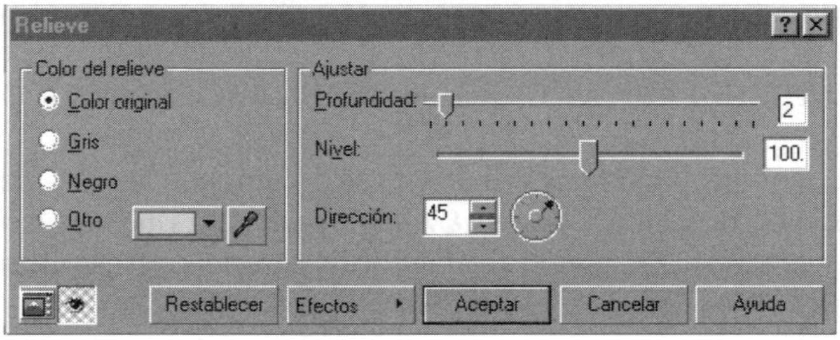

Y el tercer y último efecto que aplicaremos a esta forma será “Repujado” que dota al área de volumen, este efecto se encuentra también en el grupo “Efectos 3D”.

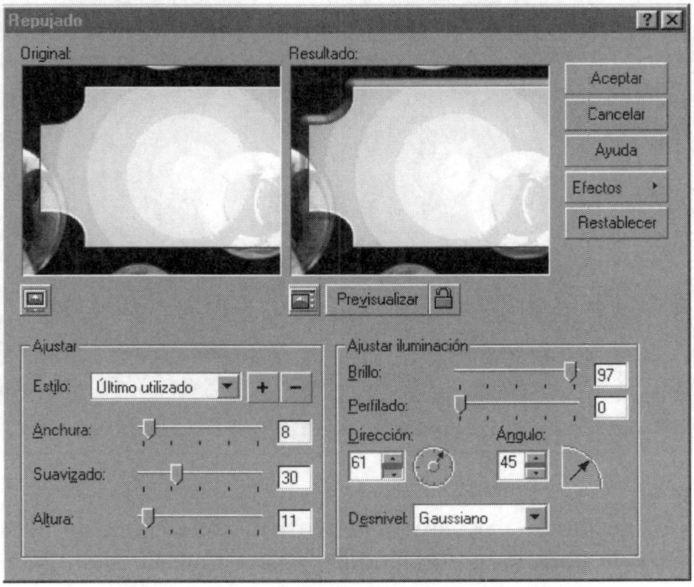

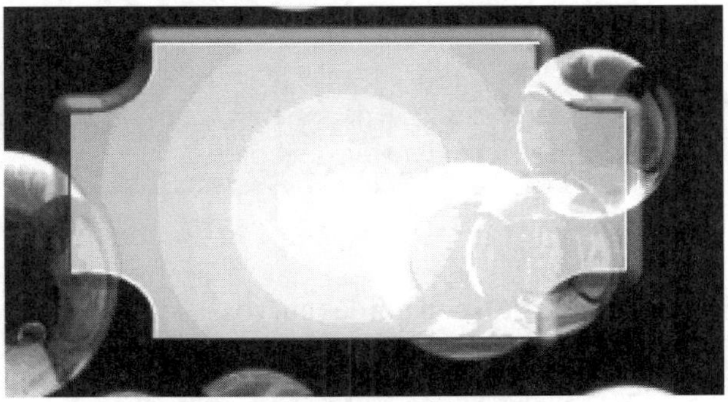

Efectos aplicados a la máscara

Una vez preparado lo que será el fondo para el texto vamos a incluir nuevos objetos para completar el montaje final de nuestro diseño. Abrimos la siguiente fotografía,

⇨ CD-ROM 3 ⇨ PHOTOS⇨ CRC_FAIR ⇨ 721025

de esta foto vamos a utilizar la cara del payaso para ello y por medio de las herramientas máscara seleccionamos la misma, sin prestar mucha atención al lado izquierdo de la cara ya que este lado irá fundido con el fondo.

Copiamos esta selección, la pegamos, convirtiéndose ésta en un nuevo objeto en nuestro diseño y le aplicamos un fundido y una transparencia para combinarlo perfectamente con el fondo.

ATENCIÓN Tenga presente que al aplicar una transparencia a un objeto, ésta puede modificar la forma del objeto.

El fundido será de una anchura de 6 con bordes curvos.

➪ MENÚ OBJETO ➪ FUNDIDO

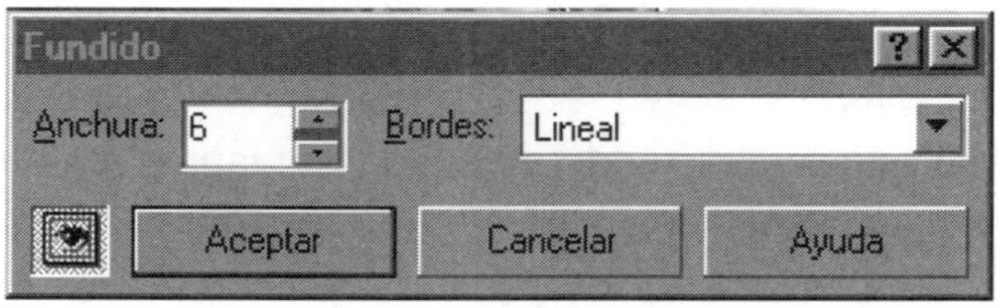

Antes de aplicar la transparencia a este nuevo objeto debemos eliminar la máscara creada anteriormente, pues al estar activa una máscara, la herramienta transparencia toma como *Aplicación por defecto* y no afectaría al nuevo objeto,

➪ MENÚ MÁSCARA ➪ QUITAR

Una vez eliminada la máscara, aplicamos la transparencia, ésta será lineal y con un valor del 100 % con lo cual fundirá totalmente con el fondo.

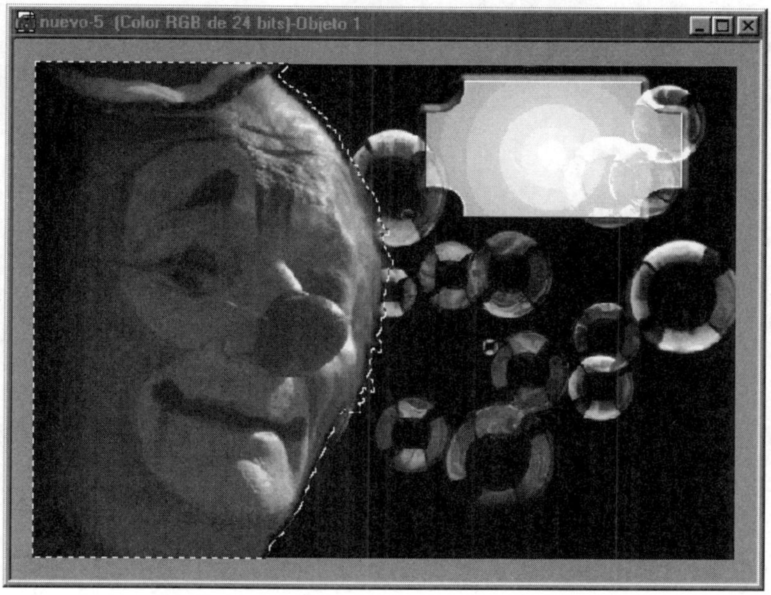

El último elemento de nuestro montaje lo adquiriremos de la siguiente fotografía.

➪ CD-ROM 3 ➪ PHOTOS➪ CRC_FAIR ➪ 721032

Y al igual que el elemento anterior, seleccionamos a través de las herramientas máscara el objeto a incluir.

Lo pegamos en nuestro montaje, parte inferior derecha y le aplicamos una transparencia en los dos extremos así como un fundido del mismo valor que al objeto anterior.

Y el montaje está terminado, lo guardamos *Documento 1,* este documento mantendrá activos todos sus elementos por si en un futuro quisiéramos aplicar alguna modificación, acto seguido y sin cerrar el documento combinamos todos los objetos con el fondo,

⇨ MENÚ OBJETO ⇨ COMBINAR ⇨ COMBINAR TODOS LOS OBJETOS...

Guardándolo nuevamente como *Documento 2*. La razón de este proceder es que si no hubiésemos combinado todos los objetos, a la hora de importar este montaje en CorelDarw se nos mostraría de la siguiente forma,

Documento 1

En cambio si combinamos los objetos el montaje tendría este aspecto:

Documento 2

Abrimos la aplicación CorelDraw donde le aplicaremos los últimos detalles que consistirán en los texto del cartel. Aunque a través de Corel PhotoPaint se pueden incluir perfectamente textos en las fotografías, vamos a utilizar CorelDraw para aplicar al texto un efecto de silueta que en Corel PhotoPaint sería muy laborioso de ejecutar.

Una vez abierta la aplicación, definimos un nuevo documento de tamaño A5 al igual que el montaje fotográfico que acabamos de realizar e importamos éste situándolo centrado en el documento.

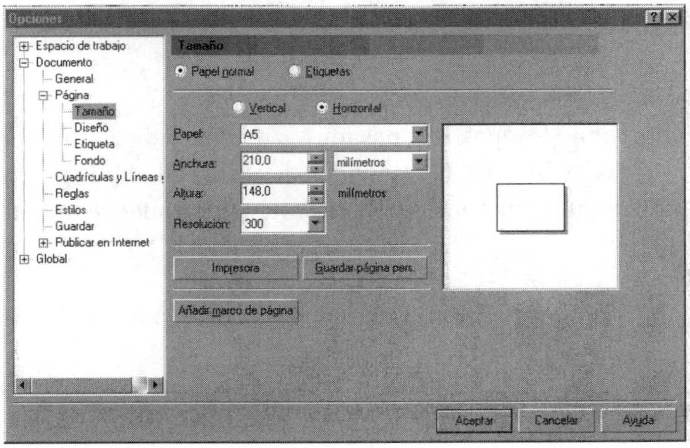

Recuerde que para modificar el tamaño del espacio de trabajo "página activa", podrá realizarlo a través de la pantalla opciones, que podrá abrir haciendo doble clic en el marco de página.

Alinear y distribuir

Esta opción que se encuentra en el menú "Organizar" nos permite alinear y distribuir los objetos automáticamente, dependiendo del punto de referencia elegido.

Podrá alinear objetos con respecto al borde de la página, centro de la página o alinear con cuadrícula. Del mismo modo podrá distribuir objetos dejando el mismo espaciado entre ellos para equilibrar el diseño.

En nuestro caso lo que perseguimos en centrar automáticamente el objeto importado en la página por lo que seleccionaremos el objeto, activaremos la opción Alinear y distribuir y especificaremos en éstas, como punto de referencia *Centro de página,* y como configuraciones laterales; verticalmente *Centro* y horizontalmente *centro.*

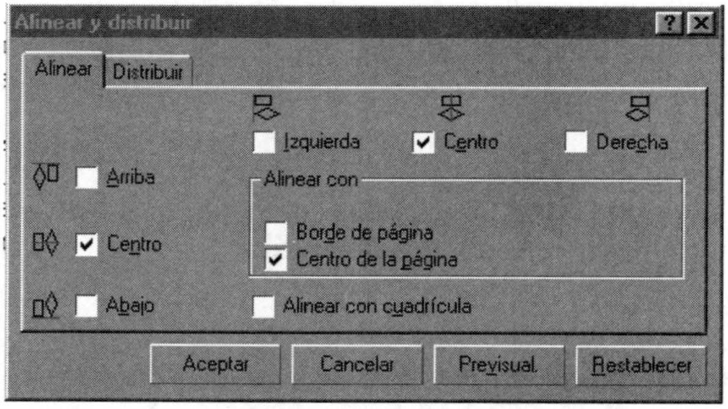

Una vez centrado el montaje fotográfico, pasamos a diseñar los textos, el tipo de letra que voy a utilizar es **Benguiat Bk BT,** aunque si usted no la tuviese instalada en su ordenador puede utilizar cualquier otro tipo, los textos que vamos a incluir en nuestro diseño son los siguientes;

POPOF

EL
CIRCO RUSO
PRESENTA

EL Nº 1 DE LOS PAYASOS

Para realizar el nombre del payaso utilizamos un texto 40 de cuerpo y escribimos cada una de las letras por separado, no es necesario escribir el nombre completo ya que la "P" y la "O" se repiten.

Les aplicamos un efecto "Silueta", ⇨ MENÚ EFECTOS ⇨ SILUETA, con los siguientes valores:

Separar = 1,5
Etapas = 1
Color de relleno = gris

A continuación separamos la silueta del objeto inicial para poder modificar ésta,

⇨ MENÚ ORGANIZAR ⇨ SEPARAR

A objeto silueta le aplicamos un relleno degradado lineal de 45 º formado por tres colores, y un contorno negro de 0,5 mm.

A los objetos texto le aplicamos el mismo degradado pero formado con colores que contrasten con el anterior relleno y con un ángulo de 135 º, contorno ninguno.

El montaje de estos objetos sería el siguiente,

Seguidamente dibujamos una elipse que hará la veces de contenedor de cada montaje de las letras anteriores, y le aplicamos un relleno radial para darle aspecto de esfera.

Para interrelacionar la forma de las esferas con las letras silueteadas necesitamos dotar a ésta de un aspecto circular por lo que las vamos a aplicar un efecto de ”Envoltura” a las mismas. Seleccionamos la letra y su silueta las agrupamos y abrimos la persiana “Efectos-Envoltura”. Seleccionamos *añadir predefinido*, forma circular y lo aplicamos.

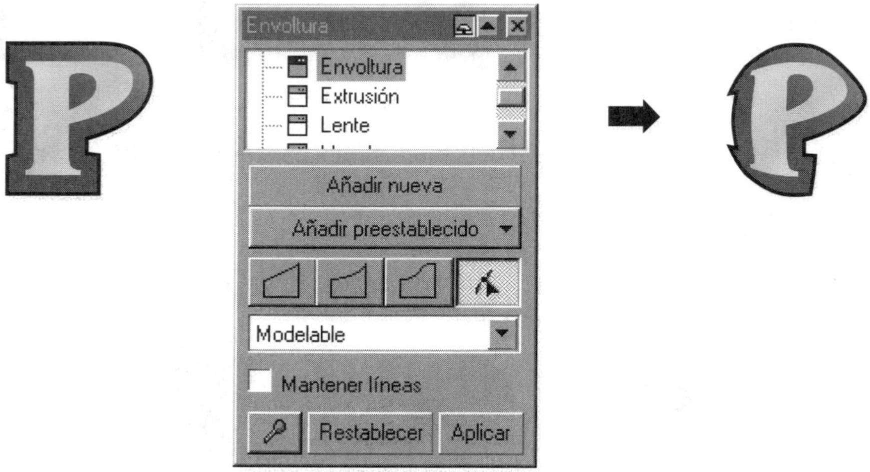

Situamos este grupo delante de la elipse y tendremos el efecto de una esfera con letra.

Aplicamos este efecto a las otras letras y duplicamos las necesarias para formar el nombre completo. Giramos cada uno de estos grupos sin relación con los demás y duplicamos la elipses inicial a tamaños menor intermedios situándolas alrededor del conjunto de *letras-esferas.*

Seleccionamos todos los objetos y los agrupamos colocándolos en su situación definitiva y ajustando su tamaño si fuese necesario.

El siguiente texto lo colocamos en el fondo que hemos preparado en el montaje fotográfico aplicándole un efecto sombra. Seleccionamos el objeto, activamos la herramienta "*Sombra interactiva*" y la aplicamos con los siguientes valores;

EL
CIRCO RUSO
PRESENTA A

Al tercer texto le rellenamos con blanco y le realizamos un duplicado de color negro que hará las veces de contraste con el fondo para facilitar su lectura, quedando el montaje final del diseño como se ve a continuación.

Efectos Especiales

Los efectos especiales de Corel PhotoPaint se basan en filtros de imagen, siendo éstos un conjunto de comandos predefinidos que modifican la imagen según sus características específicas, así tenemos filtros que perfilan o desenfocan la imagen o transformaciones de color total o parcial, otros se basan en la transformación de contornos como el anteriormente visto "Repujado" o en tratamientos fotográficos, etc.

También existen filtros de conexión, filtros creados por empresas ajenas a Corel pero que una vez conectados a la aplicación pueden utilizarse perfectamente. Estos filtros se sitúan al final del menú efectos, separados de los demás.

Y por último, los efectos especiales producidos por la interrelación entre filtros y herramientas propias de PhotoPaint.

A continuación veremos la aplicación de algunos de estos efectos.

El primer efecto especial al que vamos a hacer referencia es una herramienta de Corel PhotoPaint la llamada "Clonación" a través de esta herramienta podrá retocar imágenes hasta el punto de su reconstrucción o duplicar un área parcial en cualquier lugar de la fotografía.

Al seleccionar la herramienta "Clonar"  , comprobamos que el cursor se convierte en un círculo con una cruzeta en su interior.

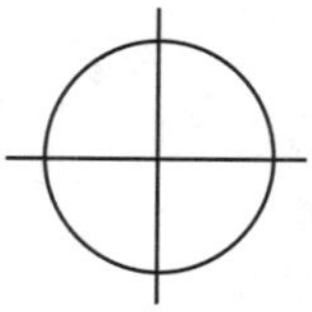

Este cursor a su vez se divide en dos siendo cada parte el indicativo del área original y de la clonada.

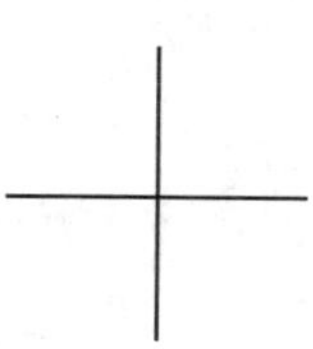

Indicador de área inicial

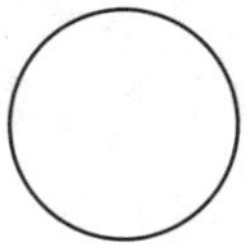

Indicador de área clonada

La forma de utilización es la siguiente:

ANEXO COLOR

"Pingüino" diseño basado en las ilustraciones del libro
"El Ordenador y sus Periféricos" de la editorial RPH.
Basado en las formas básicas de dibujo. Capítulo 2.

"Puerta al hiperespacio" diseño basado en la utilización de polígonos estrellados. Capítulo 4.

ANEXO COLOR

Diseños realizados con Corel PhotoPaint.
Basados en montajes fotográficos y la
utilización de máscaras y efectos especiales

"Dados", diseño basado en la utilización de guías. Capítulo 3

"Urano", diseño basado en la utilización de herramientas interactivas. Capítulo4.

ANEXO COLOR

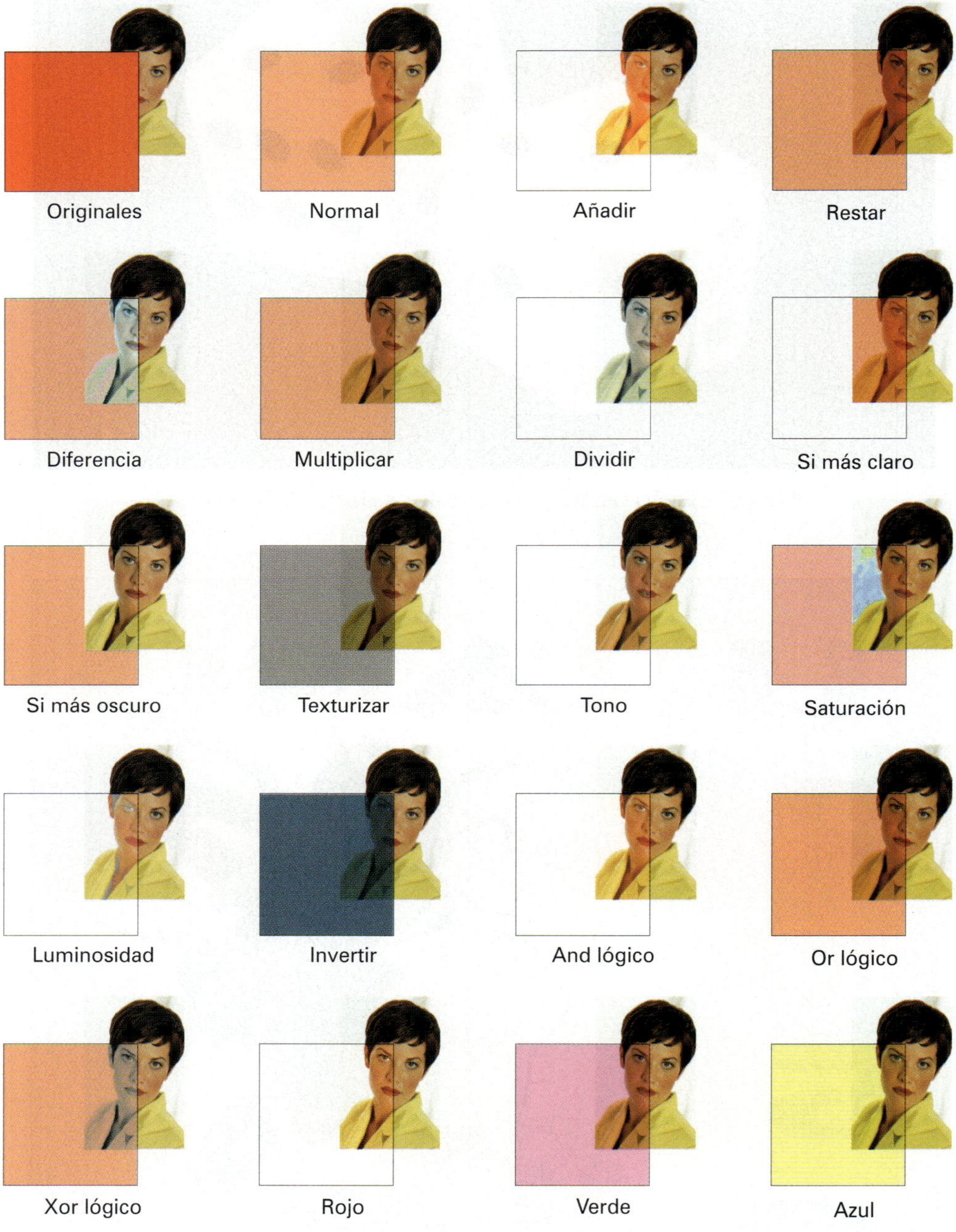

Muestrario de los diferentes modos de fusión
en la utilización de transparencias. Capítulo 5, página 88.

R
Tempo de Relax

Diferentes tipos de extrusión.

Tipos de mezclas.

NOCHE
DE SKY

ANEXO COLOR

"El salto a la realidad" Montaje fotográfico basado en la utilización de máscaras. Capítulo 8

Efecto volumen utilizando el efecto mezcla, página 122

Opción ensamblar. Capítulo 9, página 193

Fotograma nº 1

Fotograma nº 2

Fotograma nº 3

Fotograma nº 4

Fotograma nº 5

Fotograma nº 6

Fotograma nº 7

Fotograma nº 8

“Película”. Capítulo 10

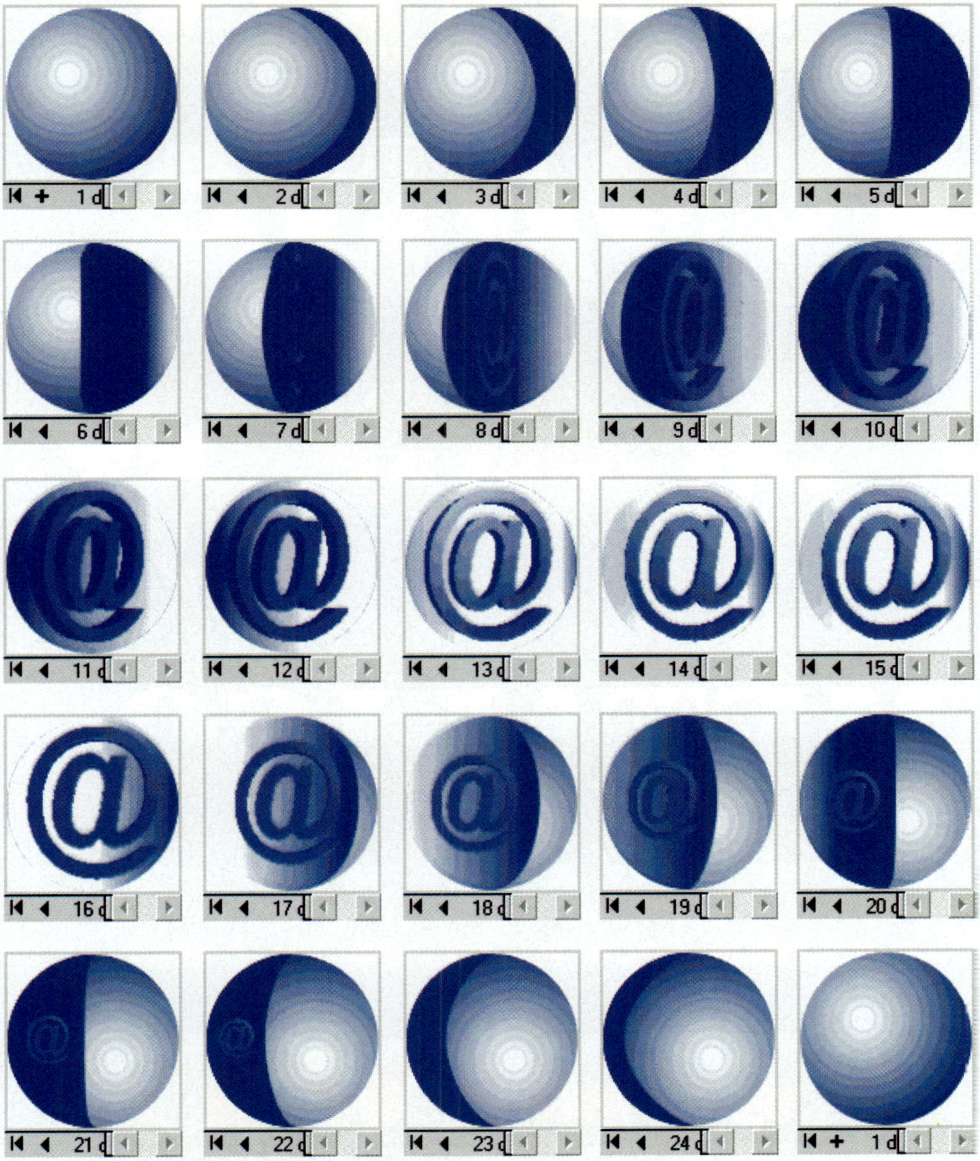

"Película Web". Capítulo 10

Efectos metálicos

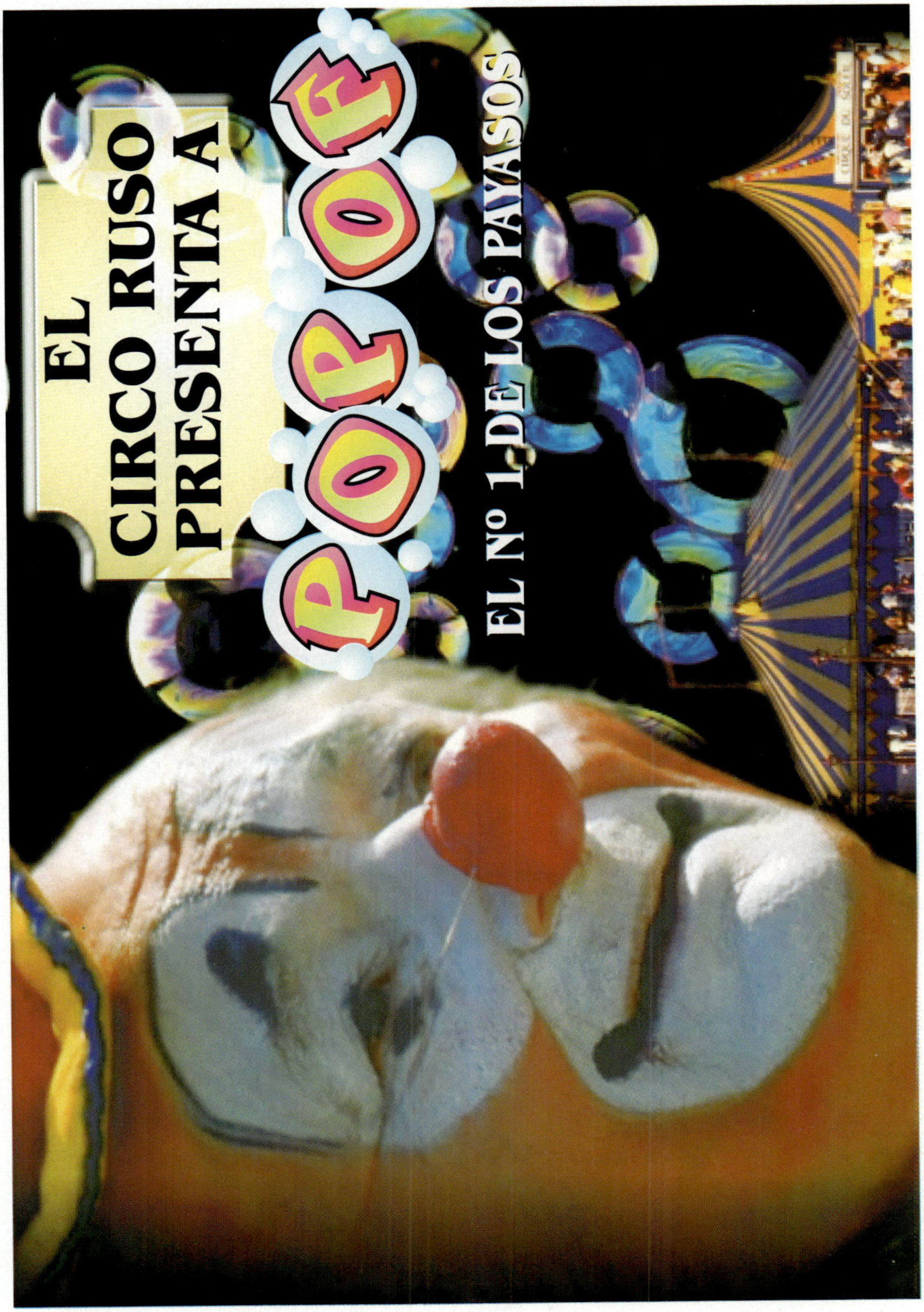

"Cartel publicitario" Montaje fotográfico basado en el efecto transparencia, así como en las herramientas silueta y contorno. Capítulo 9

Página Web 1

¿CUIDAS TU CASA?
El Ozono
Los Bosques
Tu responsabilidad
Organizaciones
Inicio
Anterior
Siguiente
Mándame tus inquietudes

Página Web 2

ANEXO COLOR

Abrimos una fotografía y seleccionamos la herramienta clonar, en este momento el cursor de clonación está todavía unido, estando la cruceta en estado intermitente, definimos el tamaño del área a clonar, a través de la barra de herramientas,

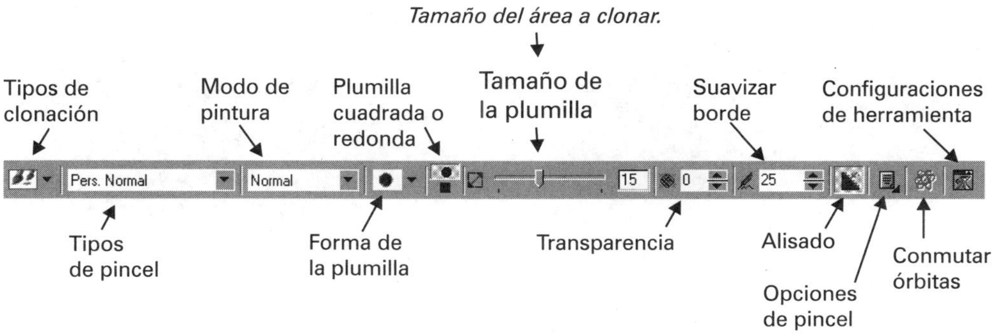

y elegimos el área inicial con un clic del botón izquierdo del ratón, donde se quedará activo el cursor *cruceta,* situamos de nuevo el cursor *círculo* en el lugar donde queremos que aparezca el área clonada y hacemos un nuevo clic con el botón derecho , realizándose la clonación, si continuamos arrastrando los cursores, éstos irán clonando el área por donde pasen.

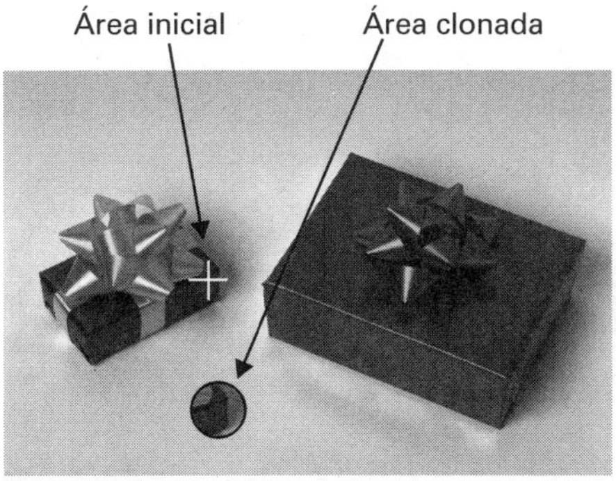

Inicio de la clonación

Fotografía inicial

Fotografía clonada

También puede usarse para corregir áreas defectuosas o para eliminar áreas de la imagen.

O efectos especiales cambiando las características de la herramienta.

La siguiente herramienta que vamos a tratar es la llamada "Efecto"  , esta herramienta nos proporciona una serie de efectos para tratamiento y modificación fotográfica, sus elementos son los siguientes.

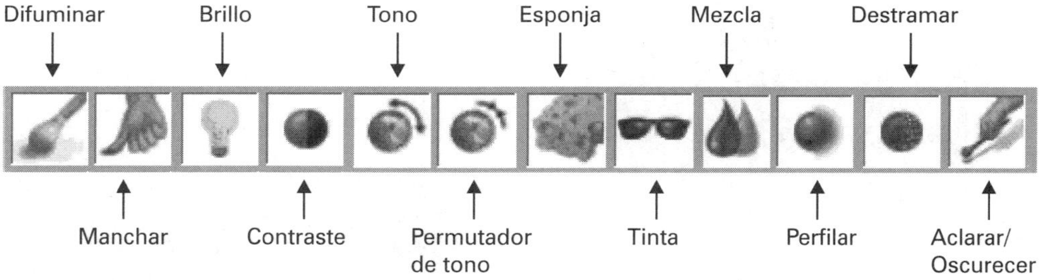

Todo esto conjugado con sus numerosas características hacen que las aplicaciones de esta herramienta sean básicamente ilimitadas, a continuación veremos la aplicación de sus diferentes efectos en un estado normal de sus características.

Difuminar - Extiende los colores en el área de efecto

Manchar - Crea un efecto ruido. Estilo pintura al pastel

Brillo - Aumenta o reduce el brillo del área de efecto

Contraste - Aumenta o disminuye el contraste del área de efecto

Tono - Descentra los tonos del color

Permutador de tono - Modifica el tono reteniendo el brillo y el contraste

Esponja - Satura o desatura la pureza del color

Tinta - Mancha el área de efecto a modo de tinta

Mezclar - Suaviza la diferencia entre colores

Perfilar - Aumenta el contraste en la intersección de los colores

Destramar - Unifica los píxeles modificando tanto el color como los tonos

Aclarar/oscurecer - Afecta al brillo, contraste e intensidad de los colores

La herramienta "Diseminador de imágenes"  nos permite convertir el pincel en un mapa de bits, donde usted podrá diseñar sus propios motivos o utilizar los proporcionados por Corel en su *lista de imágenes.*

Para utilizar una de las imágenes que PhotoPaint trae por defecto debemos seleccionarla a través de la persiana "Configuración de herramientas" una vez seleccionada la herramienta "Diseminador de imágenes".

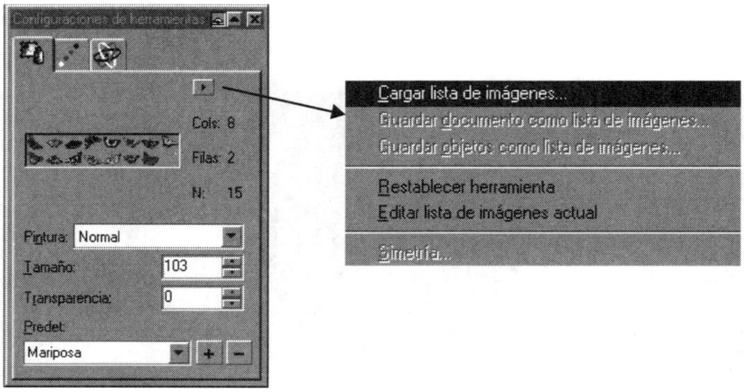

Se activará la pantalla de diálogo "Cargar lista de imágenes" donde seleccionaremos la elegida.

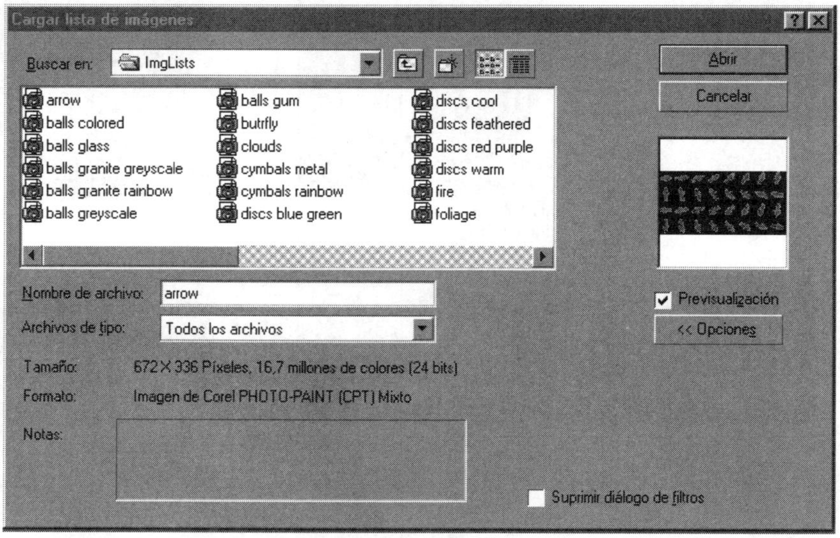

En la página siguiente vemos una muestra de alguna de estas imágenes.

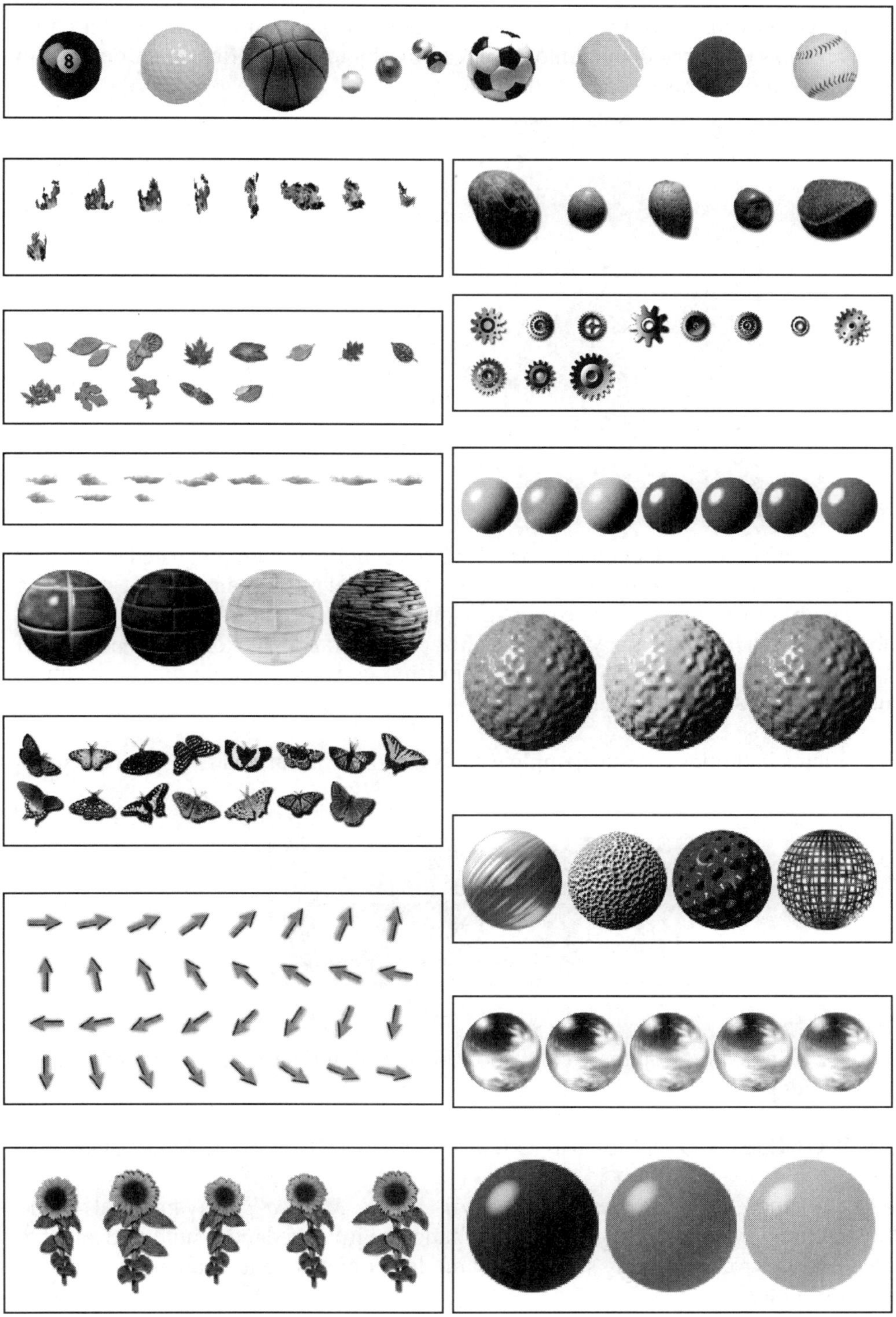

Para crear nuestros propios motivos, deberíamos diseñar en primer lugar el archivo base, abrimos un nuevo documento y colocamos objetos o modificaciones del mismo objeto, en claro contraste con el fondo.

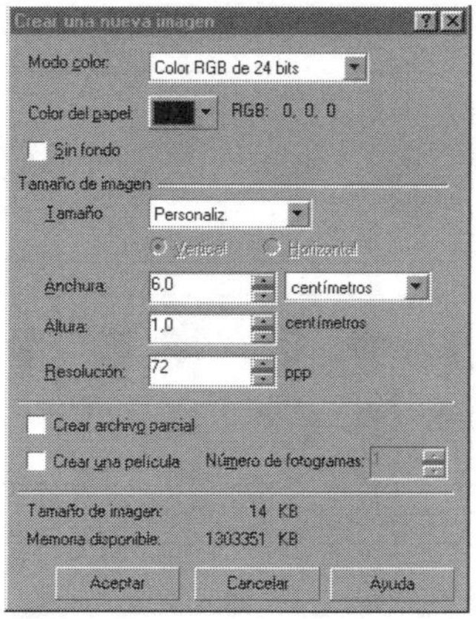

Nuevo documento con fondo negro

Vamos a pegar en este documento varios objetos a modo de ejemplo, usted si lo desea puede elegir otros distintos. Estos objetos deben ser del mismo tamaño, pues vamos a simular un corte en cuadrícula de la imagen que después coincidirá con cada pincelada dibujada por la herramienta, y si uno de ellos es más grande que los demás parte de él se incluirá en las cuadrículas anexas. Asimismo es recomendable que la distancia entre los objetos sea la misma.

Los objetos incluidos en este ejemplo están sacados de la carpeta *Home* del conjunto *Objetos*.

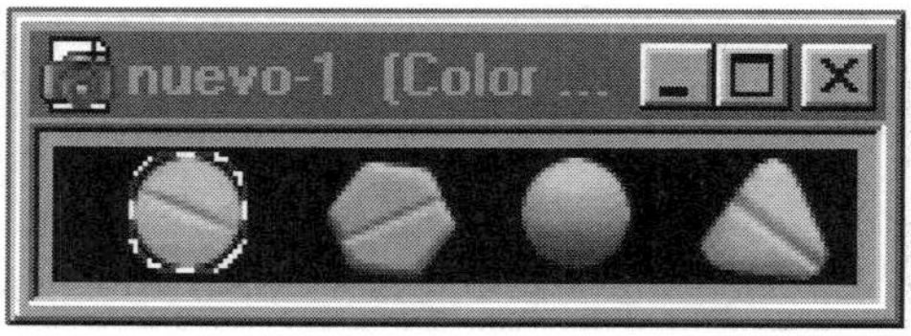

Una vez pegados los objetos y colocados en su posición definitiva los combinamos con el fondo.

➪ MENÚ OBJETO ➪ COMBINAR ➪ COMBINAR TODOS LOS OBJETOS CON...

Seleccionamos la herramienta "*Máscara Varita Mágica*" activamos el modo "Sustractivo" y hacemos clic en el fondo negro quedando automáticamente seleccionados como una sola máscara los objetos que habíamos pegado anteriormente.

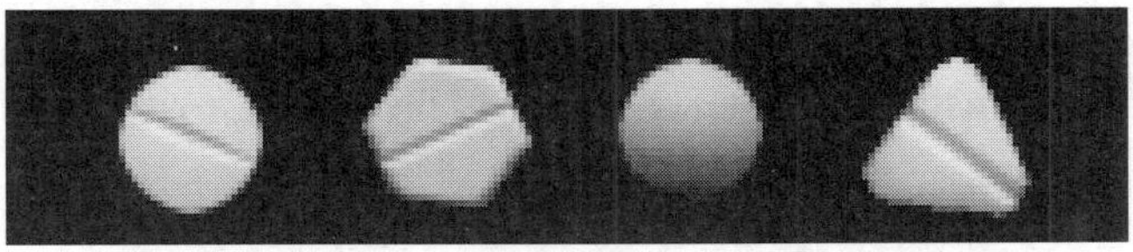

Sólo nos resta guardar este documento como Lista de imágenes para su posterior utilización.

Con el documento activo y la herramienta "Diseminador de imágenes" seleccionada abrimos la persiana *Configuración de herramientas* abriendo el menú lateral y seleccionando la opción "*Guardar documento como lista de imágenes*". Se abrirá un cuadro de diálogo en el que definiremos las siguientes características.

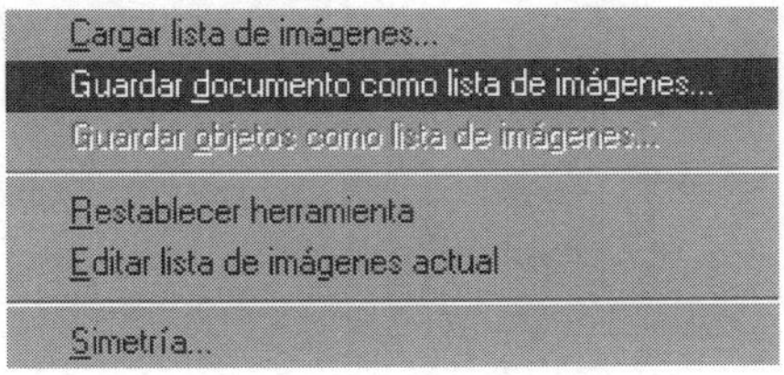

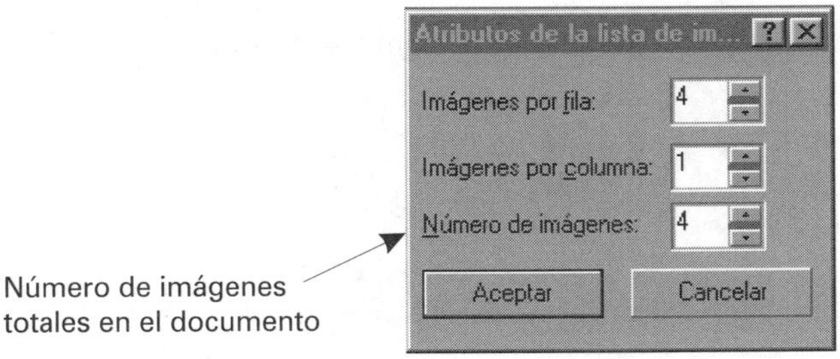

En nuestro caso el número de imágenes por fila sería de 4, el número de columnas 0 y el número de imágenes 4. Al seleccionar aceptar se abre el cuadro de diálogo "*Guardar una imagen en disco*" seleccionándose por defecto la carpeta "ImgLists" en el subdirectorio;

Corel\Graphics8\Photopnt\ImgLists

donde PhotoPaint tiene las demás listas de imágenes.

A la hora de querer utilizar esta nueva lista sólo tendremos que seleccionarla a través de la persiana "*Configuraciones de herramientas*"en el menú lateral "*Cargar lista de imágenes*".

En cada clic que se haga con la herramienta, esta pintará uno de los objetos que hemos incluido en nuestra nueva lista de imágenes, siendo el orden de estos aleatorio.

En lo concerniente a efectos especiales basados en filtro vamos a ver a continuación una pequeña muestra.

Estos efectos se localizan en el menú "Efectos" en las siguientes categorías:

Efectos 2D
Efectos 3D
Ajustar
Artísticos
Desenfoque
Transformar color
Ruido
Representar
Perfilar

y filtros de conexión, anteriormente mencionados:

Auto F/X
Digimarc
Fant.
Hsolf
PhotoLab

Los efectos 2D están basados en la manipulación bidimensional de la imagen, modificando ésta en un formato plano.

Paso de banda

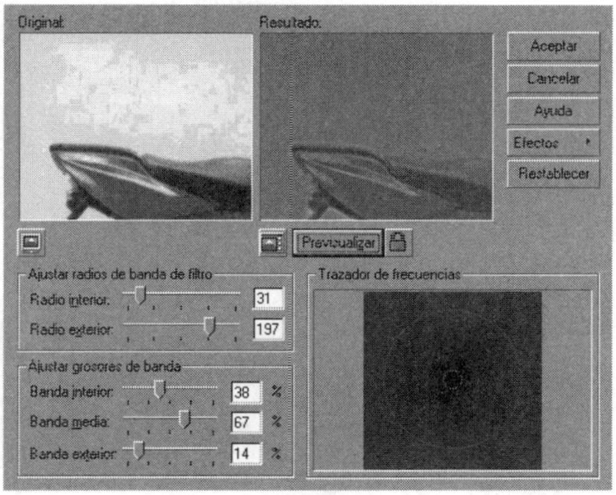

Desplazar

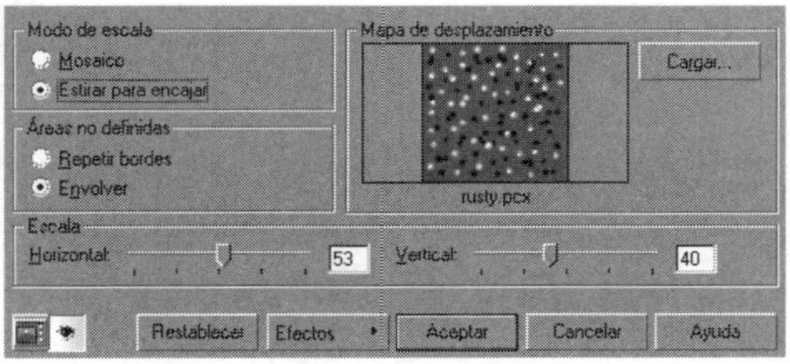

Detectar bordes

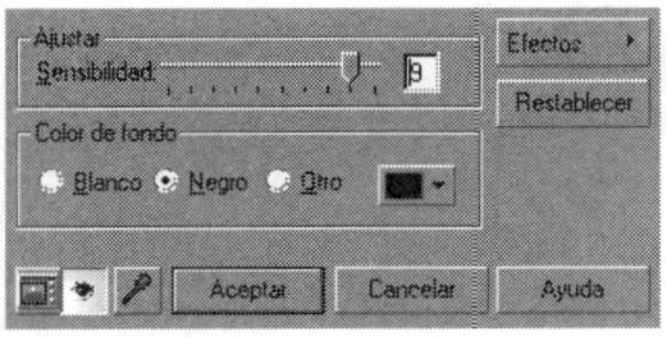

Descentrar

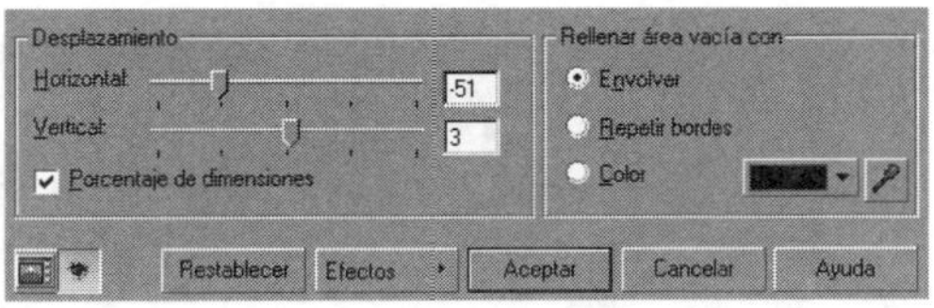

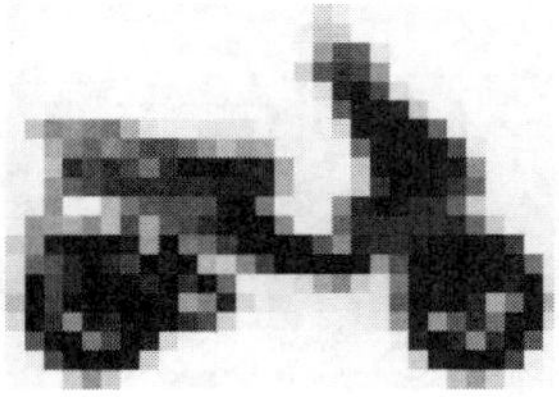

Píxelar

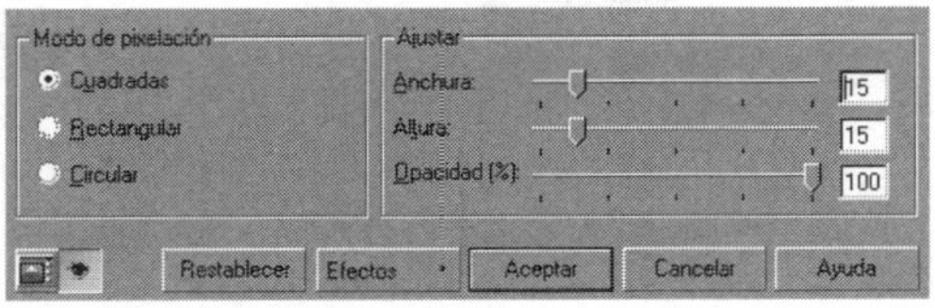

Rompecabezas

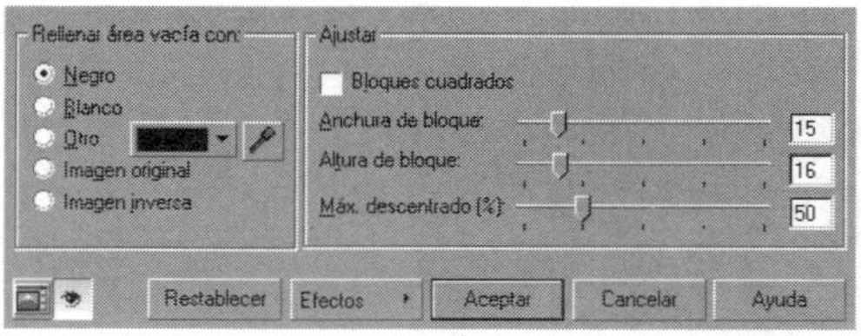

Rizado

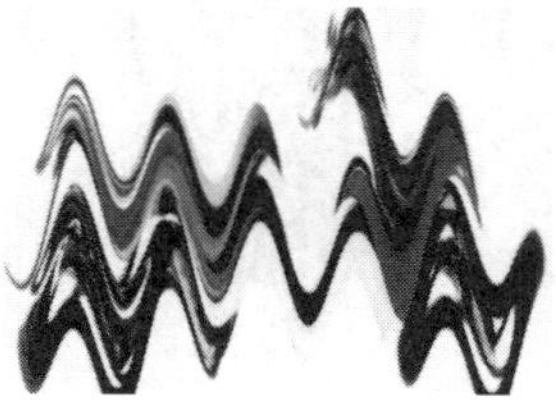

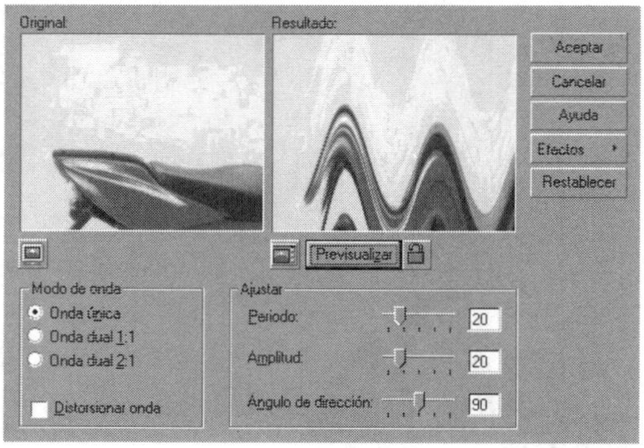

Abultamiento

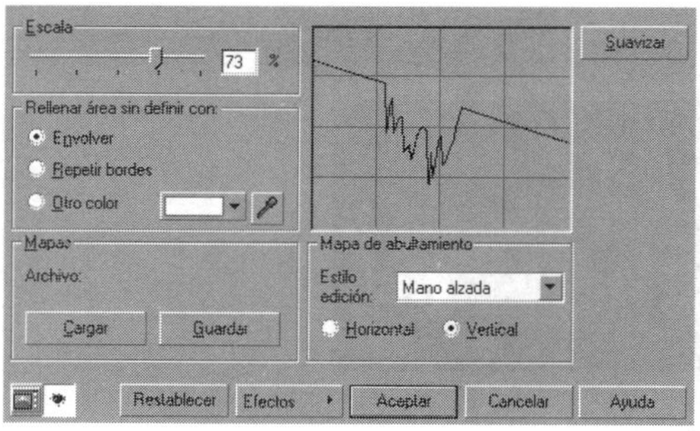

Remolino

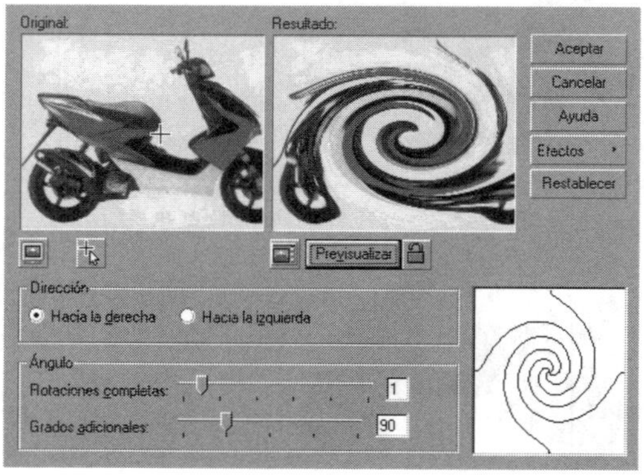

Mosaico

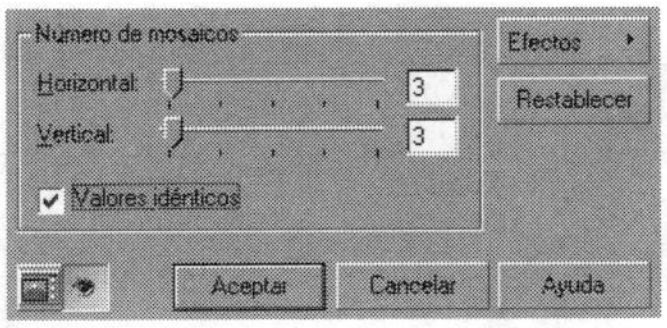

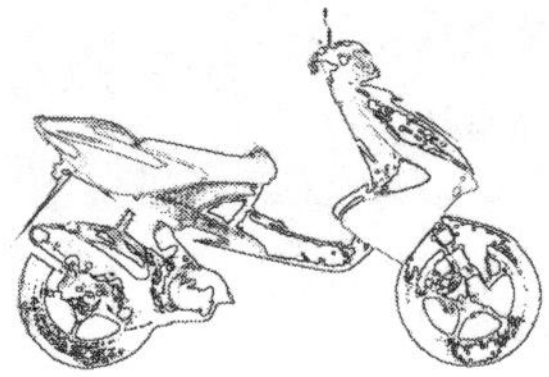

Vectorizar Silueta

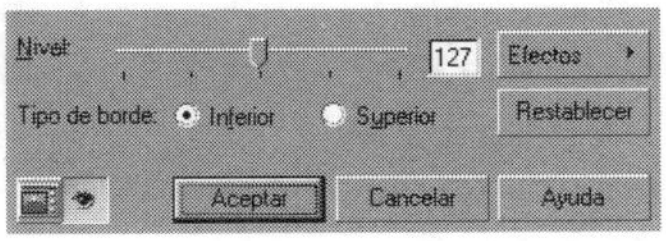

Definido por el usuario

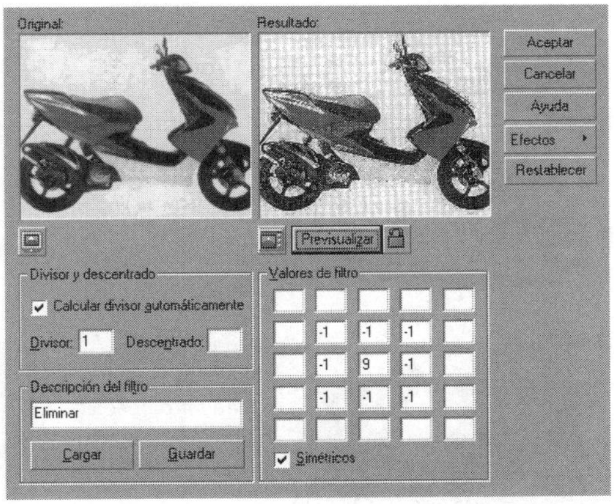

Pintura húmeda

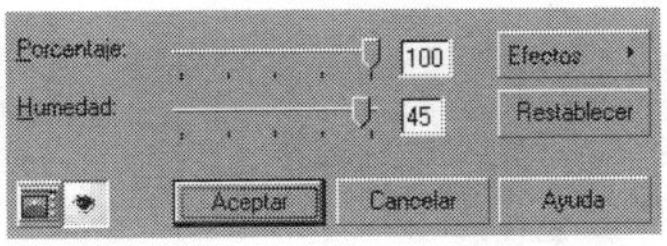

Viento

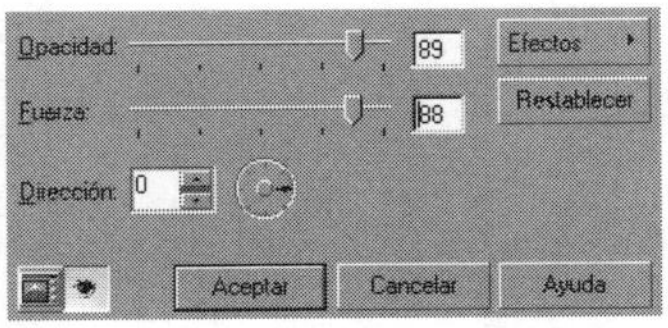

Torbellino

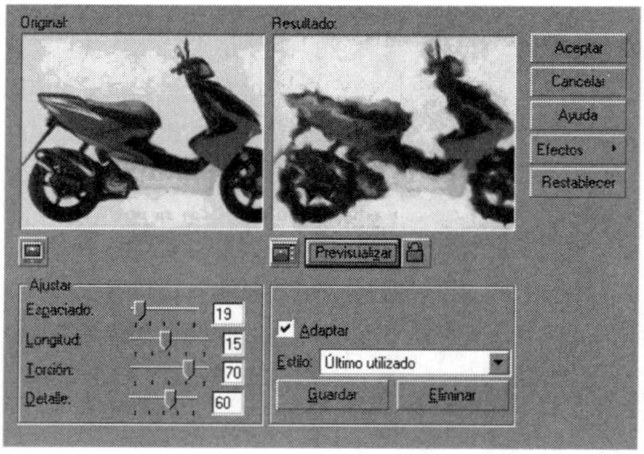

Los efectos 3D están basados en la modificación tridimensional de la imagen.

Rotación 3D

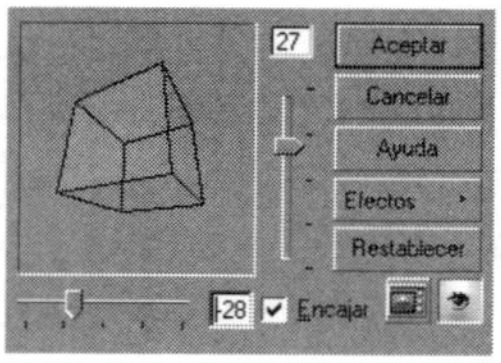

Repujado

Este filtro necesita una máscara para aplicarse

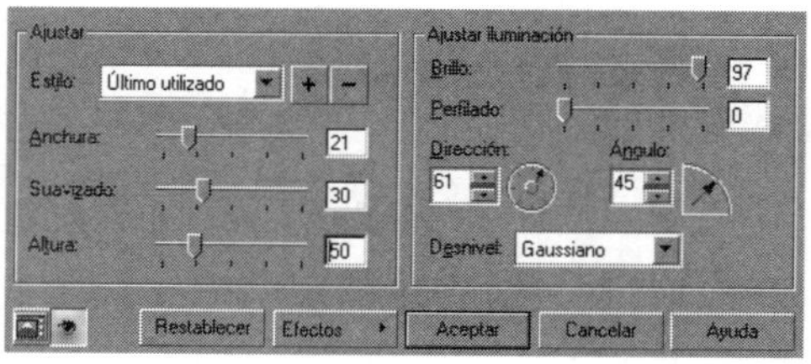

Relieve

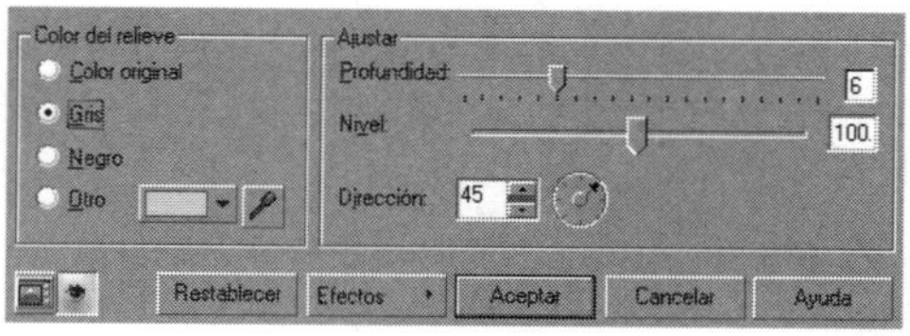

Vidrio

Este filtro necesita una máscara para aplicarse

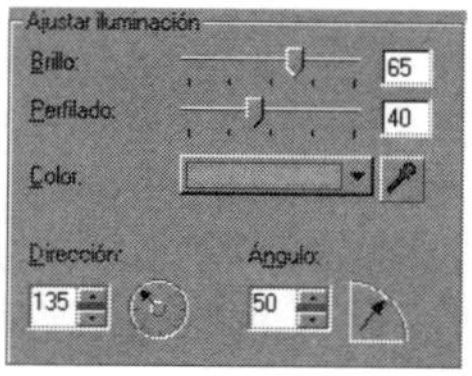

Asignar a objeto

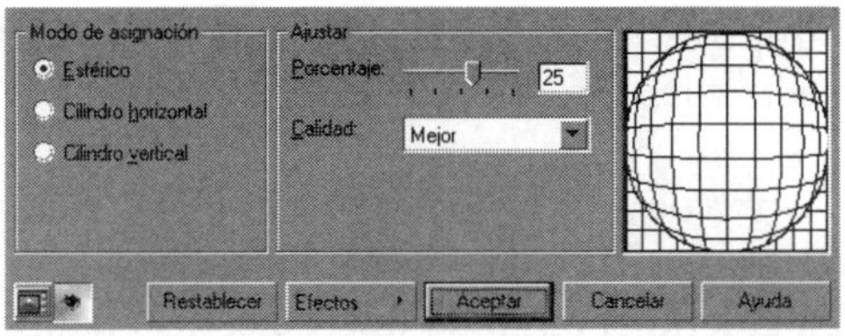

Malla

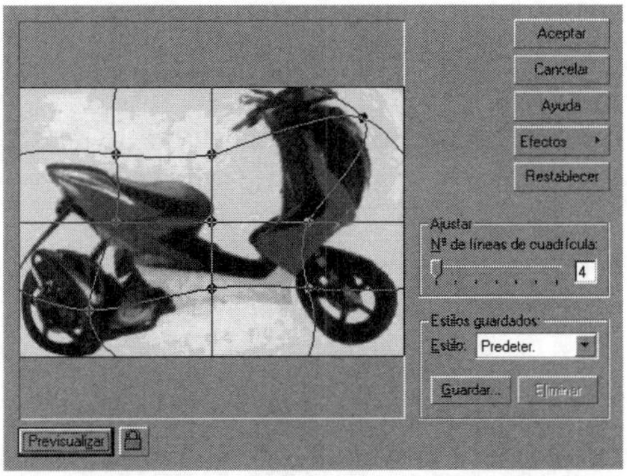

Plegado en esquina

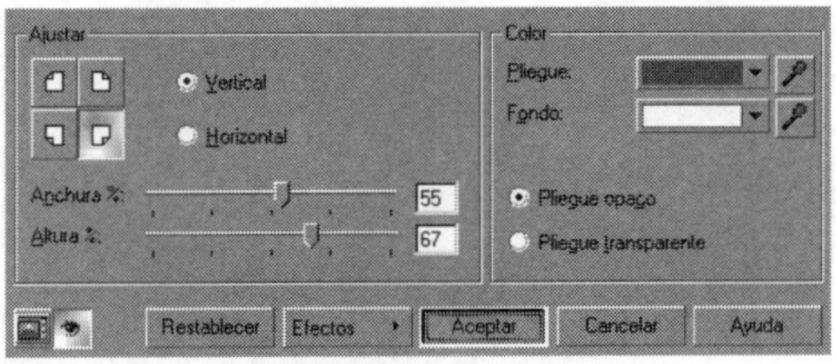

Perspectiva

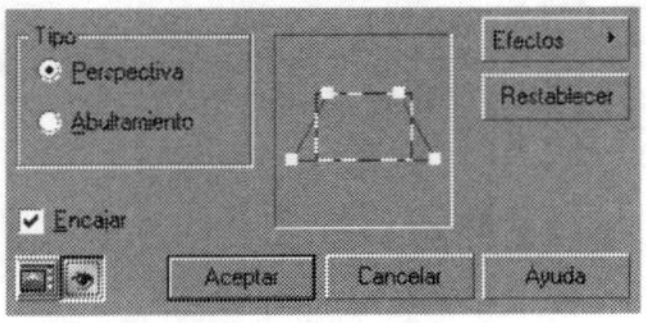

Apretar/golpear

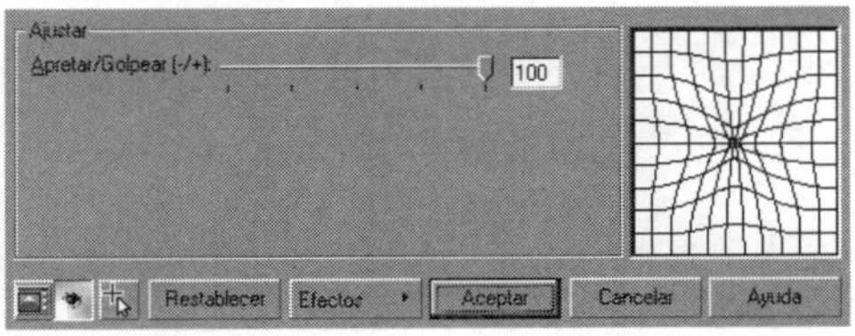

Zigzag

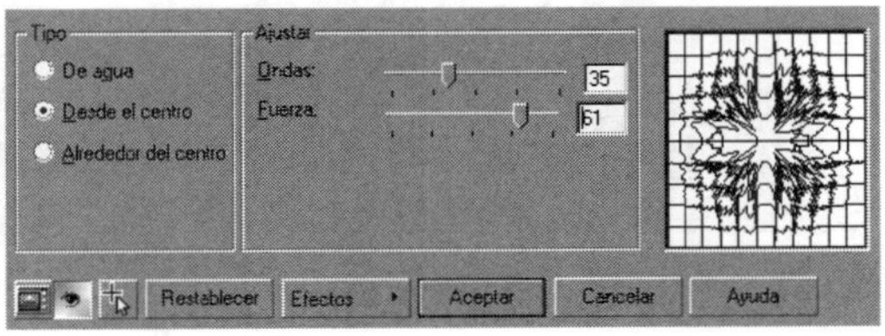

El grupo de efectos ajustar está pensado para el retoque fotográfico, modificando los aspectos desenfoque, perfilado y ruido.

La forma de aplicación es la siguiente, en la parte inferior de los cuadros de diálogo se muestran diferentes simulaciones basados en distintos modos de filtros, cada vez que se haga clic encima de uno de estos cuadros la imagen modificará su aspecto en los valores determinados, un nuevo clic significará volver a modificar la imagen en los mismos porcentajes.

Este método proporciona un nivel de ajuste preciso ya que las diferentes opciones de modificación están presente todas a la vez.

Los tres cuadros de diálogo son los siguientes:

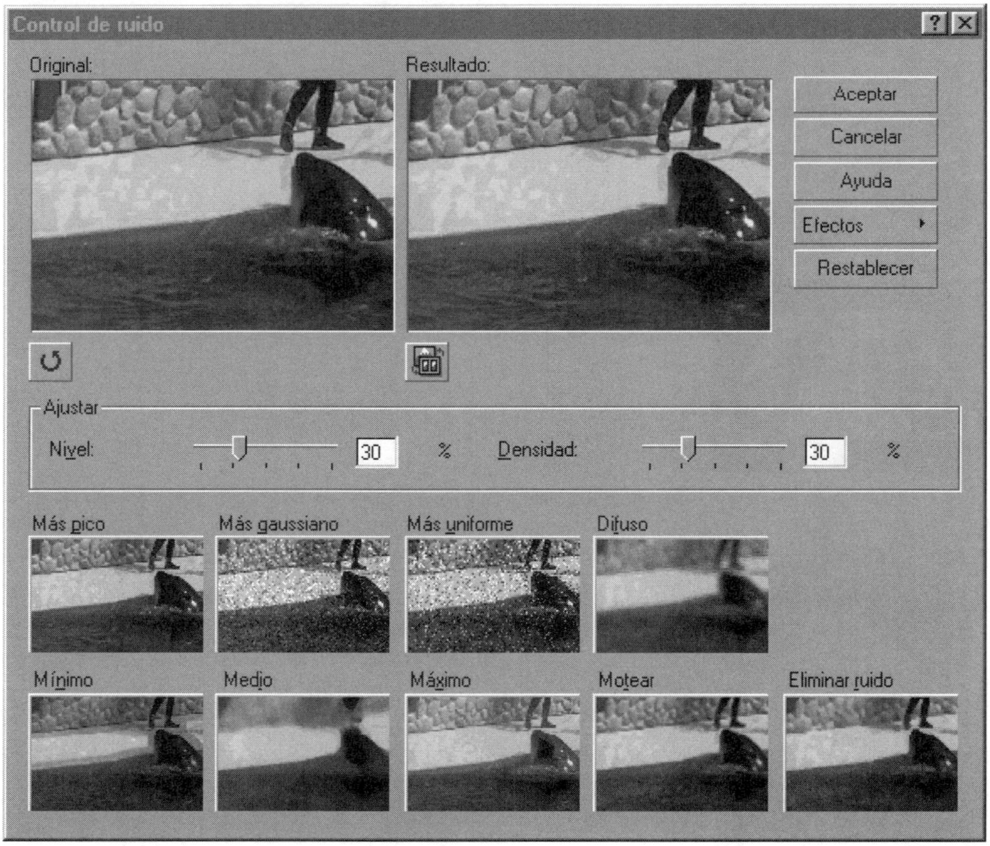

Control de ruido

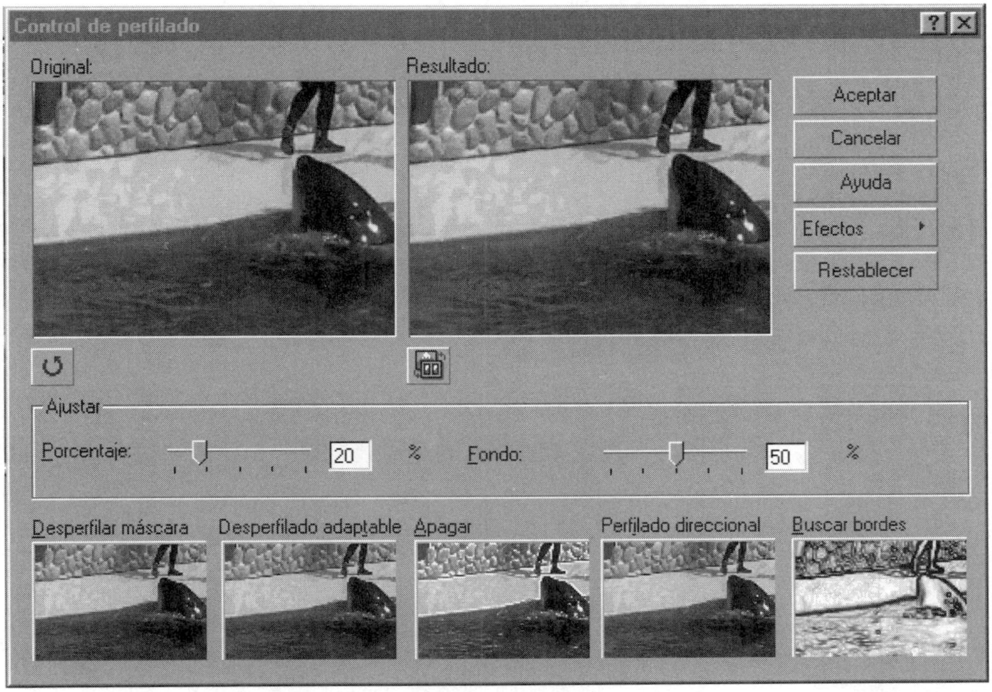

Control de perfilado

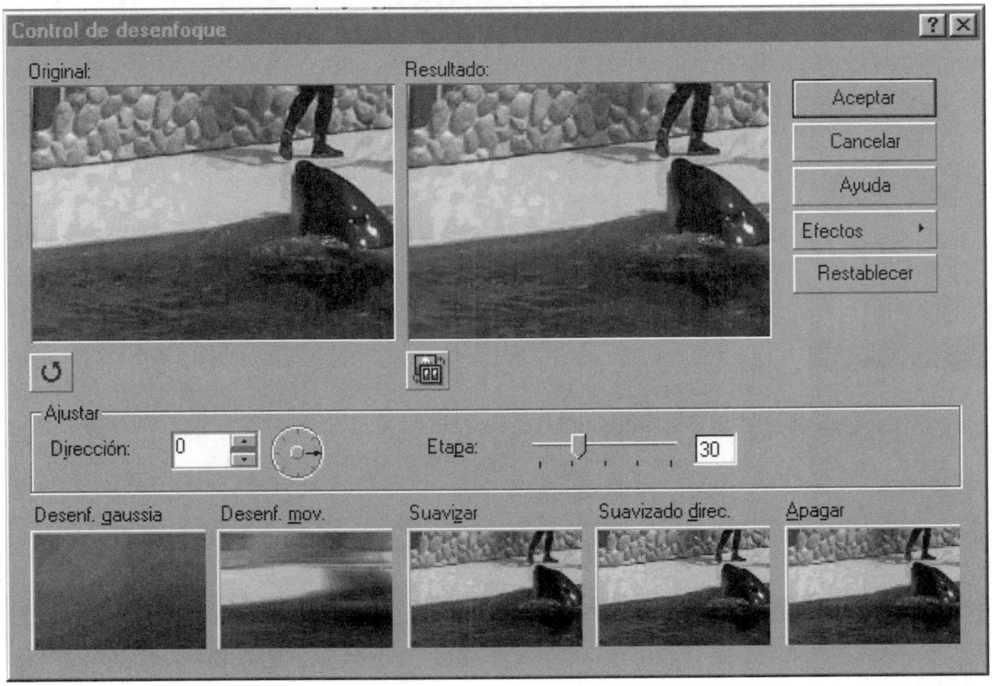

Control de desenfoque

El grupo de filtros artístico modifica las imágenes con efectos visuales de simulación texturada.

Imagen original

Lienzo

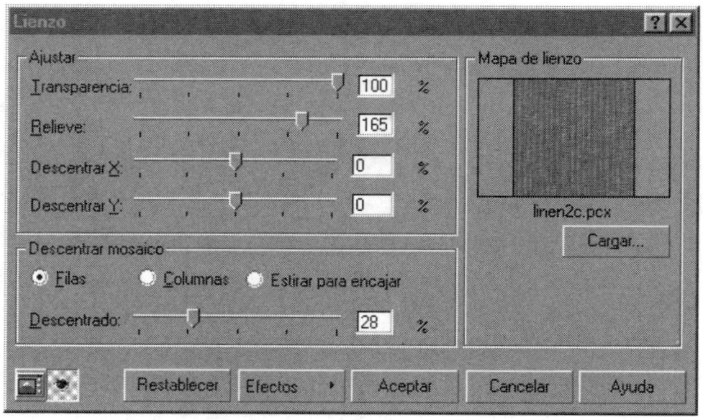

Bloque de cristal

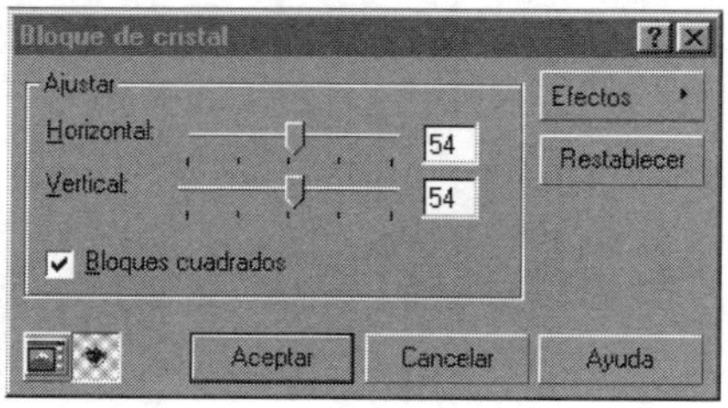

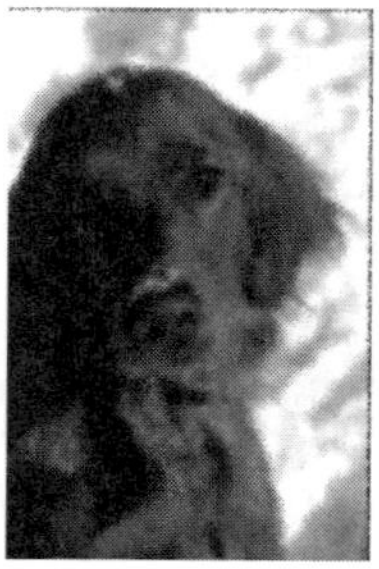

Impresionista

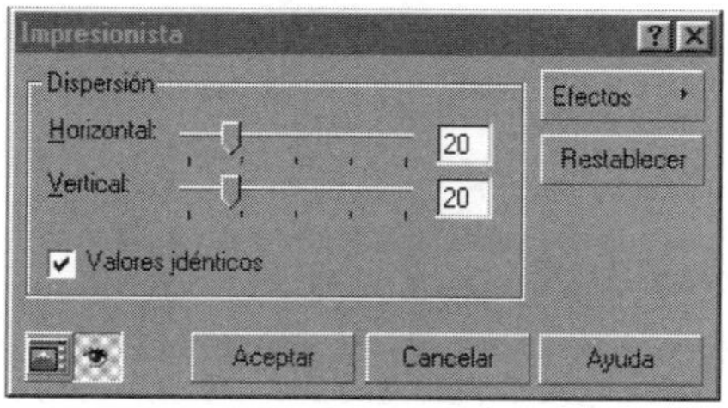

Cristal ahumado

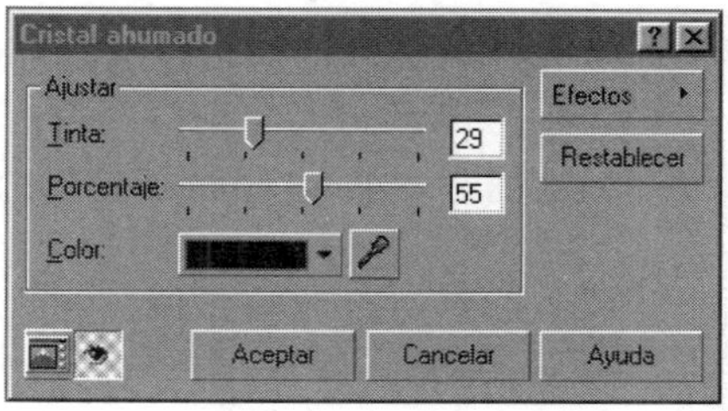

Viñeta

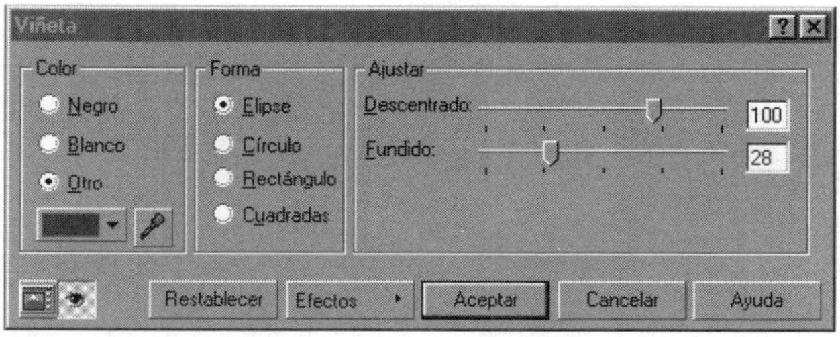

El grupo de filtros desenfoque se basa en la modificación de los píxeles de la imagen para crear efectos de uniformidad, suavidad, movimiento o combinación de formas.

En este grupo de filtros se encuentra el efecto *Desenfoque guassiano,* este efecto es de gran ayuda a la hora de eliminar puntos exagerados en imágenes escaneadas de originales impresos.

La reproducción impresa de fotografías a color se realiza por medio de la impresión de cuatricomías, es decir, la superposición de cuatro impresiones, representando cada una de ellas a un color base del formato de color CMYK, cada una de estas impresiones a su vez está formada por tramas. Las tramas están compuestas de elementos que normalmente son círculos de diferentes diámetros que configuran los diferentes tonos y degradados.

Si escaneamos una imagen con un escáner medianamente bueno éste reproducirá estos puntos no visibles a simple vista, pero localizables con una simple lupa.

El efecto *Desenfoque guassiano,* corrige este defecto siempre que se utilicen valores muy pequeños en su característica *Radio*, entre 0,01 y 2 píxeles serían los más aconsejables, dependiendo de la calidad del escaneado realizado.

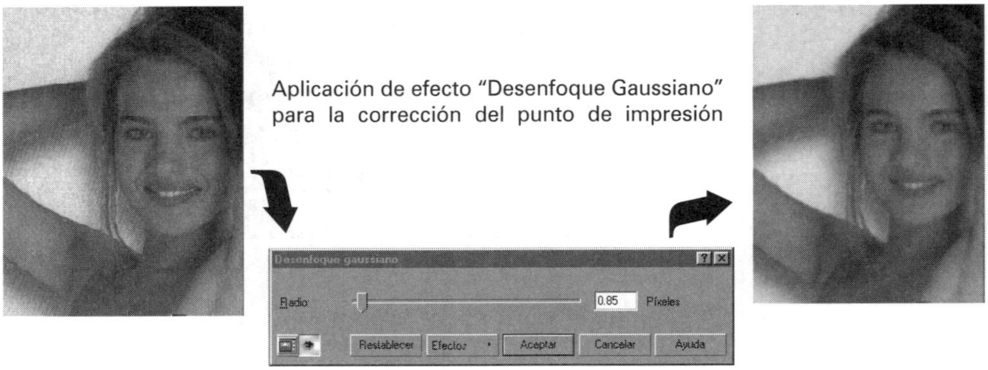

Original

Suavizado direccional

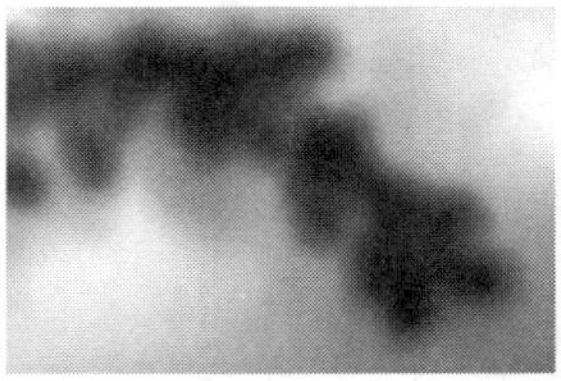

Desenfoque gaussiano

Motear

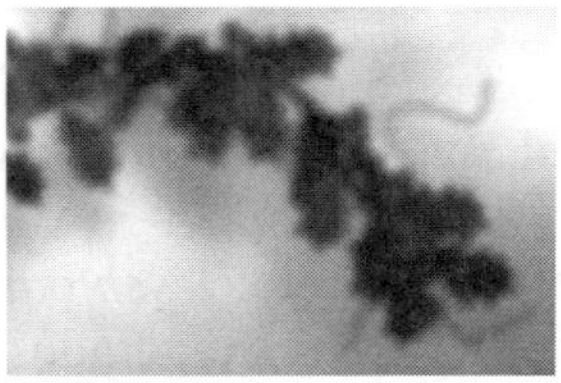

Paso bajo

Desenfoque de movimiento

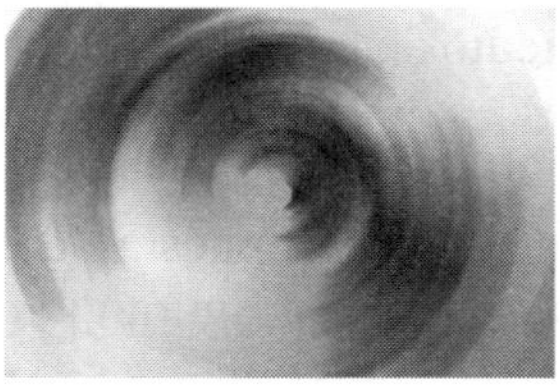

Desenfoque radial

Suavizar

Apagar

El grupo de efectos "Transformar color" se basa en la modificación del color a través de diferentes formas, el efecto *planos de bits* reduce la imagen a los componentes básicos del sistema de color RGB enfatizando los cambios, el efecto *Medios tonos* simula los medios tonos de color de la impresión comercial, el efecto *Psicodélico* sustituye los colores de la imagen por colores brillantes y eléctricos, este efecto perderá parte de su luminosidad si se edita su resultado en papel impreso, conservando toda su fuerza para edición electrónica, el efecto *Solarizar* simula el negativo fotográfico de la imagen.

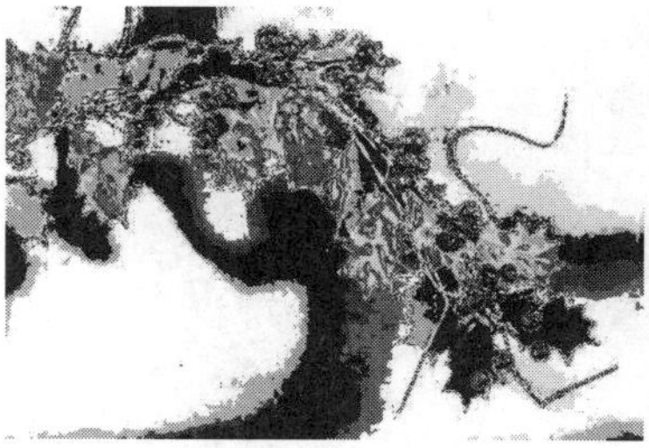
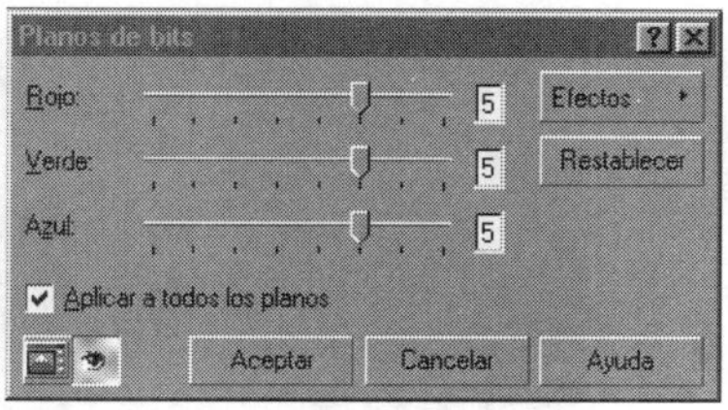

Planos de bits

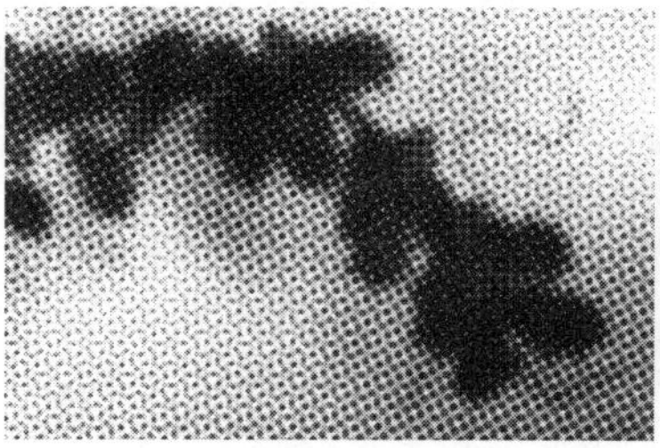
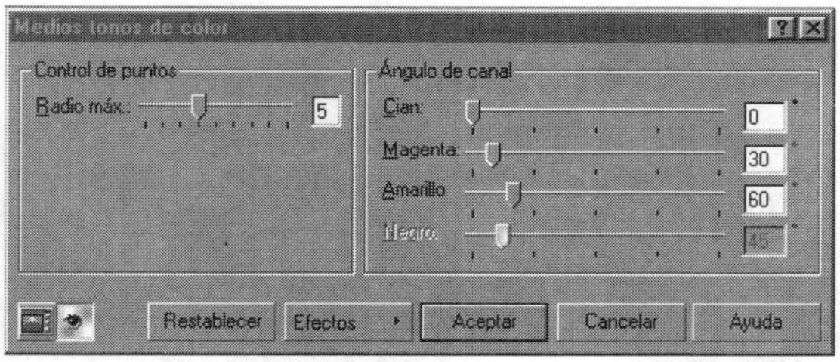

Medios tonos

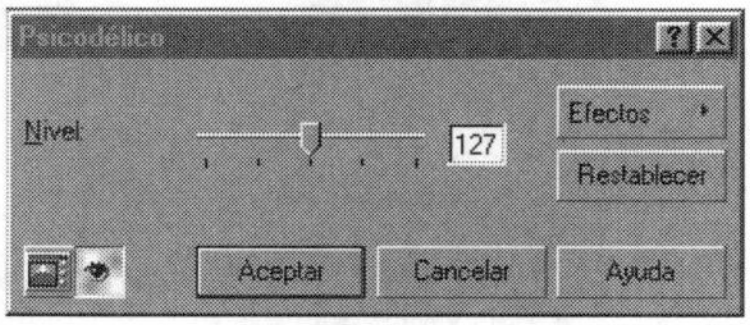

Psicodélico

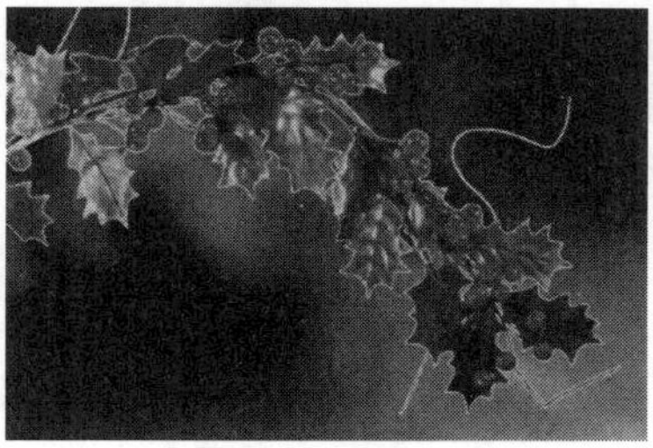
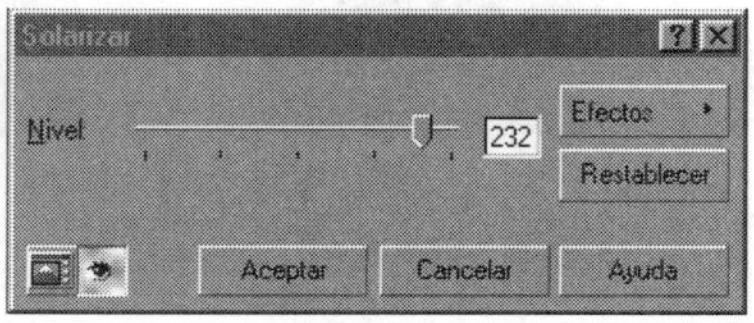

Solarizar

El grupo de efectos “Ruido” puede crear, controlar y eliminar el ruido de una imagen, Corel define el *Ruido* como los píxeles aleatorios que cruzan una imagen y que parecen electricidad estática en las pantallas de televisión.

Original

Añadir ruido

Ruido difuso

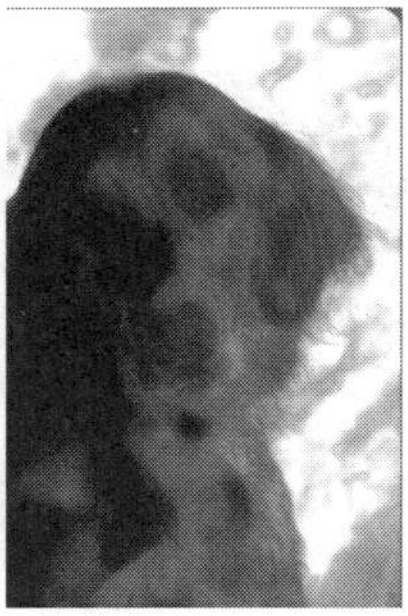
Polvo y arañazos

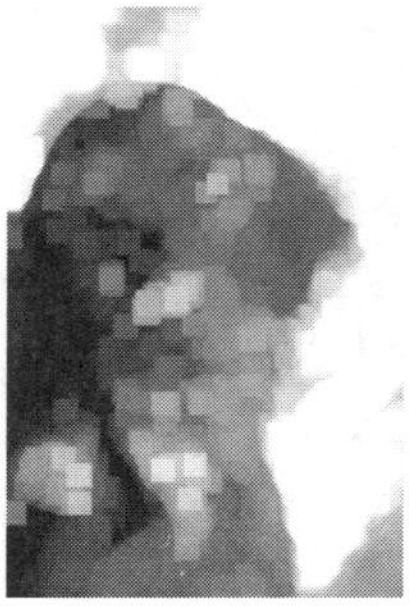
Máximo

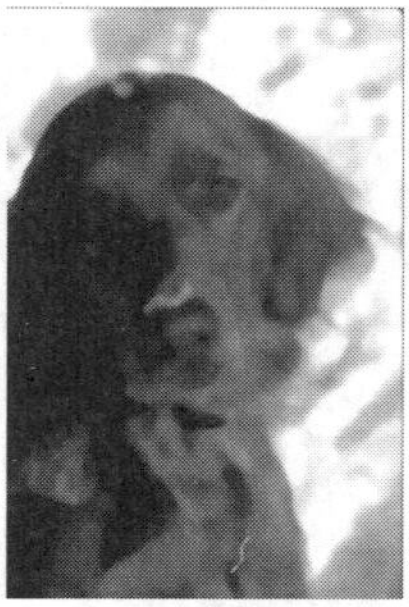
Medio

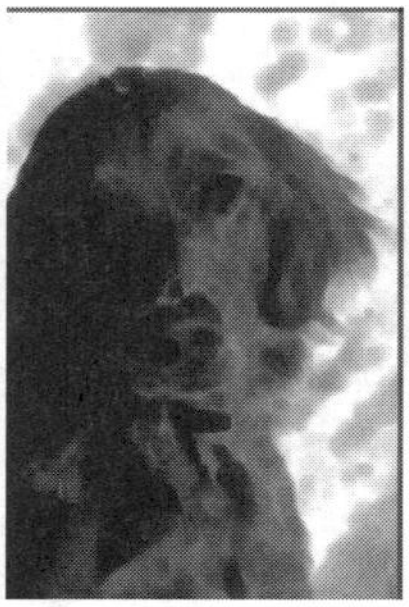
Mínimo

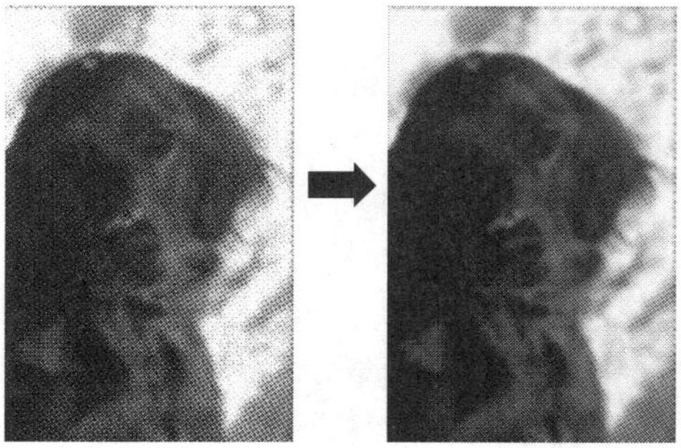
Original *Efecto*
Eliminar muaré

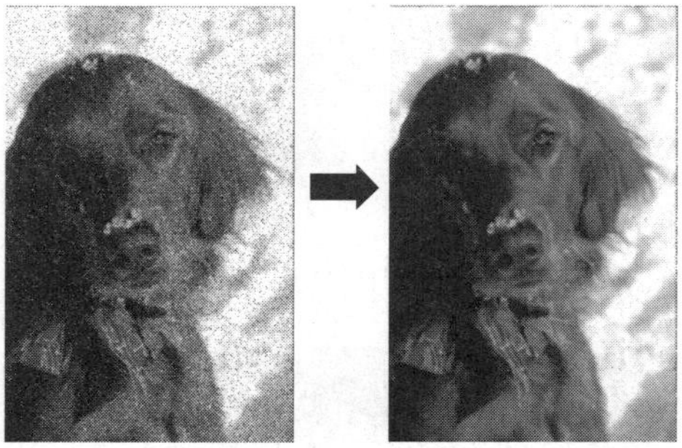
Original *Efecto*
Eliminar ruido

El grupo de efectos “Representación” simula efectos de iluminación fotográfica así como la generación de un aspecto tridimensional.

Ruido estéreo en 3d

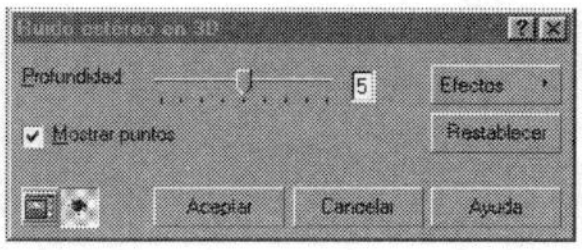

Mancha luminosa

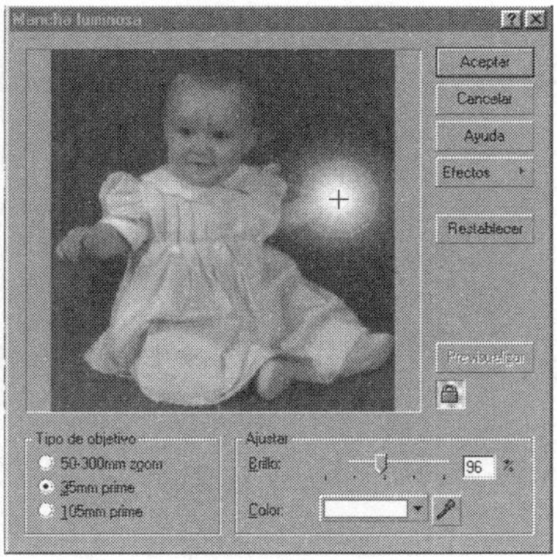

Efectos de iluminación

Cinco abajo

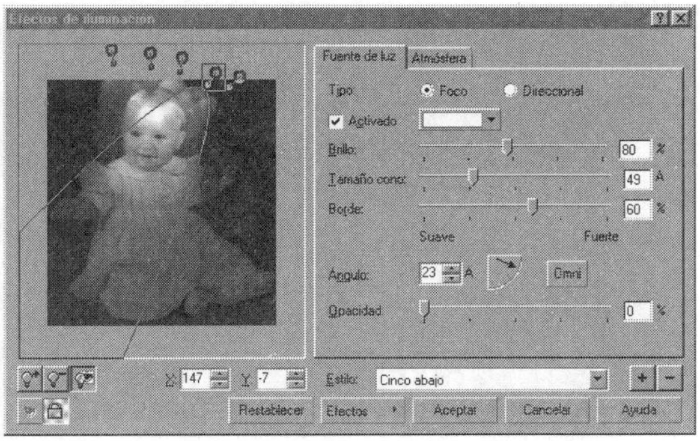

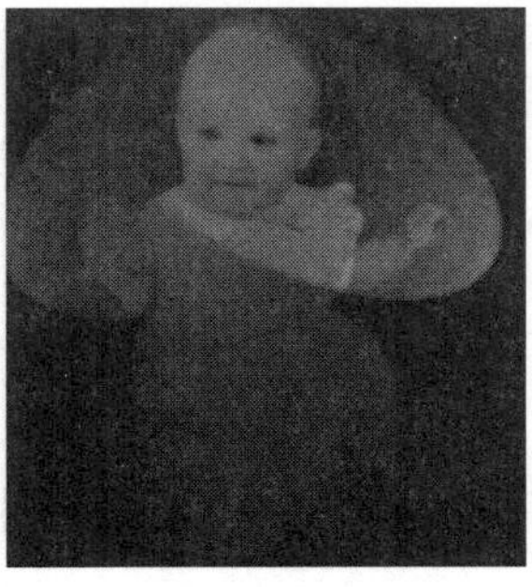

Efectos de iluminación

Luces RGB

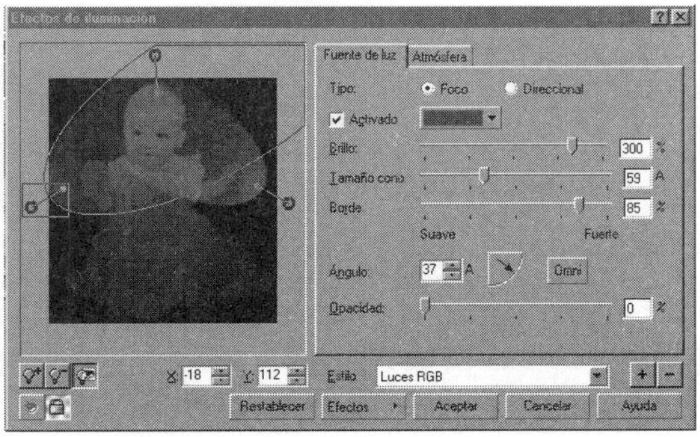

Efectos de iluminación

Luz deslumbrante

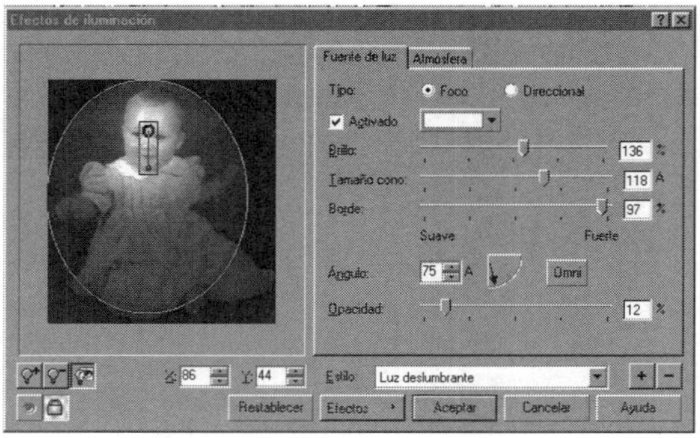

Efectos de iluminación

Omni azul

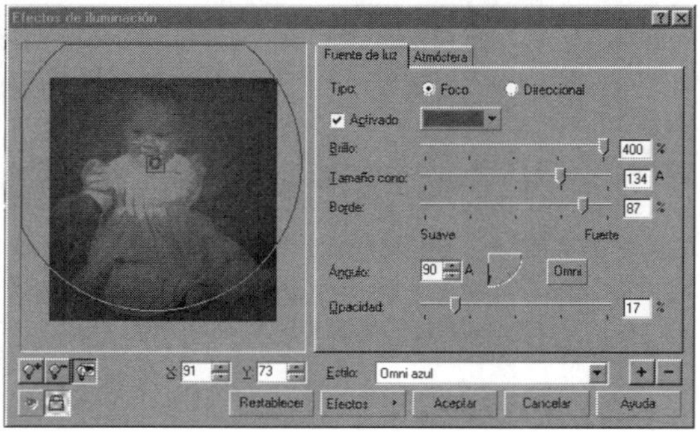

Efectos de iluminación

Texturizar

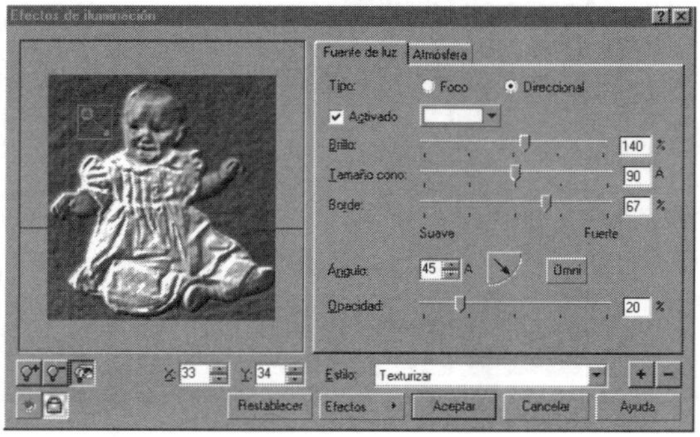

En el efecto "Efectos de iluminación" se puede modificar tanto la *fuente de luz,* punto de inicio de los focos, como la *atmósfera*, desvanecimiento del foco, así como añadir o disminuir los puntos de luz de los diferentes estilos.

El grupo de efectos "Perfilar" nos ayudan a mejorar el enfoque, los bordes, a través del aumento del contraste de los píxeles.

Original

Desperfilar adaptable

Perfilado direccional

Buscar bordes

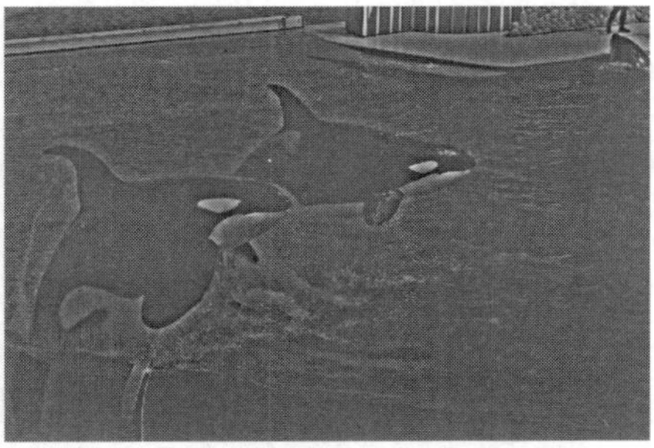

Paso alto

Perfilado

Desperfilar máscara

Filtros de conexión

A parte de los filtros de conexión que facilita Corel PhotoPaint y que describiremos a continuación, Corel permite instalar nuevos filtros de conexión para efectos especiales.

La forma de cargar nuevos filtros es la siguiente, haga **clic**, botón derecho del ratón, en la barra estándar para abrir el cuadro de diálogo *Opciones,*

➪ BARRA ESTÁNDAR ➪ PERSONALIZAR

Una vez abierto el cuadro de diálogo *Opciones* seleccione en el menú lateral "Filtros de conexión" que se encuentra dentro de "Área de trabajo".

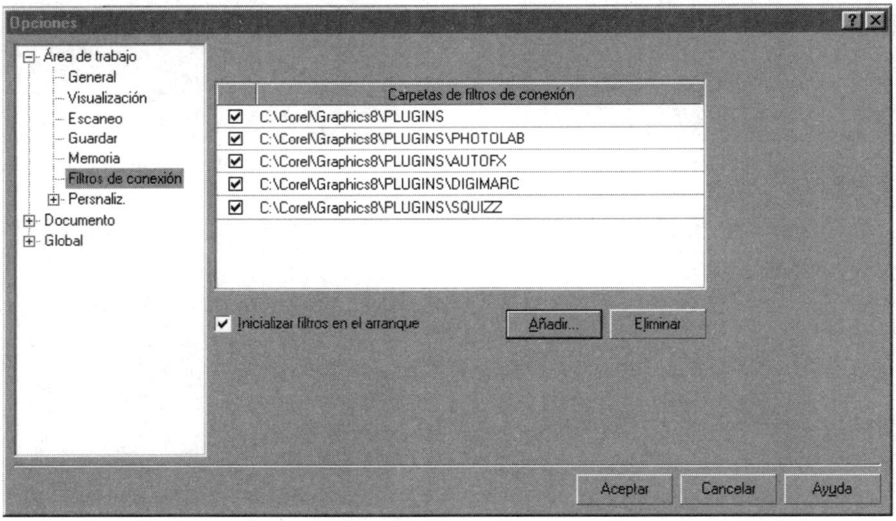

En esta página seleccione el botón "Añadir", se abrirá un nuevo cuadro de diálogo donde se especificará la situación del filtro a incluir, y haga clic en aceptar.

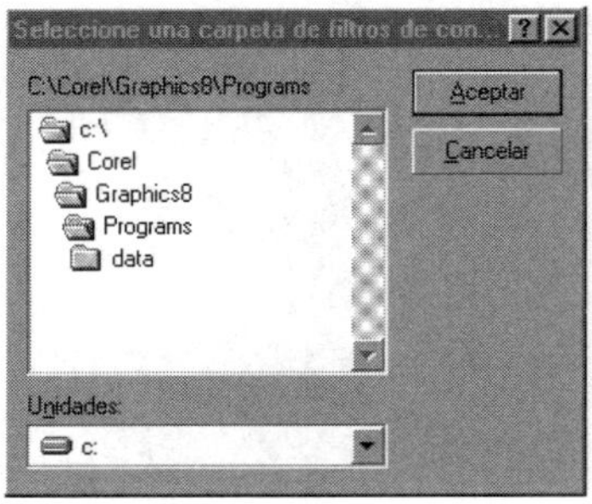

Para habilitar la carga automática de los nuevos filtros a la hora de abrir la aplicación deberá usted activar la opción "Inicializar filtros en el arranque" de la página *Filtros de conexión.*

Auto F/X - Photo/Graphic Edges 3.0

Este filtro se basa en la descomposición de los píxel del borde de la imagen, creando efectos de envoltura muy sugestivos.

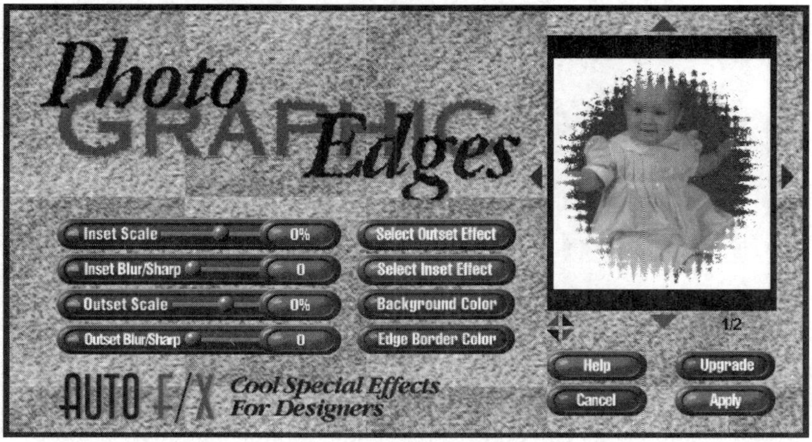

En el libro muestrario que se incluye con la versión 8 de Corel, en el apartado "Photo Edges" usted puede ver simulaciones en negro de las diferentes formas de aplicar este filtro.

Digimarc

Este filtro añade a las imágenes *marcas al agua* digitales, estas marcas son una forma de personalizar los trabajos realizados a través de copyrights. Las marcas de agua son imperceptibles, pero llevan la identidad del creador allí donde esté la imagen.

Al abrir una imagen con un programa que incluya este filtro, aparecerá automáticamente un símbolo de copyrights en la barra de título de la imagen, lo que puede facilitar al usuario de la imagen ponerse en contacto con sus creadores para posibles utilizaciones. Si desea obtener más información acerca de los filtros Digimarc puede usted visitar la página www.digimarc.com.

Fantasía

El primer filtro que nos encontramos en este grupo es "Alquimia", este filtro nos permite la aplicación de pinceladas a las imágenes creando efectos de pintura.

Para que este filtro pueda llevarse a cabo es necesario que la imagen esté en el sistema RGB.

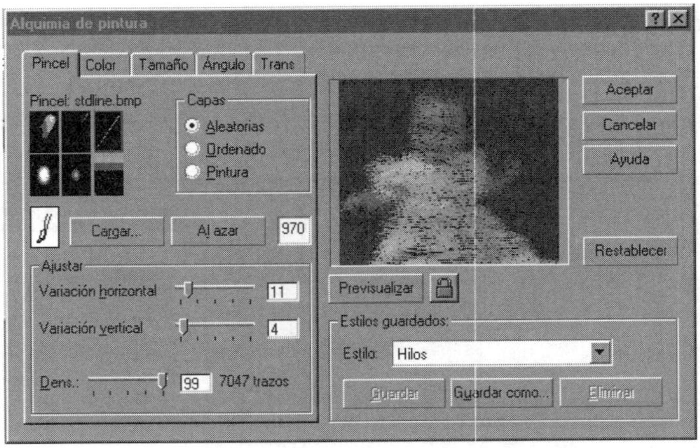

El segundo efecto "Julia Set Explorer 2.0" nos permite aplicar a la imagen *fractales,* texturas irregulares creadas con algoritmos. Estos fractales pueden crearse o elegirse de los preestablecidos, lo que hace a este filtro ser casi infinito en su aplicación de texturas.

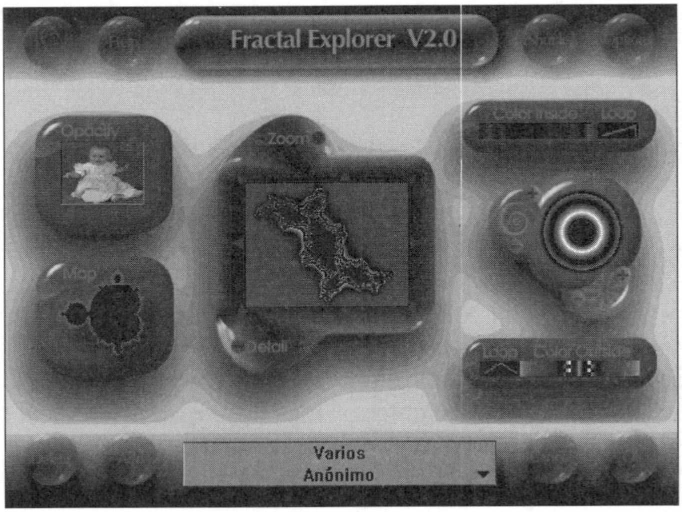

El tercer efecto de este grupo es "Terrazo". Este filtro nos permite crear imágenes basadas en el efecto calidoscopio. Terrazo nos proporciona 17 opciones diferentes de repetición de la zona elegida.

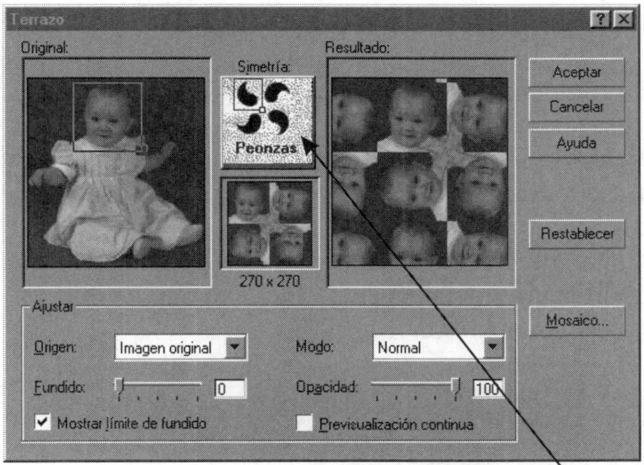

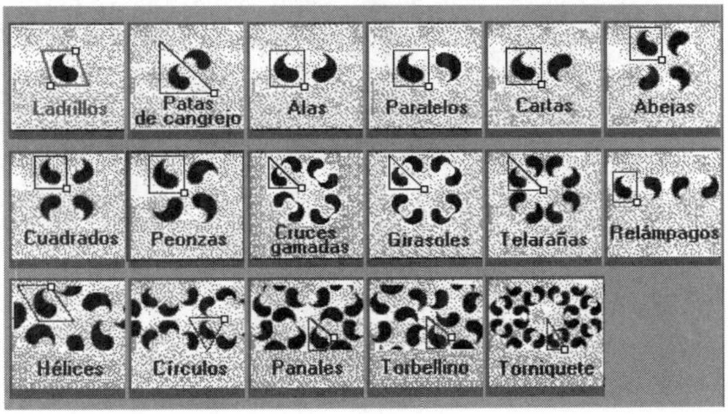

Opciones de mosaico

Hsoft - SQUIZZ 1.5

Squizz, se basa en la deformación de imágenes a través de dos formatos pincel y cuadrícula. Está especialmente indicado para deformaciones faciales.

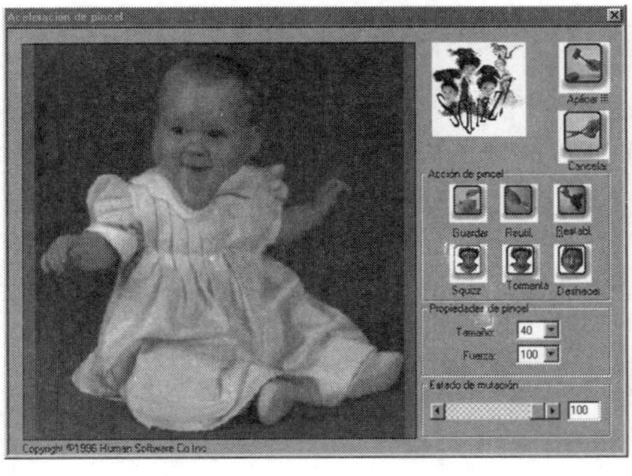

Pincel

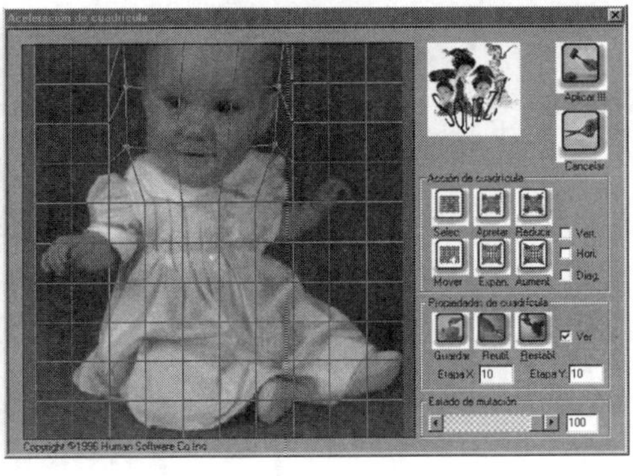

Cuadrícula

PhotoLab

Este grupo de filtros es un pequeño compendio que simula un laboratorio fotográfico, a través de sus diferentes filtros podrá modificar las imágenes en todas sus características, añadir efectos especiales, modificar el brillo, contraste e intensidad, variar la tonalidad del color, modificar los diferentes canales de color, etc.

La variedad de alteraciones es infinita, ofreciendo herramientas, de altísimo poder en el ámbito de la corrección y modificación de imágenes. Incluye conversiones a negativo, retoques de sobreexposición y subexposición, etc.

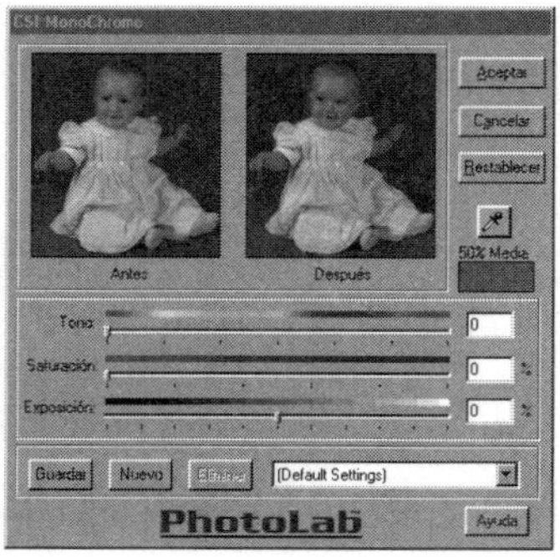

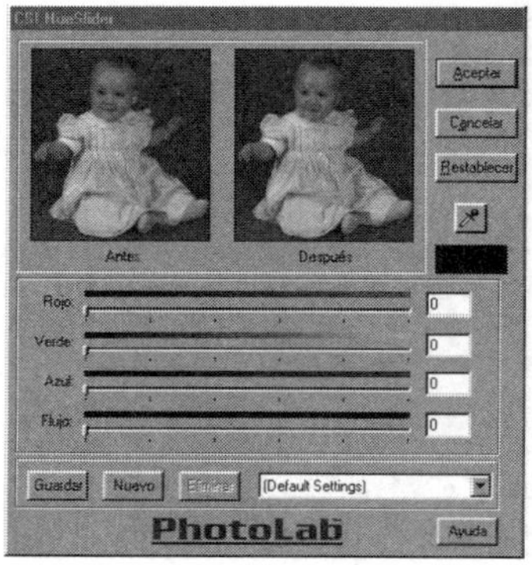

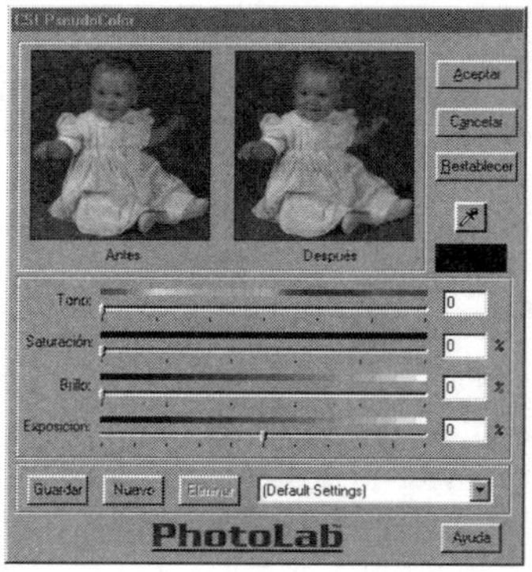

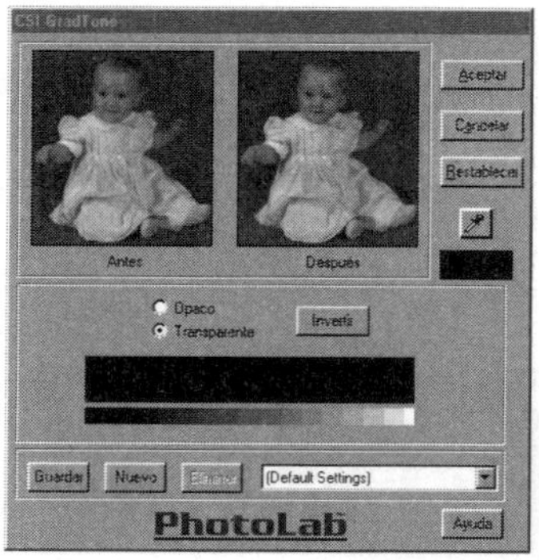

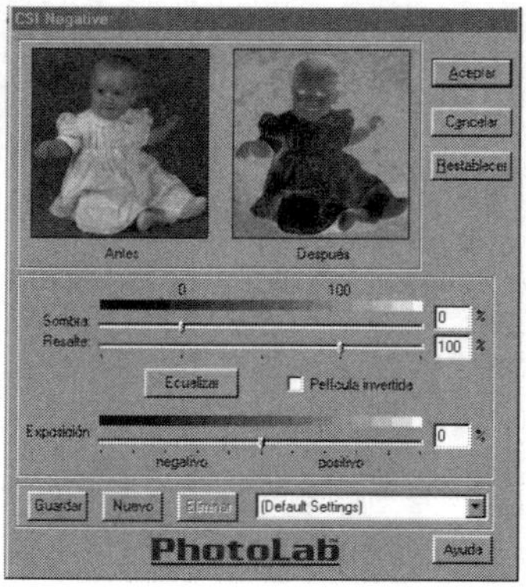

El menú Imagen

PhotoPaint proporciona a su vez numerosas herramientas para la modificación y corrección de imágenes, estas opciones están reunidas en el menú *Imagen* el cual se despliega en numerosos submenús que nos abren multitud de posibilidades.

A través de *Ajustar* tenemos acceso a herramientas de control fotográfico con las cuales podemos modificar las imágenes a conveniencia, ajustes niveles, corrección de gama, ajuste del brillo, contraste, intensidad, tono, saturación, claridad, cambios en el matiz o en el tono del color, etc.

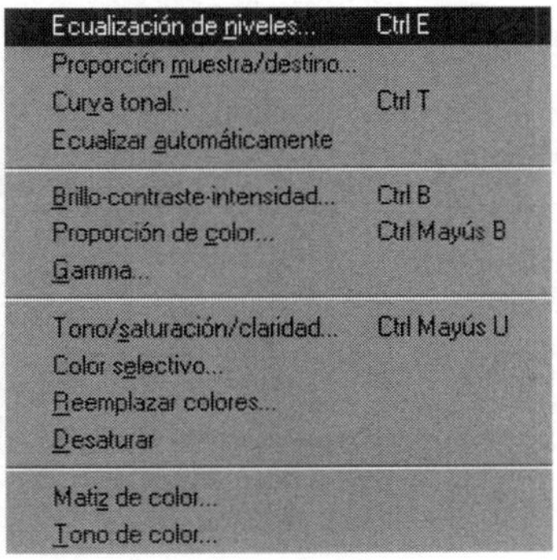

La opción *Transformar* nos muestra cuatro posibilidades de conversión de imágenes, descentrelazar, invertir, posterizar, umbral.

El efecto *descentrelazar* modifica líneas de píxeles descentrelizándolas, podrá elegir entre las líneas pares o impares así como entre dos métodos de cálculo, *duplicación* y *interpolación,* el efecto conseguido será una especie de píxelado de la imagen.

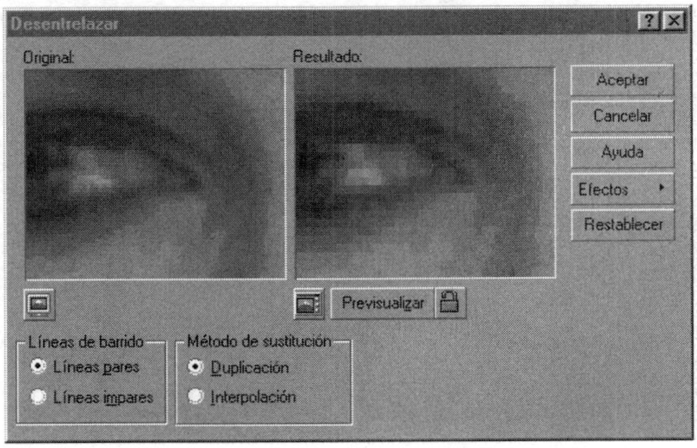

Invertir crea al igual que el anteriormente visto, *filtro Solarizar*, el negativo de la imagen aunque en esta ocasión éste es automático.

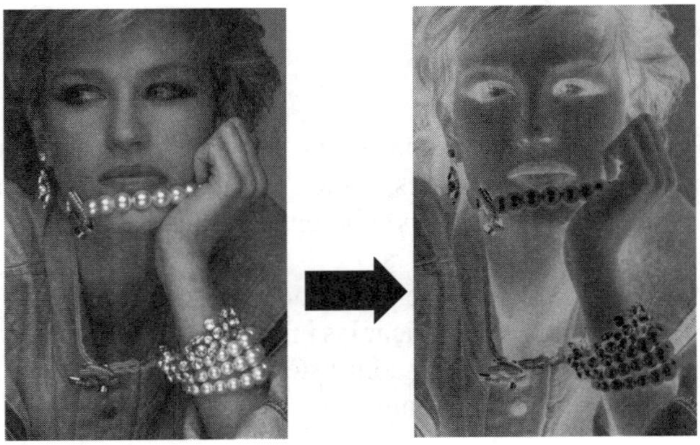

El efecto *posterizar* afecta a los colores de la imagen, realizando una reducción masiva de los mismos.

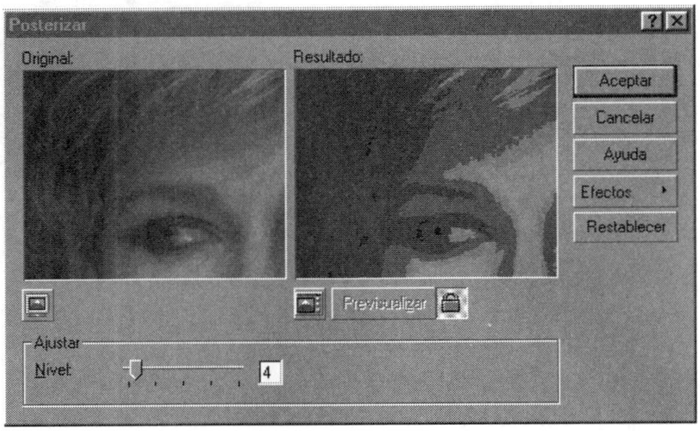

El efecto *umbral* nos permite modificar el nivel de los diferentes canales de color, pudiéndolos alterar por separado o al unísono. El resultado será una alteración de tono entre claro/oscuros.

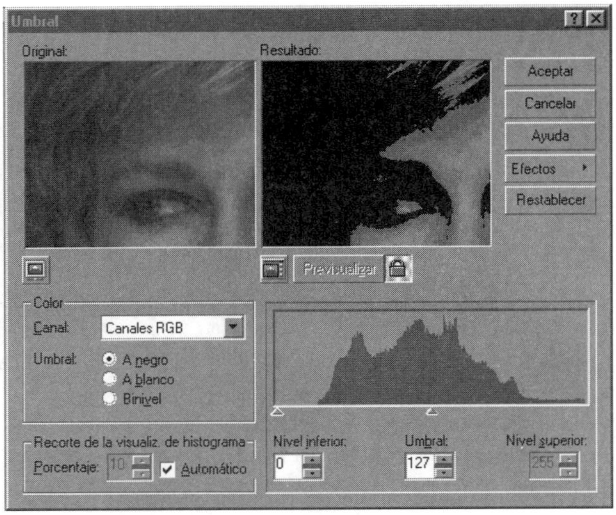

En el siguiente apartado encontramos herramientas para la modificación del tamaño o resolución de la imagen "Nuevo muestreo" los datos que aparecen en el cuadro de diálogo son los relativos a la imagen que queremos modificar. Las nuevas modificaciones variarán el tamaño de la imagen cuyo valor se muestra en la parte inferior del cuadro.

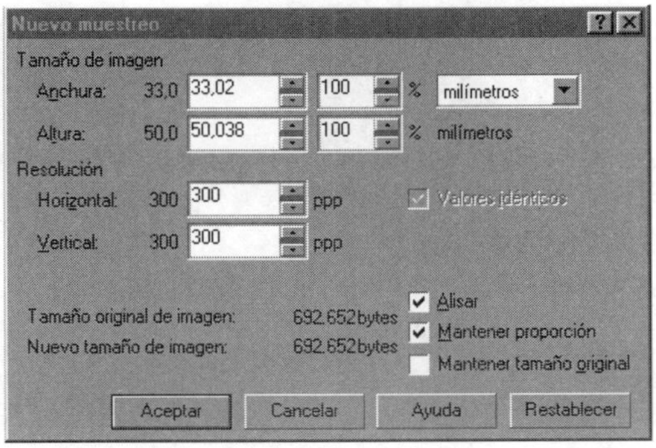

La herramienta "Tamaño del papel" nos permite modificar las dimensiones de una imagen, recolocando así el motivo principal respecto a los bordes exteriores. Las modificaciones realizadas con esta función no modifican la resolución de la misma, pero sí su tamaño físico (Kb).

La opción "Ensamblar" realiza un montaje con imágenes que estén activas en pantalla, este montaje se basa en efectos de degradados proporcionales entre las imágenes seleccionadas.

Vamos a realizar un ensamblaje fotográfico para ver el funcionamiento de esta herramienta. Abrimos tres fotografías cualesquiera, y seleccionamos la opción "Ensamblar".

Se abrirá el cuadro de diálogo "Seleccionar imágenes", en el menú *Archivos de origen* nos aparecerá la lista de las imágenes que tenemos activas en pantalla, hacemos clic encima del nombre de las imágenes que queremos incluir en el montaje y accionando el botón *Añadir* las vamos incluyendo en el menú *Archivos seleccionados.*

Tenga en cuenta que el orden en el que usted vaya incluyendo las imágenes en el menú *Archivos seleccionados,* será el mismo en el que se mostrarán las imágenes en el futuro montaje. Una vez seleccionadas todas las imágenes elegidas hacemos clic en aceptar, abriéndose de este modo el cuadro de diálogo *Editar solapamiento.*

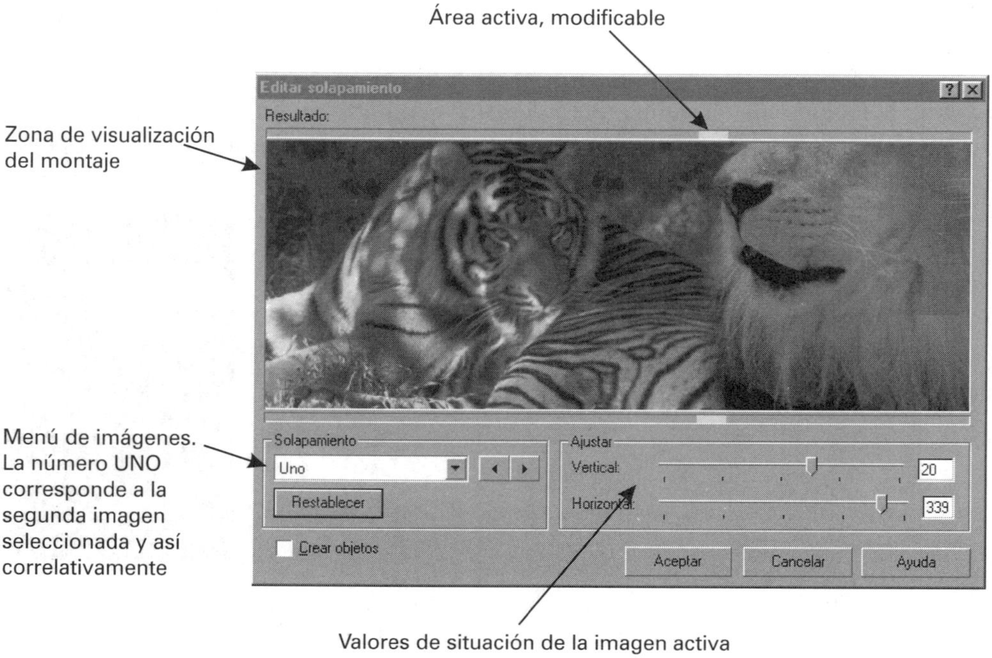

Situando el cursor encima de la zona de visualización y haciendo clic activaremos la opción aumentar zoom, de igual forma haciendo **clic** activaremos la opción disminuir zoom. Haciendo clic y arrastrando moveremos el montaje visualizando una zona determinada.

En el menú de imágenes de la zona *solapamiento* seleccionaremos la imagen a modificar y a través de los valores, vertical y horizontal, de la zona *ajustar* situaremos ésta, respecto a las demás imágenes.

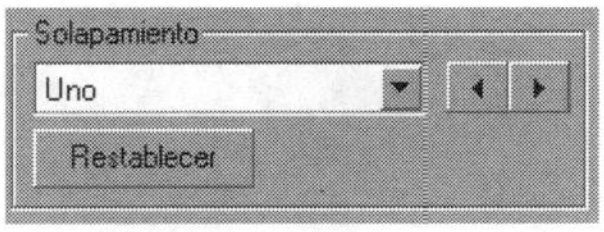

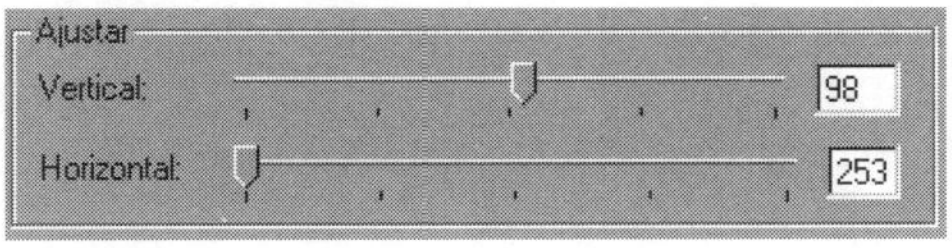

Una vez situadas todas las imágenes en sus lugares correspondientes, seleccionamos *Aceptar* y el montaje queda realizado.

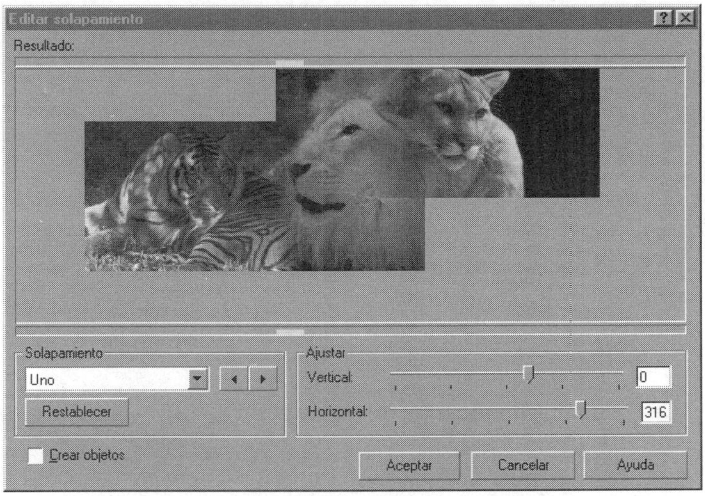

Montaje final

Continuando con el menú “Imagen”, la siguiente opción que nos encontramos es “Crear fondo” aplicable por supuesto a imágenes que carezcan de él. El color del fondo vendrá definido por el que esté activo en la opción “Papel” localizada en la barra de estado.

Haciendo doble clic encima del rectángulo de color de cada una de las opciones, pintura, papel y relleno, se abrirán cuadros de diálogo donde podremos seleccionar las características de su aplicación por defecto.

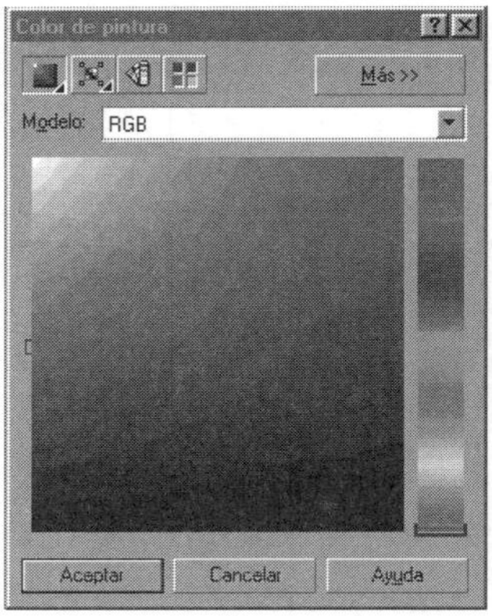

Cuadro diálogo
Color de pintura

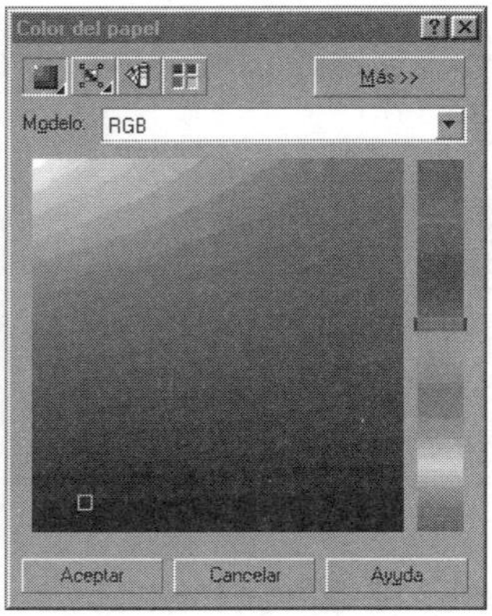

Cuadro diálogo
Color de papel

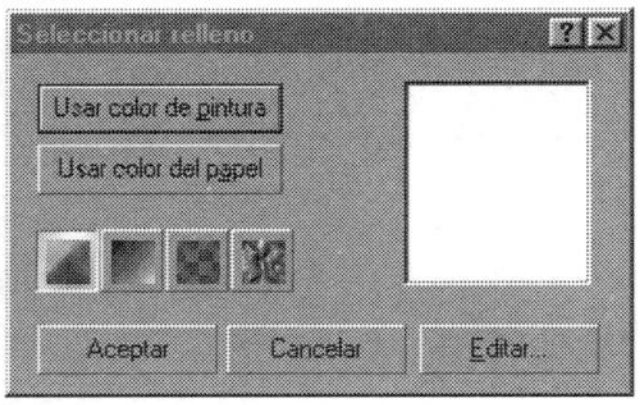

Cuadro diálogo
Seleccionar relleno

“Duplicar” realiza un duplicado total de la imagen.

“Calcular” nos permite modificar por separado los diferentes canales de color según cada sistema de color, a través de diferentes *Métodos* preestablecidos. Abrimos una imagen y seleccionamos esta herramienta, se abrirá el cuadro de diálogo “*Cálculos de canales*” donde elegiremos el canal a modificar.

Hay dos formas de utilizar esta herramienta, la primera sería la modificación directa de la imagen desde la que estamos calculando sus canales, esto se realiza de la siguiente manera: una vez modificado el canal elegido seleccionamos las siguientes opciones en la zona “Destino”.

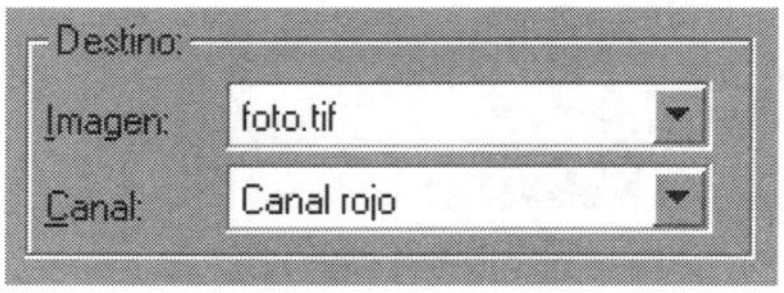

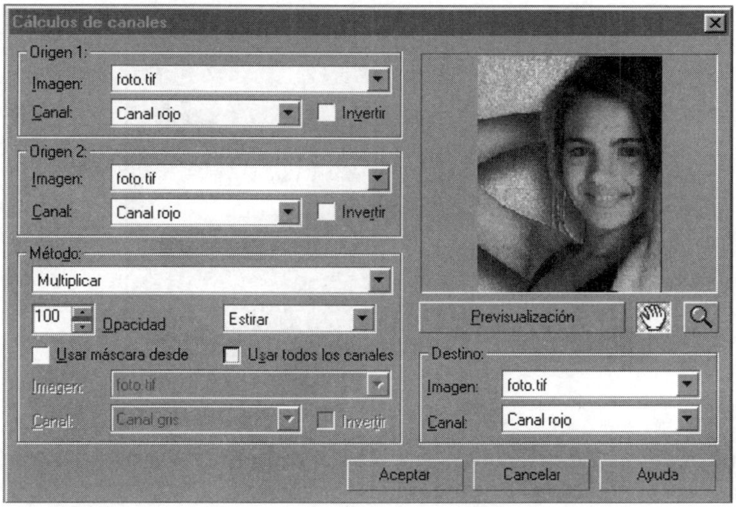

Cuadro de diálogo *Cálculo de canales*

En el menú *Imagen* el nombre de la imagen de donde hemos adquirido el canal y en el menú *Canal* el canal a modificar. Hacemos clic en *aceptar* y veremos como la imagen inicial es modificada.

La segunda forma de utilizar esta herramienta es para la creación de una nueva imagen independiente de la que nos sirve para adquirir los canales, es decir modificaremos los canales, mínimo dos, para más tarde por medio de la opción "Combinar canales" del menú "Imagen" combinar éstos para crear la nueva imagen modificada.

Al igual que en la primera forma de utilización, debemos elegir en la zona *Destino* las siguientes características. En el menú *Imagen* seleccionaremos *Nuevo archivo* y en el menú *Canal: Canal gris* que se activa por defecto.

Realizados los cambios deseados, mínimo en dos canales si deseamos que la nueva imagen sea en color, activamos la opción "Combinar canales".

Se abrirá el cuadro de diálogo "Combinar" donde seleccionaremos el tipo de modo de color utilizado por la fotografía original, viéndose en el menú *Imágenes* los nombres de los nuevos archivos creados a partir de los canales modificados.

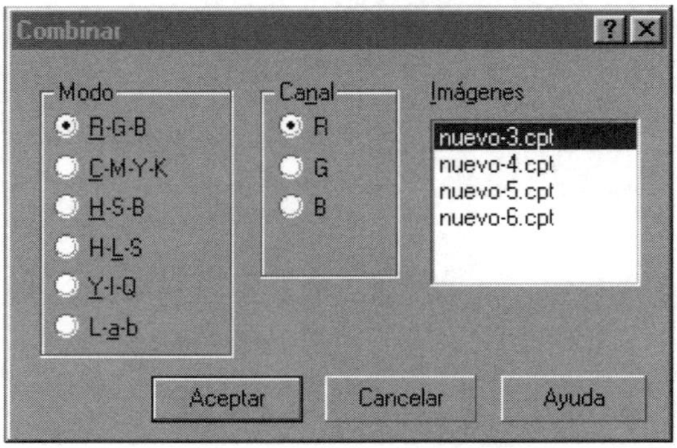

Otra forma de realizar modificaciones a través de los canales, para la corrección o creación de efectos especiales, es separar la fotografía en sus respectivos canales y después modificar cada uno de estos utilizando las opciones del submenú "Ajustar" del menú principal "Imagen".

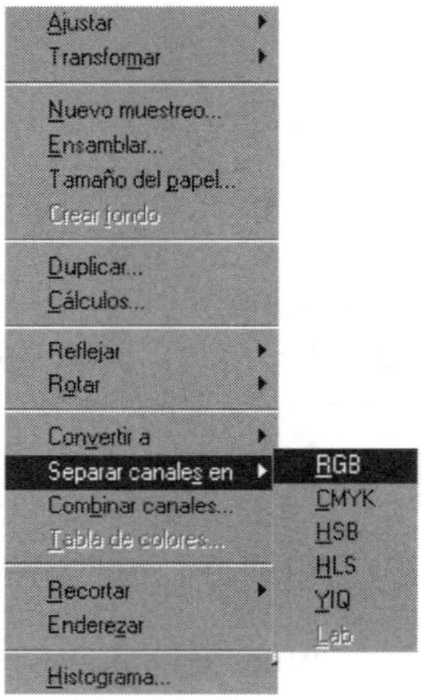

La separación de canales se realiza con la opción "Separar canales en" y eligiendo el modo de color deseado.

La opción "Tabla de colores" se activa cuando la imagen está en el modo -Paleta (8 bits)- pudiendo modificar éstos.

La opción "Histograma" nos muestra una gráfica representando el rango de valores tonales presentes en la imagen, los picos del histograma representan el número relativo de píxeles, a cualquier nivel dado.

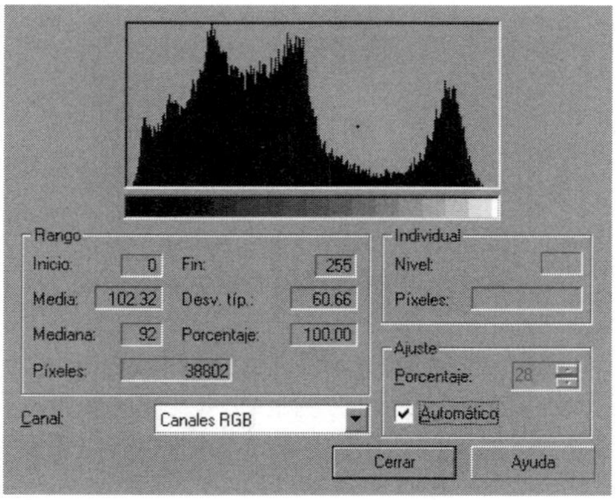

10 Creación de Películas

Creación de películas

PhotoPaint proporciona las herramientas necesarias para la realización de películas a partir del diseño de sus fotogramas. La creación y edición de las películas se basa en la edición y creación de imágenes fotográficas, por lo que todos los controles, efectos, filtros, lentes, etc., son aplicables al diseño de películas, definiéndose ésta, como la sucesión ordenada de sus diferentes fotogramas.

Para iniciar el diseño de una película, seleccionaremos la opción "Nuevo" del menú "Archivo" y al igual que en el diseño de imágenes definiremos el modo de color, el tamaño de la imagen, la resolución, y el color del papel. Una película no puede basarse en un diseño sin fondo por lo que si ésta opción está activada no podrá definirse el nuevo documento como película.

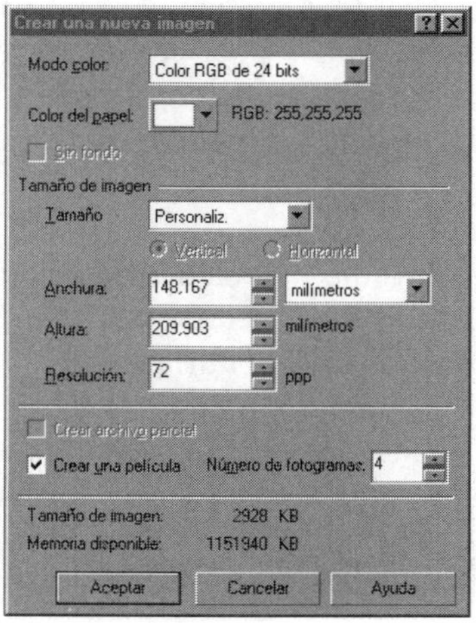

En lo relativo al modo de color, se deberá tener en cuenta la utilización final de la película ya que si está pensada para su edición en la Web el modo de color a elegir debe ser *Paleta de 8 bits* por contra si la visualización se va a realizar en una programa multimedia, ordenador, ésta podrá ser de *RGB de 24 bits*.

La resolución también tiene sus contras, la máxima aconsejable es 96 ppp ya que es la resolución de los monitores de color, aumentar ésta sólo relentizará la reproducción de la película.

La primera forma de empezar una película es seleccionando la opción "Crear una película" y definimos un número inicial de fotogramas, no es necesario que calcule cuántos fotogramas va a necesitar, ya que una vez abierto el nuevo documento usted podrá añadir todos los fotogramas que le sean necesarios, así como eliminar los sobrantes.

La segunda forma sería aprovechar una imagen existente, una vez abierta la imagen seleccionamos del menú "Película" la opción "Crear desde documento". Automáticamente la imagen se transformará en el primer fotograma de una nueva película, recuerde que antes de empezar una película de esta forma deberá modificar el modo de color de la imagen.

Cualquier objeto o imagen que vayamos a incluir en la película, deberá tener el mismo *sistema de color* que ésta, por lo cual, tendremos que hacer las modificaciones oportunas para igualar el *sistema* antes de incluirlas.

El primer paso será crear el fondo por el cual se moverán los posteriores objetos, entiéndase *actores*, este fondo se puede crear de dos formas la primera sería crearlo directamente en un fotograma de la película utilizando las herramientas de dibujo, forma, efecto, pintar, y diseminador de imágenes.

La segunda forma sería utilizar un objeto como fondo, seleccionamos el objeto deseado, lo copiamos y lo pegamos en el primer fotograma, colocamos el objeto en la situación elegida y combinamos el objeto con el fondo a través del menú "Objeto",

⇨ MENÚ OBJETO ⇨ COMBINAR ⇨ COMBINAR OBJETOS CON EL FONDO

Una vez combinado, no podrá hacer cambios en el objeto. De esta forma el objeto se repite como fondo, en todos los fotogramas que conforman la película.

Si la película la comenzó de la segunda forma explicada, deberá añadir nuevos fotogramas, para ello seleccionamos la opción "Insertar fotograma" del menú "Película".

Imagen original

Documento película

Se abrirá el cuadro de diálogo *Insertar fotogramas.*

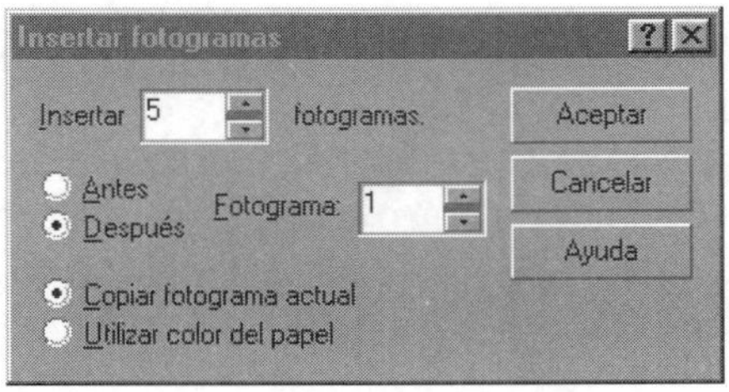

Donde seleccionaremos las opciones "Detrás" y "Copiar fotograma actual" con lo que los nuevos fotogramas compartirán el fondo del primero.

El segundo paso será incluir el primer actor. Para ello utilizaremos un objeto, éste en nuestro caso, lo crearemos a partir de una imagen, para ello primero debemos abrir la imagen, convertirla al modo de color de la película y a través de una máscara crear el primer objeto. Este objeto se basa en el archivo *Ubrnto1* que se localiza en,

⇨ CD-ROM 3 ⇨ IMAGES ⇨ CARTOONS

A la vez que abrimos este primer archivo, aprovechamos para abrir los otros dos archivos, en los que se basarán los siguientes actores. A cada objeto diferente se le denomina actor. Corel 8 al ser una aplicación basada en Windows 95, nos permite a la hora de realizar operaciones con archivos, abrir, importar, etc., el realizarlas con varios a la vez. Seleccionamos los archivos Ubronco1, Ubronco2, Ubronco3, en el cuadro de diálogo "Abrir una imagen" manteniendo la tecla control apretada y hacemos clic en abrir.

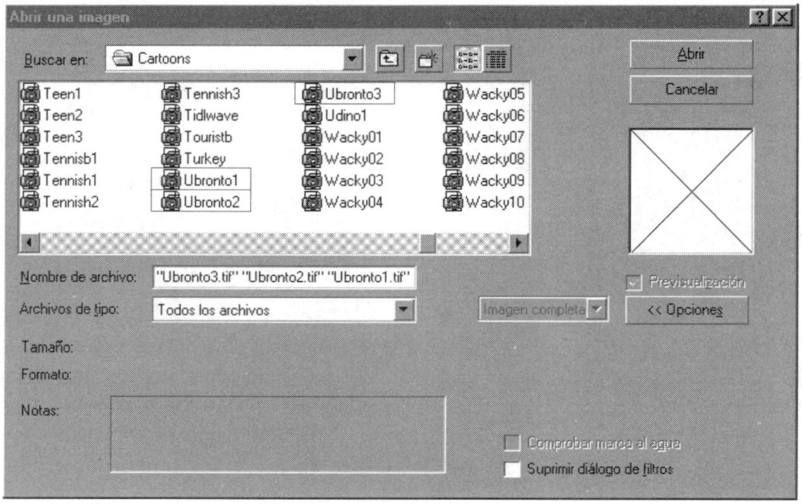

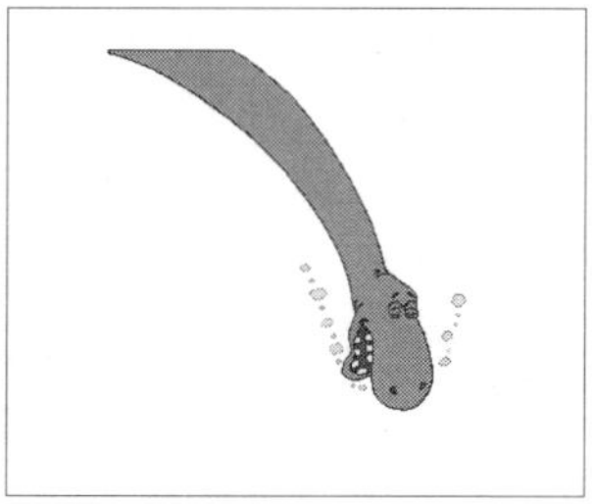

Una vez abiertas estas tres imágenes seleccionamos la primera, y con la herramienta de máscara "Varita mágica", en modo *sustractivo* y tolerancia 1 que usted podrá definir por medio de la barra de propiedades o de la persiana "Configuración de herramientas", hacemos clic en el fondo blanco y automáticamemte tendremos seleccionado el primer objeto.

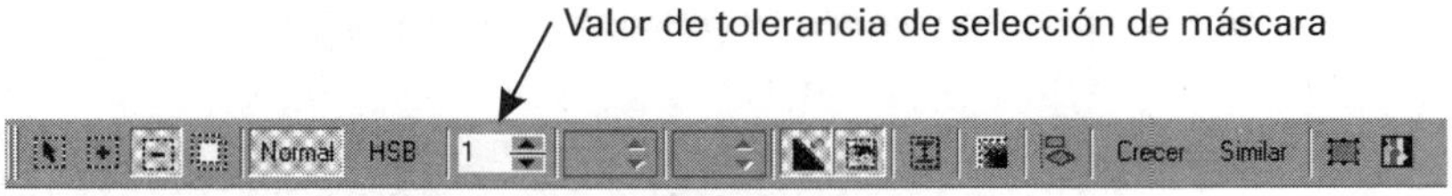

Barra de herramientas "Varita mágica"

Para convertir esta selección de máscara como objeto seguimos los pasos explicados en anteriores capítulos.

➪ MENÚ OBJETO ➪ CREAR ➪ OBJETO: COPIAR SELECCIÓN

Elegimos la opción "Objeto: copiar selección" ya que este mismo objeto lo vamos a incluir en siguientes fotogramas por lo cual si lo cortamos no podríamos volverlo a seleccionar.

Realizamos las mismas operaciones con las otras dos imágenes por lo cual ya tenemos preparados tres objetos para su inclusión en la película.

Una película se basa en la consecución ordenada de fotogramas por lo cual cuanto menor sea la diferencia entre éstos más calidad tendrá la película.

Teniendo en cuenta este razonamiento vamos a situar el primer objeto *Ubronto1* en el segundo fotograma.

Es importante que el primer fotograma quede diseñado solamente con el fondo, a forma de presentación y cumpliendo el cometido de ***Fotograma de seguridad,*** *como se verá más adelante.*

La colocación que vamos a realizar en este fotograma y en los inmediatos siguientes, creará la sensación de que nuestro actor se mueve acercando su cabeza al suelo.

Seleccionamos el objeto lo copiamos y seleccionando en el archivo película el segundo fotograma pegando el objeto en él, la selección de fotogramas se realiza desde la barra situada en la parte inferior de un archivo película.

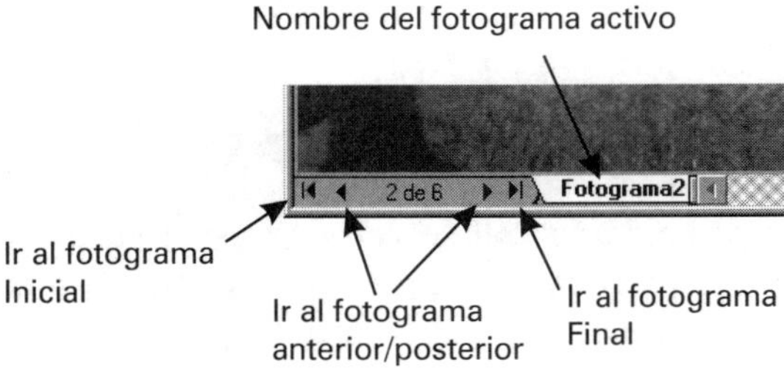

Pegado el objeto, pasamos a colocarlo en su posición definitiva, lo giramos levemente y lo situamos en la esquina superior izquierda.

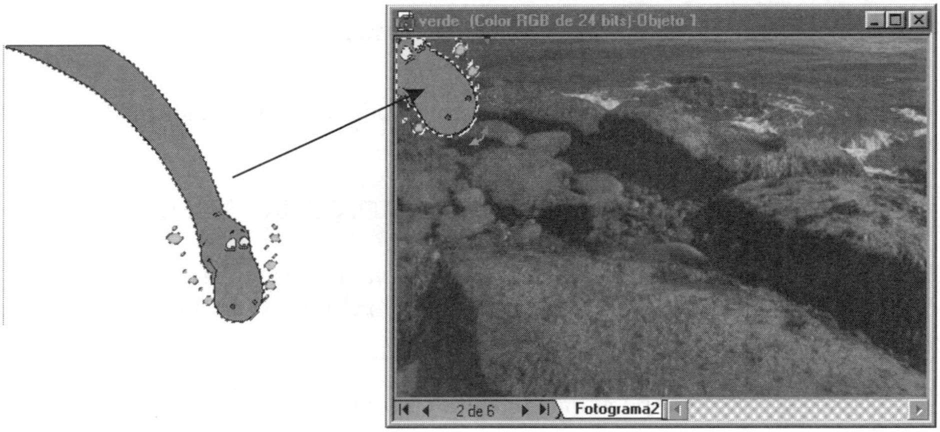

Colocado el objeto en la posición deseada lo *combinamos* con el fondo, una vez combinado no podrá modificar el objeto, si usted no combina el objeto con el fondo de un determinado fotograma, éste aparecerá en todos los fotogramas, una vez combinado sólo se mostrará en él este fotograma.

Seleccionamos el siguiente fotograma, nº 3, e incluimos el mismo actor que en el fotograma anterior, modificando su situación con respecto a éste.

A la hora de colocar este objeto en relación con el fotograma anterior, podemos activar la opción, "Solapar fotograma" del menú "Película", se abrirá el cuadro de diálogo "*Superposición de fotogramas*" donde podemos elegir ver solapadamente el fotograma anterior o posterior al que tenemos activo en el archivo.

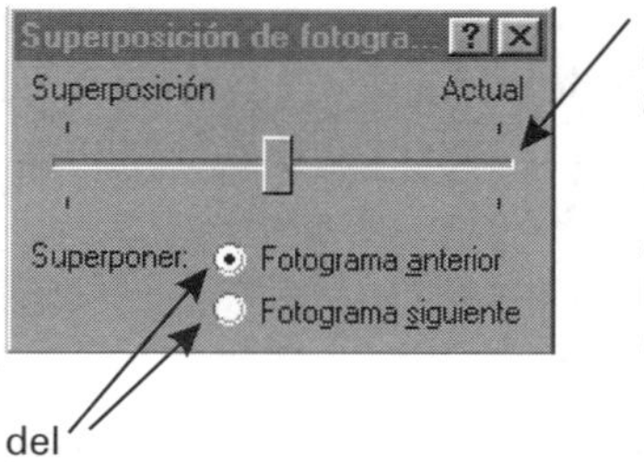

Moviendo la barra de visionado, se hace un cambio en la *transparencia* de los fotogramas.

Desplazándola hacia *Superposición* se visualizará el fotograma anterior/posterior. Desplazándola hacia *Actual* se visualizará el fotograma activo.

Elección del fotograma a solapar

Con la barra visionado en su posición central se ven en trasparencia el fotograma actual y el fotograma elegido. Aprovechando esta referencia no nos será difícil situar el objeto para crear la sensación de avance, movimiento, del actor.

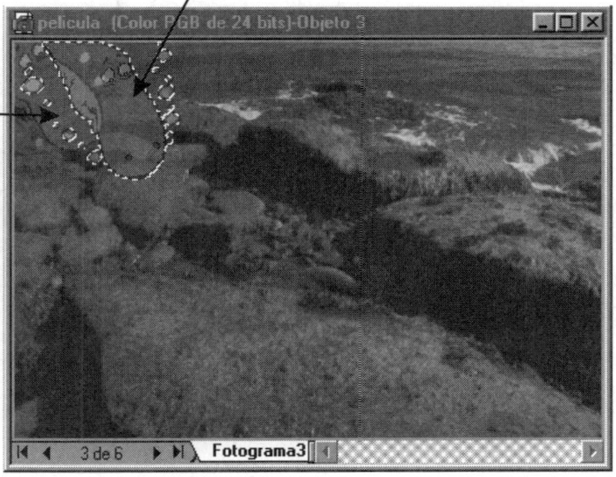

Una vez colocado en su sitio exacto el objeto del fotograma nº 3 hacemos clic en cerrar el cuadro de diálogo "*Superposición de fotogramas*" desapareciendo así la referencia al fotograma anterior. Combinamos el objeto con el fondo y ya tenemos terminado el tercer fotograma.

Repetimos estos pasos todas las veces que creamos necesarias para que el actor *Ubronto1* se sitúe en la posición en la que aparecerá el segundo actor *Ubronto2*. El número de fotogramas necesarios para crear esta ilusión dependerá de la separación que quiera dar cada uno, a este objeto, a lo largo de los fotogramas.

Cuando queramos incluir los actores siguientes procederemos de la misma manera que en estos fotogramas explicados incluyendo el nuevo objeto en la misma posición que ocupaba el objeto del fotograma anterior, buscando así el efecto de cambio de mueca.

Si necesitásemos incluir nuevos fotogramas, tendrá que tener en cuenta, que para mantener el mismo fondo que en los fotogramas precedentes se tiene que basar en uno de éstos.

Si usted ha modificado todos los fotogramas incluyéndoles actores u objetos, los nuevos fotogramas reproducirán, el fotograma activo que estará modificado, sin posibilidad de corrección. Para subsanar este posible problema tiene usted dos caminos.

El primero es la previsión de que le van hacer falta más fotogramas, con lo cual antes de hacer cambios en el último fotograma y teniendo éste activo, incluir los nuevos, si usted por cualquier causa no ha tenido en cuenta esta previsión, podría utilizar el segundo camino. Éste sería situarse en el primer fotograma (***Fotograma de seguridad***) al cual no se le hicieron modificaciones y una vez activo éste, tomarlo como modelo para la inclusión de nuevos fotogramas.

En el cuadro de diálogo "Insertar fotograma" deberá especificar:

1- El número de nuevos fotogramas que desea incluir.
2- El número del fotograma, a partir del cual desea la inclusión.
3- Copiar fotograma actual, en este caso el primer fotograma, (*Fotograma de seguridad).*

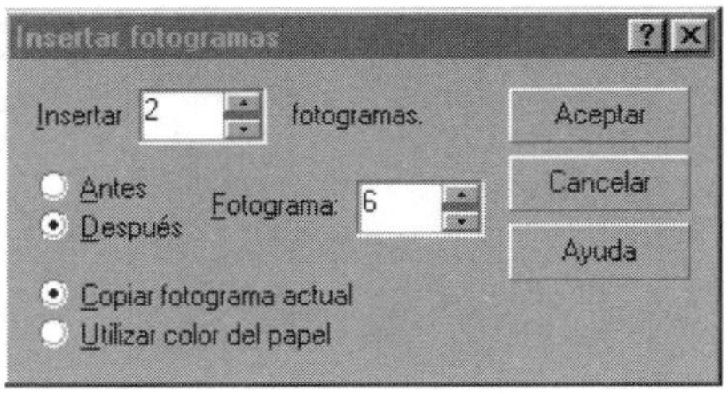

La secuencia de fotogramas de la película terminada, podría ser la siguiente:

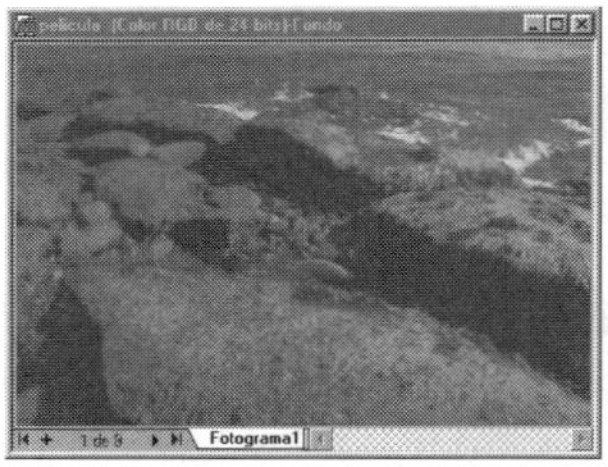
Fotograma nº 1

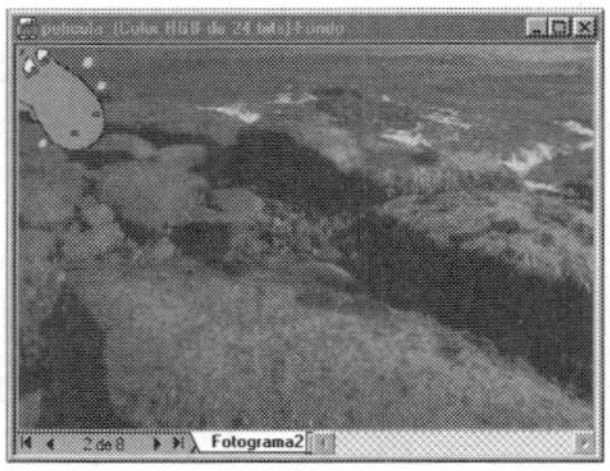
Fotograma nº 2

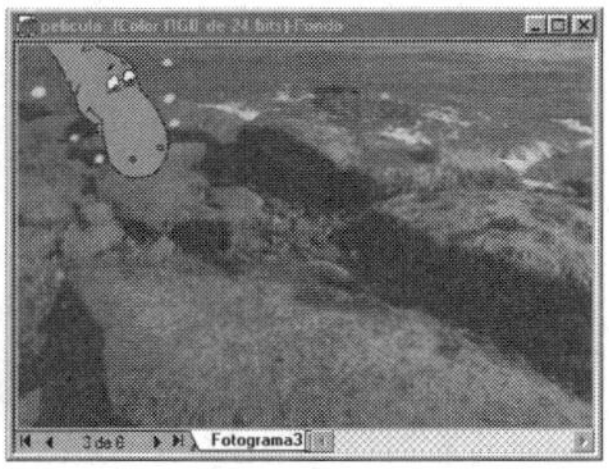
Fotograma nº 3

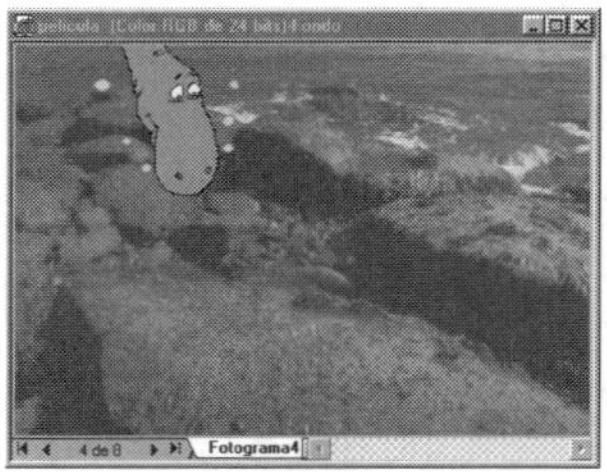
Fotograma nº 4

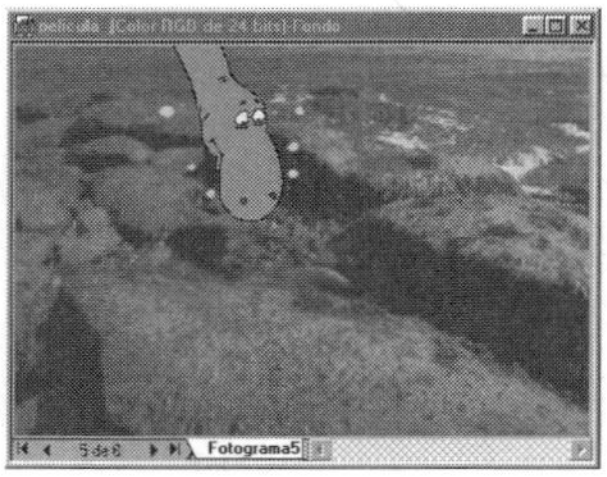
Fotograma nº 5

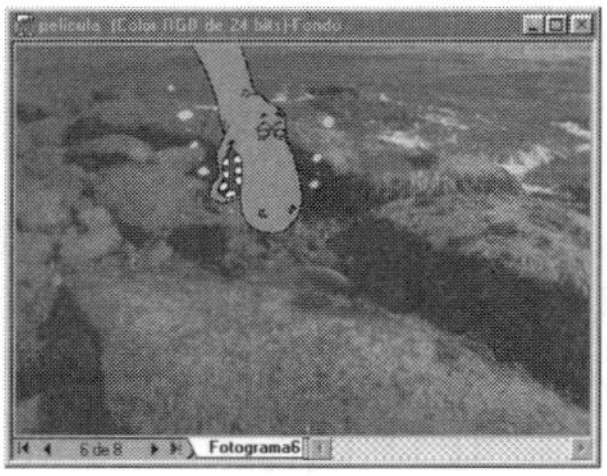
Fotograma nº 6

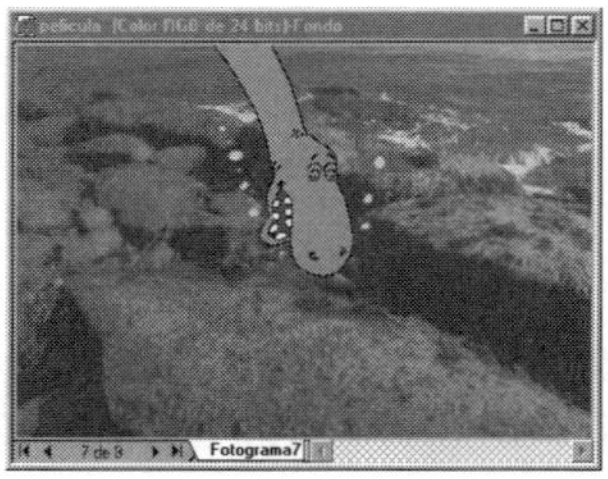
Fotograma nº 7

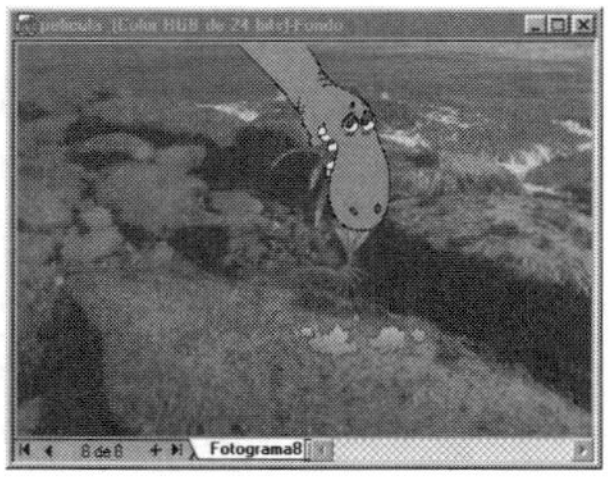
Fotograma nº 8

Otra de la posibilidades de aplicación de las películas es su inclusión en la WWW, vamos a diseñar una para este menester. La película estará destinada como reclamo para el contacto vía *e-mail* dentro de una página Web.

El primer paso será diseñar el documento-película que contendrá la animación. El factor más importante de este documento es que el modo de color debe ser de "Paleta de 8 bits" que es el utilizado en las páginas Web.

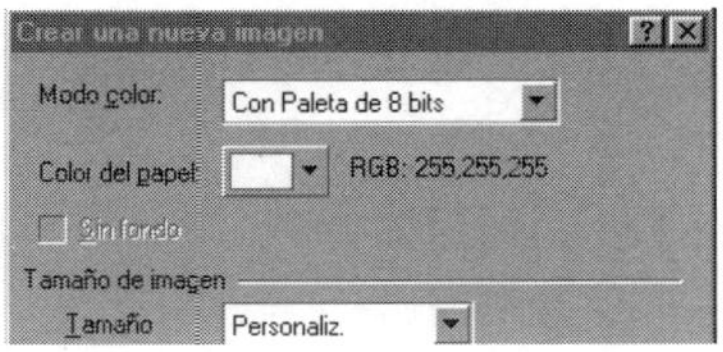

Al hacer clic en el botón aceptar se abre el cuadro de diálogo "Tabla de colores" donde seleccionaremos, en el menú paleta una de las opciones que se basen en el sistema de color RGB, Corel trae por defecto preparadas para su uso paletas de colores específicas para diseño de documentos Web, estas paletas son:

- Microsoft ® Internet Explorer
- Netscape Navigator ™

Cualquiera de las dos están perfectamente indicadas para el diseño en internet, nosotros elegiremos la primera, pero no hay ninguna preferencia en ello.

Los objetos que vamos a incluir en la película los crearemos primeramente en la aplicación CorelDraw, y más tarde los importaremos desde PhotoPaint para su inclusión.

Abrimos CorelDaw, el primer paso y valga como precaución para posibles y molestas futuras conversiones, es adecuar la paleta de colores a la anteriormente seleccionada a la hora de crear el nuevo documento-película. Este cambio se realiza por medio del menú ver,

⇨ MENÚ VER ⇨PALETA DE COLORES ⇨ MICROSOT ® INTERNET EXPLORER

Activada la paleta, comenzamos el diseño de los distintos objetos, para ello creamos un texto que contenga el símbolo universal del *e-mail*, la arroba (@).

Utilizando un tipo de letra que defina un trazo ancho, por ejemplo la **Arial Black** y la asignamos un relleno degradado lineal basado en tonos rojos vivos.

Creamos un segundo objeto que tendrá apariencia de esfera. Dibujamos una circunferencia y la asignamos un relleno degradado radial basado en tonos azules con el centro desplazado a la zona superior.

Lo que perseguimos al diseñar estos dos objetos es que la *arroba* se convierta en *esfera* y viceversa. Por lo que a partir de estos objetos tendremos que hacer variaciones en los mismos creando objetos intermedios e inclusión de nuevos objetos a la hora de su montaje en la película. Todo ello acompañado de la sensación de giro continuo.

Para preparar los subobjetos que conformarán el movimiento de la arroba duplicamos ésta para mantener intacta una muestra base y la desplazamos unos 100 mm horizontalmente activando a continuación la opción "Extruir texto" del menú "Texto".

Se abrirá la pantalla *Texto 3D,* en esta aplicación el primer paso a dar sería dotar al objeto de luz exterior, para ello seleccionamos el icono "Punto de luz" 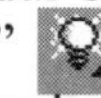 de la barra de herramientas, se activa el cuadro de diálogo punto de luz en el cual, definimos la situación de este, el color de la luz (blanco), y la intensidad del brillo (90).

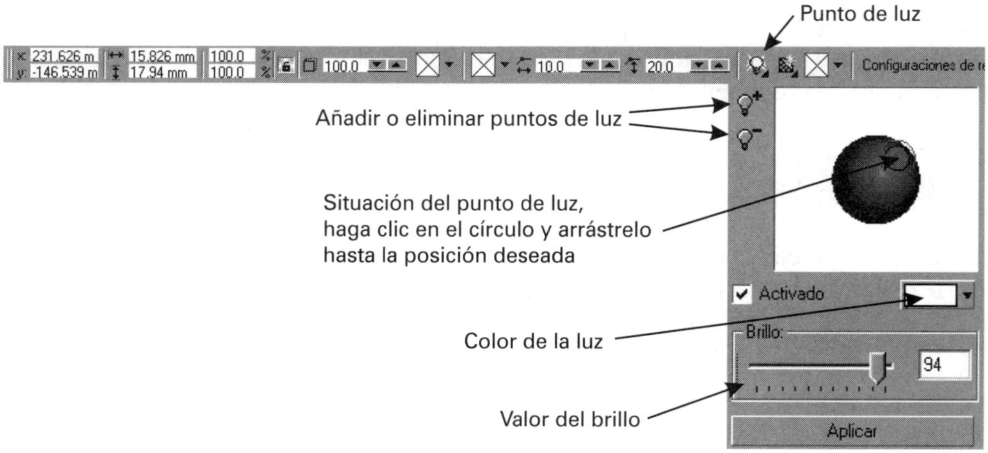

Si no le definimos un punto de luz, al hacer girar el objeto en los siguientes pasos, éste mostraría siempre el mismo relleno. Al añadirle el punto de luz, con tan sólo el giro, el aspecto del objeto cambia según su posición respecto a éste.

Aplicamos tecleando "Enter". Seguidamente hacemos clic durante unos segundos encima del icono de la herramienta "Desplazamiento de cámara"  y en el submenú de herramientas que se abre, seleccionamos "Rotación de cámara"  , y en las características de la barra de herramientas elegimos "Giro Z de cámara" con un valor de giro = (-90).

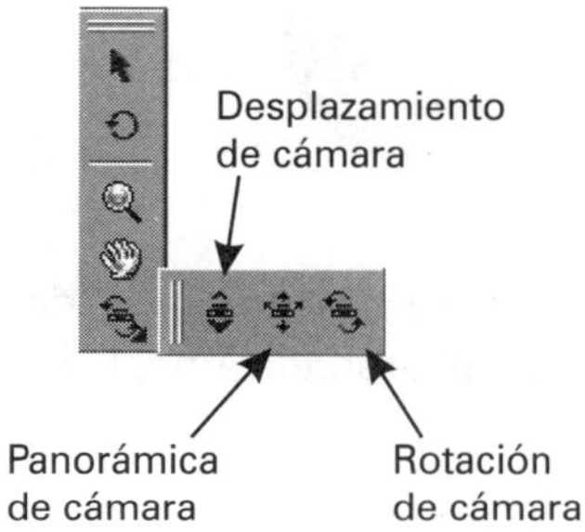

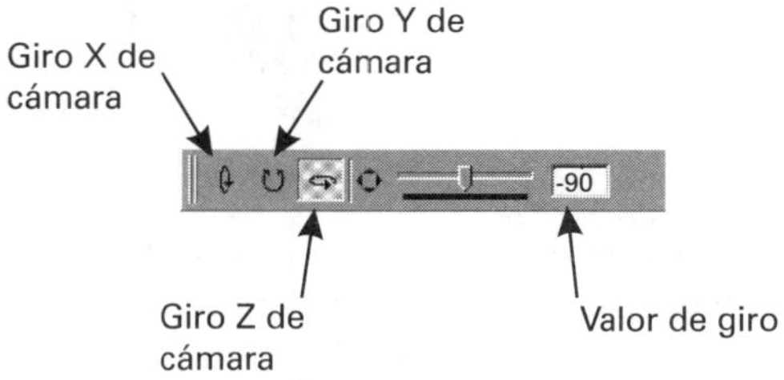

Esto hará que el texto extruido se muestre de perfil, siendo este el primer objeto de nueve, que compondrán el giro de la *Arroba,* los siguientes objetos de este movimiento se realizan de la misma manera que el explicado, pero variando el valor de giro en pasos de 10 en 10 grados.

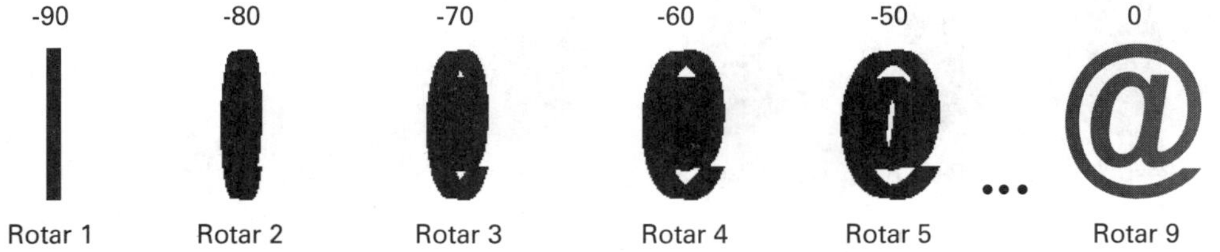

La segunda preparación será la concerniente a la esfera. Para simular el giro de la esfera procedemos de la siguiente manera. Copiamos la esfera original, dejando ésta como objeto de seguridad, a las sucesivas copias les vamos a dibujar una circunferencia delante que una vez vista en sucesión nos dé el aspecto de giro.

Veamos una muestra con las tres primeras, duplicamos la esfera, la convertimos a curvas para modificar sus nodos, y la aplicamos un relleno uniforme negro.

Paso 1

Paso 2

Paso 3

Repetimos esta secuencia hasta que la sombra negra cubra el 50 % de la esfera, donde comenzaremos a variar el relleno de la sombra, hacia un degradado lineal de dos colores, de negro a blanco.

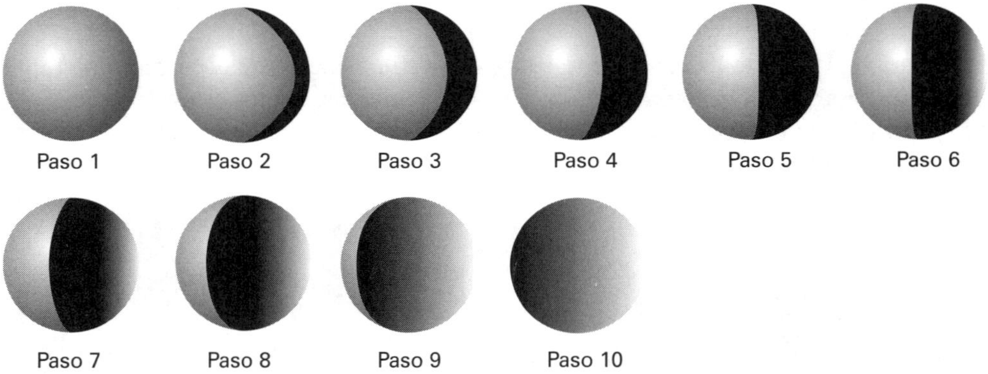

En el *Paso 5* empezará a rotar la arroba, colocamos delante del grupo *circunferencia* y *sombra* el objeto *Rotar 1* y en los pasos sucesivos los siguientes objetos *Rotar* colocados en orden, con lo que el objeto *Rotar 9* debe coincidir con el objeto *Paso 13.*

En el momento en que la circunferencia *sombra* ocupe el 100% de la esfera comenzamos a variar el relleno de ésta a un degradado lineal de tres colores, negro-blanco-negro, modificando la situación de los colores.

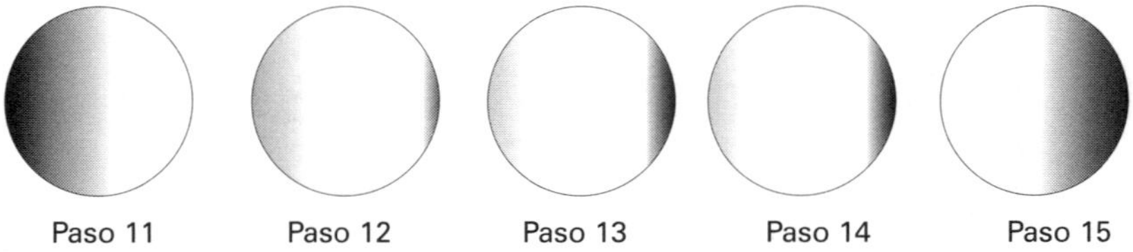

El *Paso 14*, como puede apreciarse en la figura anterior, es un duplicado del *Paso 13*, ya que a partir de este paso y una vez terminado el efecto giro de la arroba, comenzará ésta a variar en tamaño, reduciéndose en cada *paso* un 20% su tamaño. Durando esta disminución hasta el *Paso 23* donde desaparecerá, cuadrando en los pasos anteriores la arroba con la forma de la sombra.

A su vez el grupo esfera sombra, a partir del *Paso 16*, empieza a variar en tamaño horizontal el objeto sombra, continuando con la variación del degradado hasta llegar al negro, más o menos en el *Paso 20*.

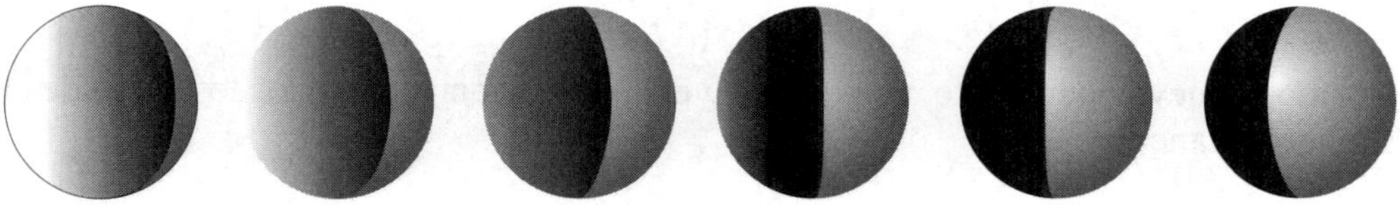

Paso 16 Paso 17 Paso 18 Paso 19 Paso 20 Paso 21

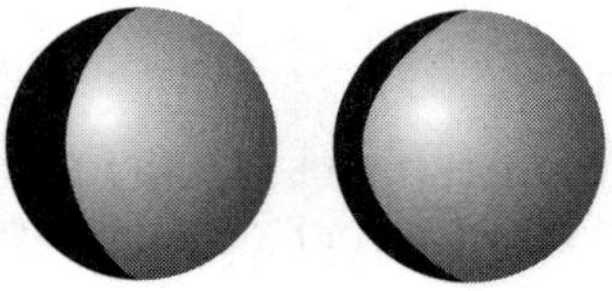

Paso 22 Paso 23

Una vez realizados todos los montajes de la arroba en sus *pasos* determinados, agrupamos cada paso por separado y los vamos exportando uno a uno como cualquier tipo de archivo, siempre que soporte el modo de color, "Paleta de 8 bits" por ejemplo TIF, JPG, GIF...

Exportados cada uno de los pasos que conforman el diseño de movimiento en orden creciente, *Paso 1*, *Paso 2*, *Paso 3*...

Activamos la aplicación Corel PhotoPaint, donde vamos a continuar con el diseño y montaje de la película.

Aunque ya habíamos creado un archivo "película" vamos a diseñar otro archivo "película" basándonos, como primer fotograma, en el *Paso 1*, primer archivo exportado. Para ello abrimos este archivo, una vez abierto y a través del menú "Película" seleccionamos la opción, "Crear desde documento", automáticamente el archivo anterior se convierte en un documento del tipo película formado por un fotograma.

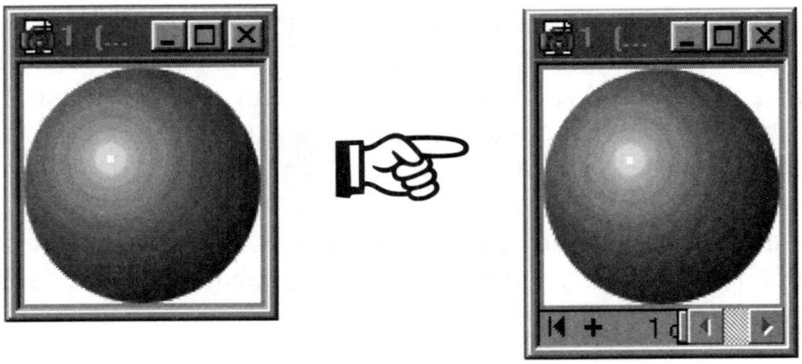

Creado el nuevo documento, vamos incluyendo ordenadamente todos los pasos de la siguiente manera.

Seleccionamos la opción "*Insertar desde archivo*" del menú "Película" se abrirá el cuadro de diálogo *Insertar una película desde disco* donde seleccionaremos el archivo correspondiente al *Paso 2*, haciendo clic en "Abrir".

Se activará el cuadro de diálogo *Insertar archivo* donde seleccionaremos el lugar que le corresponde, hacemos clic en "Aceptar" y ya tenemos insertado el segundo fotograma.

Repetimos este paso con todos los archivos exportados y tendremos completa la película.

Los diferentes fotogramas pudieran ser éstos:

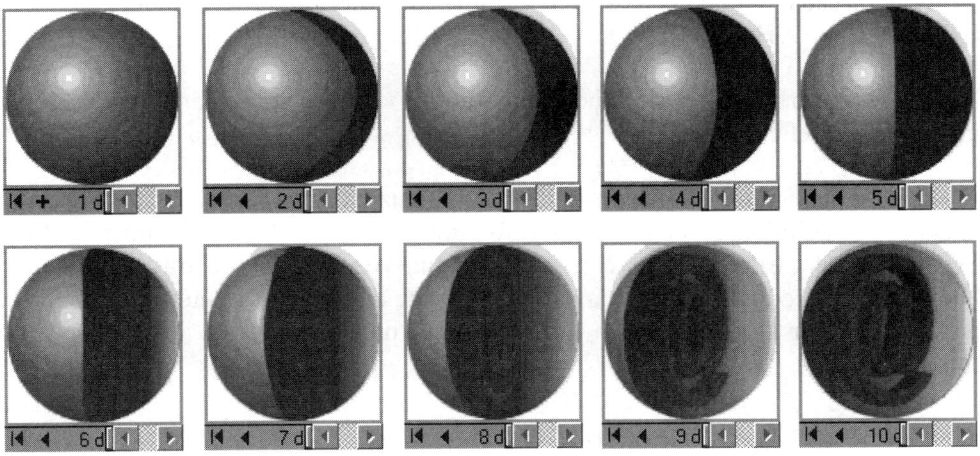

Si por cualquier circunstancia quisiese, cambiar el orden de los fotogramas o borrar alguno de ellos, esto se puede realizar a través de las opciones "Mover fotograma" y "Eliminar fotograma" del menú "Película".

Control de Visionado

Una vez realizada una película usted dispone de herramientas, a modo de reproductor multimedia, para el visionado de la misma. Este reproductor se activa por medio de la opción "Control" del menú "Película".

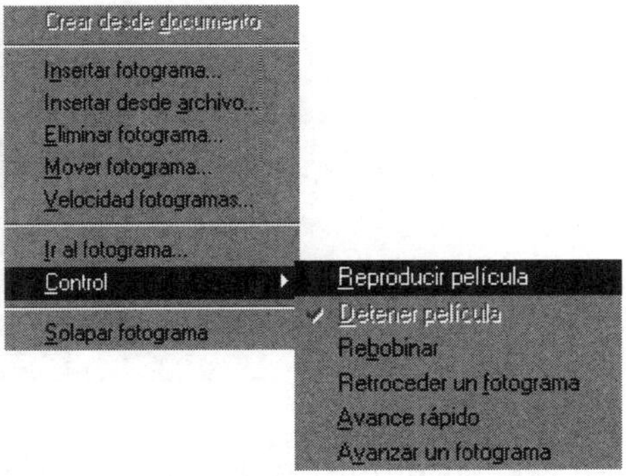

Guardar y Abrir Películas

A la hora de guardar una película se procederá como si se tratase de un archivo normal de Corel PhotoPaint, pero con la extensión AVI, extensión relativa a los archivos de vídeo de Windows.

Si como en el diseño anterior la película está creada con la intención de su inclusión en la WWW el formato de archivo que debe usted seleccionar a la hora de guardar el archivo es "GIF Animation (GIF)". Al hacer clic en guardar se abrirá el cuadro de diálogo "Opciones de animación GIF89" donde podremos definir diferentes opciones de visionado.

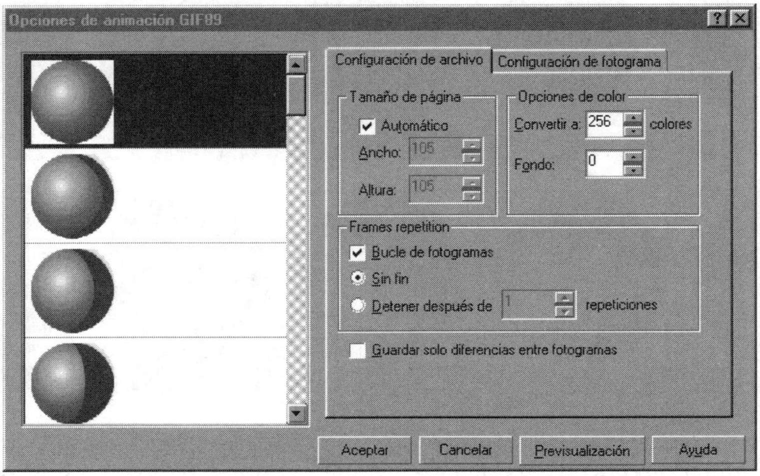

A la hora de abrir un archivo-película seleccionaremos la extensión del archivo, seleccionando a continuación el archivo deseado. PhotoPaint nos mostrará el archivo a través del cuadro "Cargar rango de película".

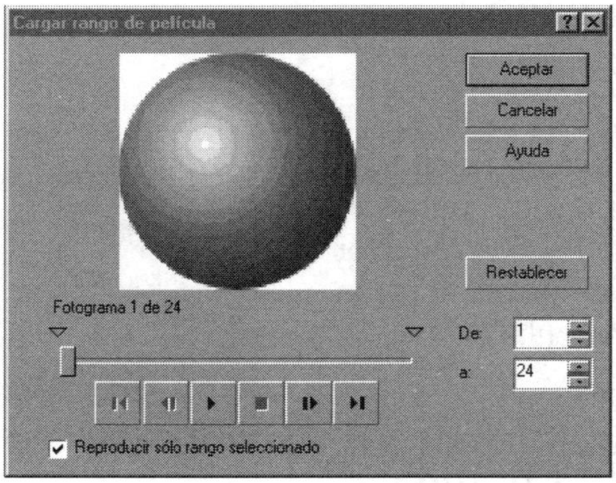

En este cuadro usted podrá ver, un primer visionado de la película, así como sus diferentes fotogramas uno a uno. Haciendo clic en aceptar se abrirá un documento normal de formato película, donde podrá recolocar, eliminar y añadir fotogramas.

También podrá variar la velocidad de visionado, tanto de la película completa como de fotogramas en particular. Es decir, variar el tiempo que un fotograma está visible antes de dar paso al siguiente.

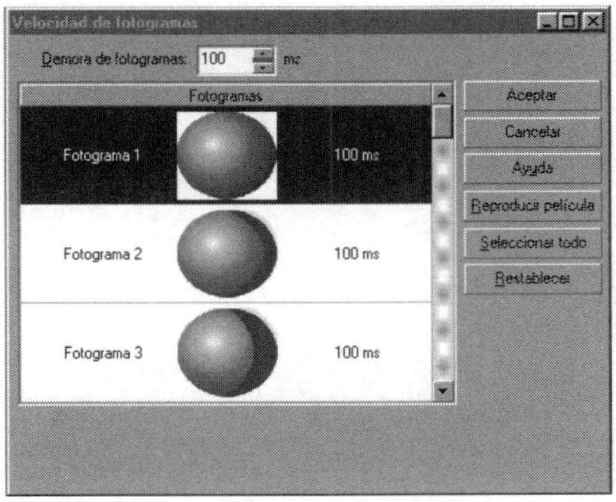

Esta opción viene muy bien en el caso de que usted quiera relentizar el visionado de una parte específica de la película en vez de duplicar sus fotogramas. Esta tarea se realiza por medio de la opción "Velocidad de fotogramas" del menú "Película".

11 Acotación

Dibujo Técnico

A la hora de realizar dibujos técnicos encontramos a CorelDraw 8 como un aliado excepcional, gracias a sus variadas herramientas y a sus ayudas en página, como pueden ser las guías, la cuadrícula, o las funciones de encajar en objeto, en cuadrícula y en guía.

Pero, independientemente de estas funciones, una de las que más trabajo ahorra a la hora de realizar dibujo técnico es sin duda su sistema de acotación, basado en la medición en tiempo real, por su versatilidad y su aplicación dinámica.

Vamos a realizar un dibujo técnico consistente en las vistas acotadas de una pieza de una máquina. El primer paso es activar y especificar la cuadrícula en la que nos basaremos. Hacemos **clic** en las "Reglas" y abrimos la opción "*Configuración de cuadrícula*". Activamos las opciones, "*Mostrar cuadrícula*", "*Encajar en cuadrícula*", "*Encajar en objeto*". También definimos la frecuencia de la cuadrícula con un valor múltiplo de 5 por ejemplo 0,5 mm y aceptamos.

CorelDraw nos permite variar la escala de acotación del dibujo, caso del diseño de arquitectura, diseños industriales relativamente grandes, etc.

Este cambio se realiza a través de "Configuración de regla" que podemos abrir, al igual que la opción anterior, haciendo **clic** en las reglas.

Seleccionando el botón "Editar escala" podemos variar la misma, CorelDraw incluye una gran diversidad de escalas tipo, a las que se le pueden añadir cualquier otra por medio de personalizar. Además, en la cuadro principal podrá variar las unidades en las que se basan las reglas, sus divisiones, el origen o su desactivado.

La escala utilizada en nuestro diseño es de 1:1 ya que el tamaño de la pieza no precisa una escala mayor.

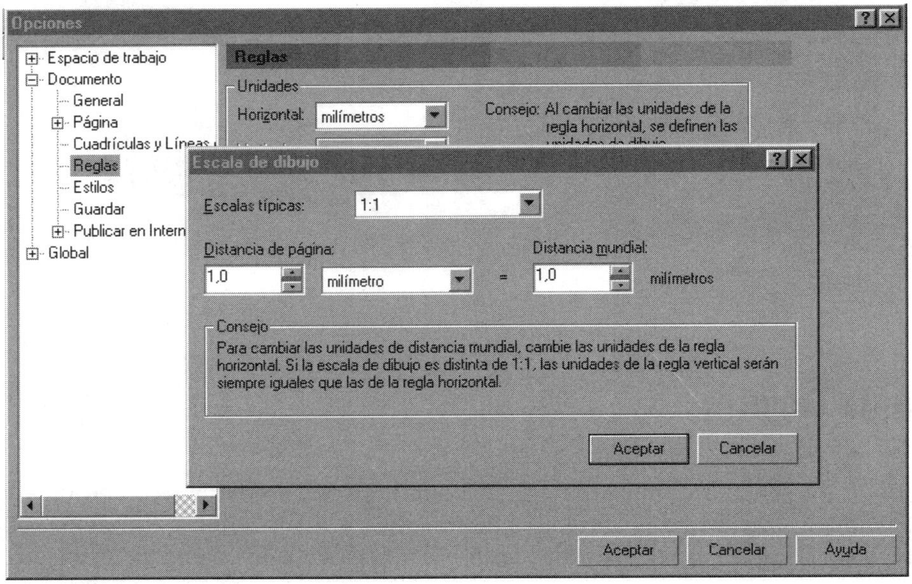

Realizamos las vistas de la pieza utilizando las ya conocidas herramientas de dibujo, basándonos en la cuadrícula tanto para situar los diferentes objetos como para el dimensionamiento de los mismos.

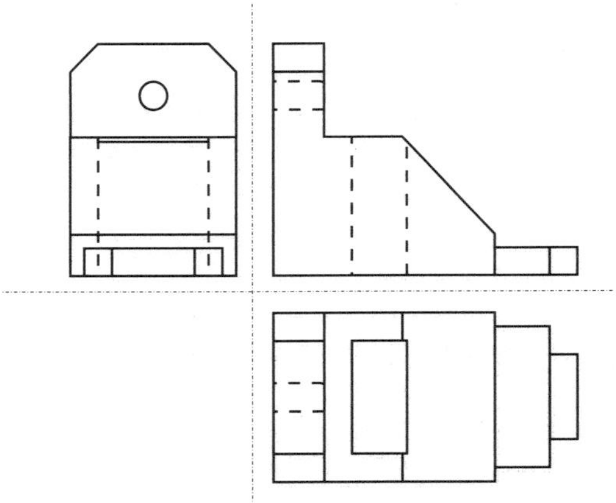

Realizado el dibujo pasamos a la tarea de dimensionarlo a través de la herramienta "Cotas"  . Esta herramientas que se localiza en la caja de herramientas se divide a su vez en seis formas de utilización.

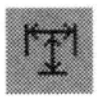 Cota automática. Esta herramienta crea por igual cotas horizontales, verticales e inclinadas. Mantenga la tecla "Tab" presionada para irla cambiando los diferentes tipos.

 Cota vertical. Dibuja cotas verticales el objeto. No se vincula al objeto

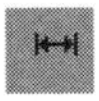 Cota horizontal. Dibuja cotas horizontales. No se vincula al objeto

 Cota modificada. Dibuja cotas de cualquier tipo vinculándolas al objeto

 Cota angular. Dibuja cotas de dimensionamiento de ángulos.

Aparte de las cotas normales de dimensión CorelDraw proporciona dos herramientas una para la clasificación o acotación de *Círculos* y otra para la unión física de objetos.

 *Línea de nota*. Esta herramienta está indicada para la clasificación *in situ* de piezas así como para notas especiales, signos de mecanizado, conocidad, etc. A su vez se puede usar para la acotación de diámetros o radios especiales.

 *Línea de Conexión*. Esta línea crea un vínculo entre dos objetos, aunque se modifique la situación de un objeto vinculado con una línea de conexión ésta seguirá uniendo los objetos vinculados, modificándose para ello. Si una línea de conexión sólo está vinculada a un objeto, el otro extremo se vincula automáticamente a la página.

Antes de empezar a acotar los diferentes objetos del dibujo, debemos definir las características de la herramienta "Cotas".

Si desea que los cambios que haga usted queden como defecto para próximos dibujos, éstos los debe realizar en la pantalla opciones con lo que personalizará la aplicación.

Si los cambios que va a realizar son sólo para el dibujo actual estos cambios puede efectuarlos a través de la barra de herramientas, siempre que tenga activada la opción "Dinámico", o en la persiana "Cotas" que podrá abrir a través del menú ver.

El tipo de letra y el cuerpo de las leyendas de cota viene definido por el tipo de texto artístico que tenga seleccionado por defecto. La colocación de éste con referencia a la línea de leyenda se define a través del icono, a la derecha del todo de la barra de herramientas, "Posición del desplegable del texto" , siendo sus opciones las siguientes:

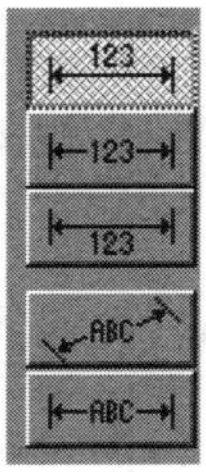

Definidas estas características comenzamos a aplicar la acotación. La forma de aplicar una cota a un objeto es la siguiente:

1º - Haga clic encima del objeto en el punto que quiera que empiece la cota.
2º - Un segundo clic en el segundo punto a dimensionar, la cota ya está dimensionada.
3º - Mueva el ratón alejándose del objeto para situar la línea de leyenda, aparecerá un recuadro que simula la leyenda, moviendo el cursor a lo largo de la línea de leyenda sitúe el recuadro y haga clic, situándose la cota y apareciendo el texto dimensionador.

Si desea eliminar una cota seleccione el texto de ésta y bórrelo, la cota desaparecerá al unísono.

En lo tocante a dimensionar objetos en perspectiva la tónica sería la misma pero aplicando cotas angulares.

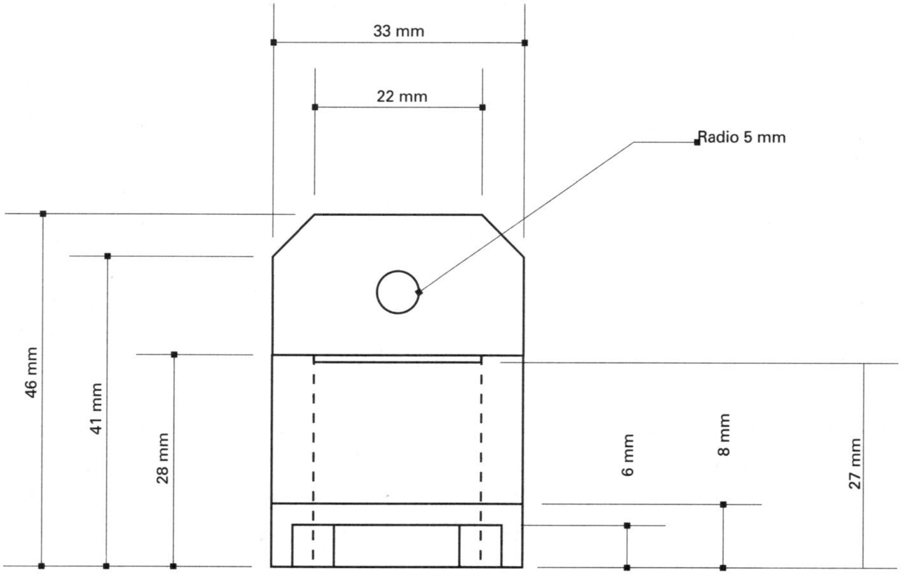

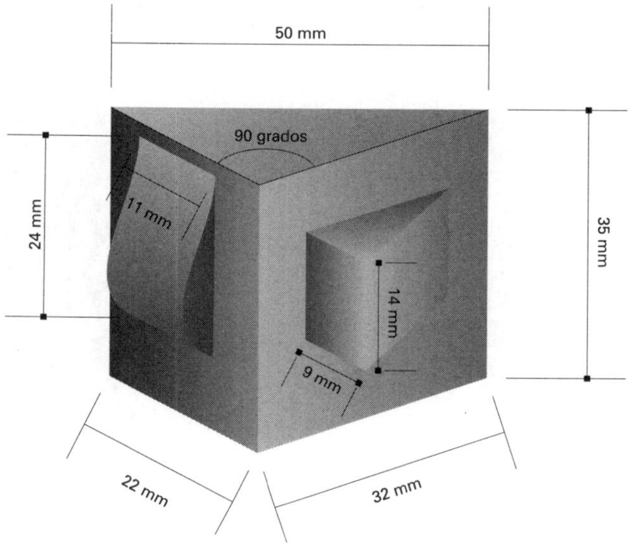

Si por alguna razón el texto de la cota quedase muy alejado o simplemente quisiera cambiar su ubicación, podrá hacerlo seleccionando la cota en cuestión y activando la opción "Separar" del menú "Organizar", pudiendo seleccionar de esta forma solamente el texto situándolo en el lugar elegido.

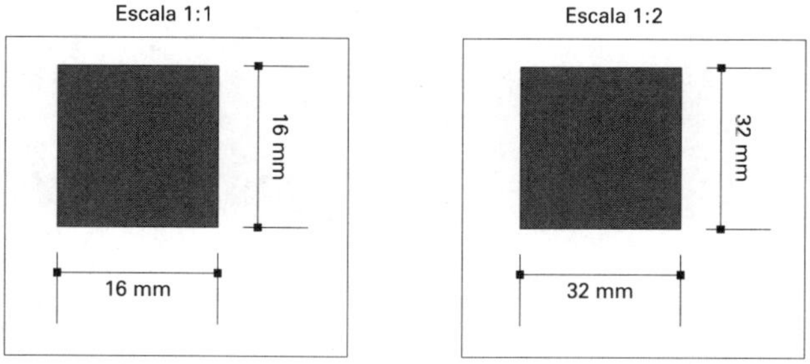

La acotación en un dibujo al que se le ha definido una escala, es automática, dimensionándose las cotas con los valores reales.

12 Efectos Metálicos

La simulación de la característica metálica en los objetos está basada en la conjunción de rellenos y efectos visuales tridimensionales. Esta conjunción vendrá dada unas veces por el contraste entre rellenos, otras veces por la aplicación de formas 3D y otras por la mezcla de las dos. Los efectos metálicos más comunes son los metales preciosos, oro, plata, metales de aleación, acero, bronce, o metales cromados.

En los siguientes ejemplos veremos simulaciones de cada uno de estos casos. Por supuesto no son estas las únicas formulas de convertir visualmente un objeto en metálico, veanse como una iniciación para la consecución de su formula perfecta.

El primero que vamos a ver es el efecto oro, para recrear un efecto oro nos debemos basar en degradados que contengan la gama del amarillo al ocre, estos degradados pueden estar basados en uno o varios brillos. La tabla de colores está basada en el sistema de color CMYK, siendo el color 1 el primero por la izquierda.

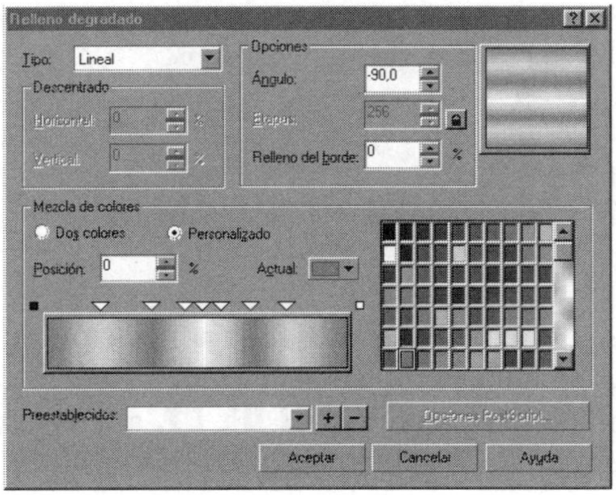

	C	M	Y	K
1	0	20	60	20
2	0	0	100	0
3	0	20	60	20
4	0	0	100	0
5	0	0	0	0
6	0	0	100	0
7	0	20	60	20
8	0	0	100	0
9	0	20	60	20

Este relleno degradado aplicado por sí sólo ya da muestras de efecto metálico, oro, pero si lo conjugamos con otro relleno en contraste con el primero el efecto se acentuará. Para realizar un relleno en contraste con el anteriormente definido, lo variaremos de la siguiente forma: cambiaremos algunas zonas claras por oscuras dando al relleno un aspecto de oro viejo.

Antes de definir este relleno creamos, por ejemplo, un texto al que aplicaremos el primer relleno y le realizaremos una silueta con las características siguientes.

Texto: Cuerpo 66, Tipo **PosterBodoni BT**
Silueta: Fuera, Separar 1, Etapas 1

Separamos la silueta del texto original, menú "Organizar", "Separar" y editamos el relleno del objeto silueta modificando sus colores pero sin modificar la situación de éstos.

La modificación del relleno es la siguiente:

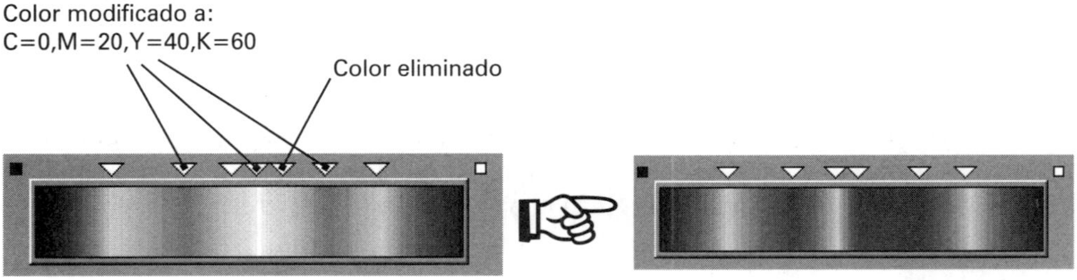

Aspecto final

Para realizar un efecto metálico plata nos tenemos que basar en la utilización de degradados grises siendo las zonas claras, blanco puro. Tomando como texto el utilizado anteriormente, le variamos el tipo de letra a un **Kabel Ult BT,** al cual le vamos a definir un relleno degradado con esta condición.

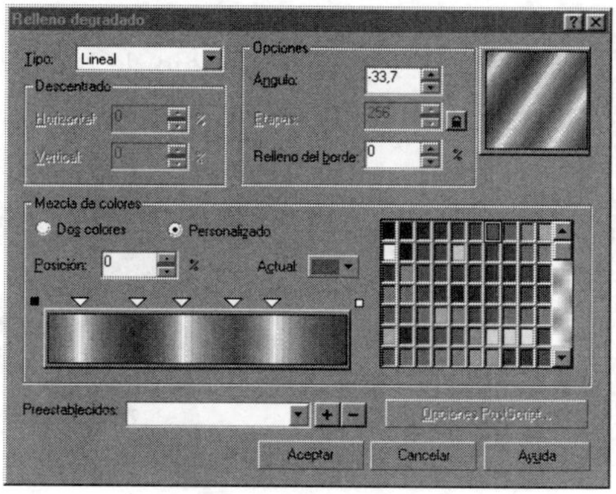

	K
1	40%
2	0%
3	60%
4	O%
5	40%
6	0%
7	60%

Aspecto inicial

En este caso vamos aplicarle un efecto de extrusión. Donde el punto de fuga será de H=0 y V=0, y un bisel de valores; profundidad 0,673, ángulo 44,1. Con lo que no tendrá volumen, pero sí un perfil en forma de bisel.

Como se puede comprobar, el bisel toma su relleno del objeto principal, con lo que los brillos de éste son exagerados. Para corregir esto seleccionamos el bisel y lo separamos del texto aplicándole el mismo degradado que al texto pero con un ángulo menor -85º.

Y para darle uniformidad lo desagrupamos y acto seguido lo combinamos.

Aspecto final

El efecto acero se basa al igual que el efecto plata en los degradados de grises, pero con menos pasos y más definidos. Creamos un objeto por medio de la herramienta polígono estrellado.

Lo duplicamos y le aplicamos una reducción del 25 %, a los dos polígonos les aplicamos un efecto silueta de una etapa, y separamos ambos conjuntos.

Los rellenos que vamos a aplicar son de dos tipos, el primero será el simulador de acero, el segundo simulará los brillos de los bordes.

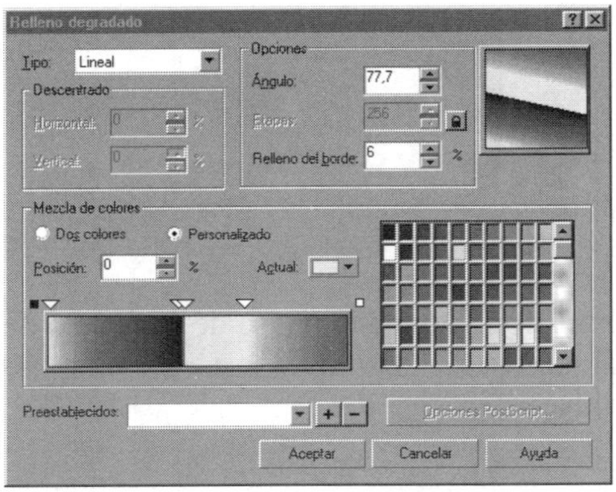

	K
1	0%
2	0%
3	100%
4	0%
5	0%
6	50%

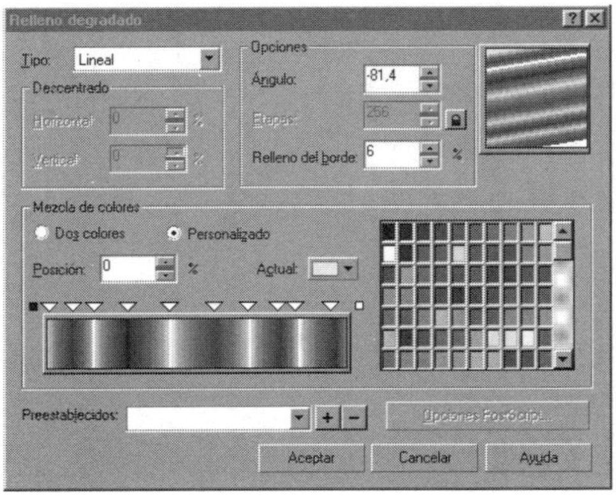

	K
1	5%
2	5%
3	80%
4	0%
5	90%
6	0%
7	70%
8	0%
9	80%
10	0%
11	80%
12	0%

El efecto bronce se basa en la gama de los ocres, siendo sus degradados más simples que los anteriores.

Para ello nos servimos del último texto creado, al cual una vez aplicado el degradado le vamos a definir una extrusión con bisel y puntos de luz.

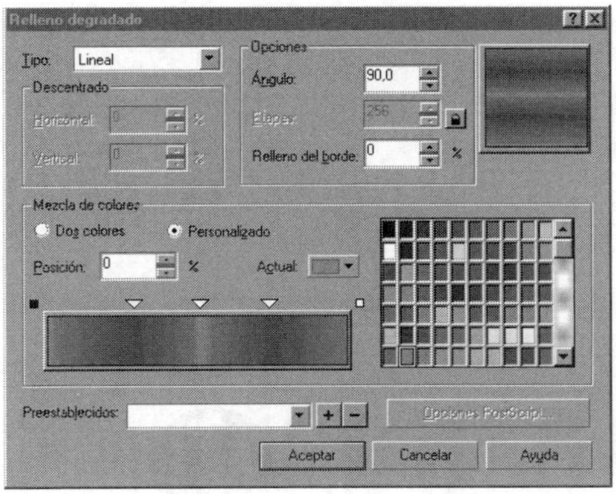

	C	M	Y	K
1	0	20	60	20
2	0	20	40	60
3	0	20	60	20
4	0	20	40	60
5	0	20	60	20

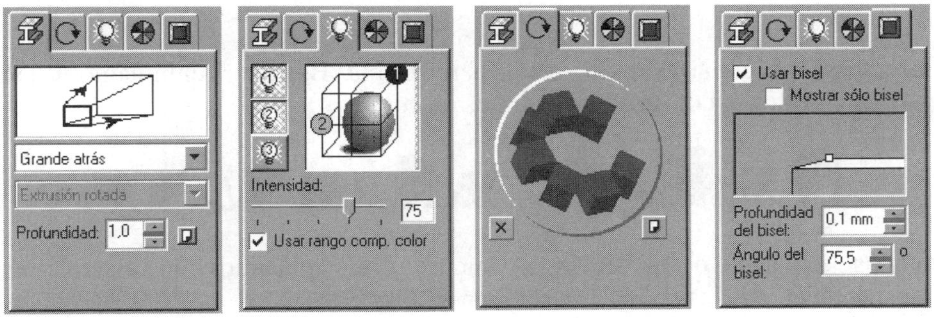

Los efectos metálicos ofrecen multitud de variantes, pero hay uno que "se lleva la palma" este es el efecto cromado, este efecto admite gran variedad de degradados, mezclas y hasta efectos PowerClip en sus rellenos. Cuando hablamos de cromado, nos referimos a una superficie que roza la perfección del espejo, por lo que su representación se basa en el reflejo ambiental.

A continuación, veremos varias formas de representar este efecto.

Creamos un texto, relleno negro, a partir del primero que utilizamos en el efecto oro.

Texto original

Duplicamos el texto y lo movemos una distancia fija para poder trabajar en él sin afectar al original y volver a ponerlo más tarde en encima de éste.

Al texto original le realizamos una silueta "Dentro" = 0,2 de separación y 10 etapas, con color de relleno blanco, que le dará aspecto de volumen redondo.

Seleccionamos la copia del texto y con la herramienta "Borrador" eliminamos la parte superior del texto dándole una forma sinuosa al corte.

Situamos este objeto en su lugar inicial y le aplicamos un efecto Lente "Transparencia" de, Tasa = 70% y basada en el color,

C	M	Y	K
0	20	20	60

Efecto finalizado

Otra forma de representación sería la siguiente. Seleccionamos el texto y le aplicamos una silueta "fuera", separar = 0,5 mm, etapas = 1, negra. Separando, acto seguido, este conjunto.

Rellenamos el texto original con el siguiente degradado.

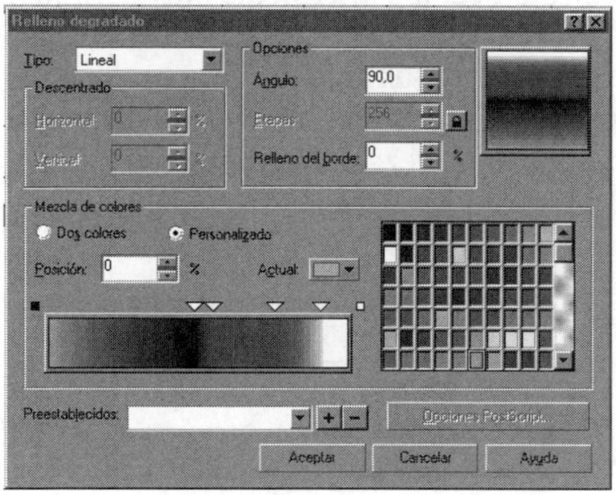

	C	M	Y	K
1	0	20	100	0
2	0	0	0	100
3	100	0	0	0
4	100	0	0	0
5	0	0	0	0
6	0	0	0	0

Duplicamos este texto, lo rellenamos con blanco simple, lo mandamos hacia atrás "Retroceder uno", ⇨ MENÚ ORGANIZAR ⇨ ORDEN ⇨ RETROCEDER UNO, moviéndolo 0,2 mm arriba y a la derecha.

Duplicamos nuevamente el texto, lo rellenamos de gris 60%, lo mandamos nuevamente hacia atrás "Retroceder uno" y lo movemos 0,2 mm hacia abajo y a la izquierda.

Efecto finalizado

La siguiente forma de cromar un objeto, se basa en el efecto PowerClip. Duplicamos en el texto anterior, y preparamos el objeto que nos servirá de relleno para el efecto Powerclip, este objeto se puede basar en un dibujo de vectores o en un mapa de bits, modificado de antemano. Para ver la diferencia entre la aplicación de uno o de otro vamos a realizar los dos.

El objeto en cuestión tiene que cumplir unas pequeñas condiciones; su diseño se debe basar en líneas de color horizontales, no debe tener objetos en primer plano que llamen la atención desmesuradamente, normalmente sus motivos serán paisajes de alto contraste. Con estas característica en mente, nos disponemos a crear el primer objeto, éste será un paisaje formado por degradados con una sección intermedia muy definida.

Hay que tener la precaución de que este diseño sea de un tamaño proporcional al objeto en el que se va a incluir. Si no fuera así no se preocupe, a través de la opción "*Editar contenido*" del efecto PowerClip podrá, una vez esté aplicado el efecto, transformar su tamaño para que cuadre con el objeto contenedor.

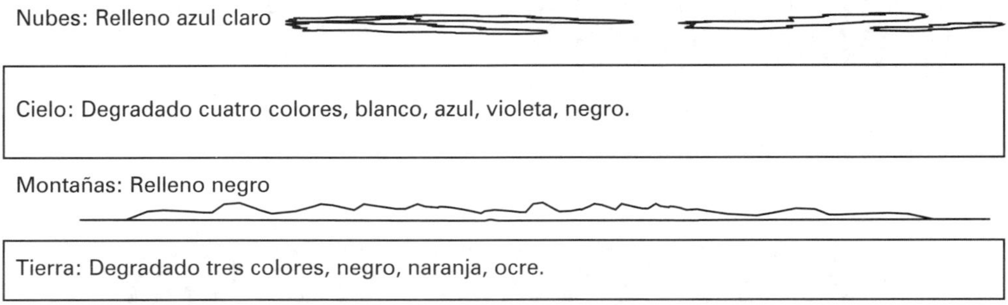

Montaje de los objetos

Una vez realizado el objeto lo agrupamos y abrimos la opción PowerClip del menú efectos, hacemos clic en "Situar dentro del contenedor" y elegimos el texto como tal.

Aplicamos al texto una silueta de "Separar" 0,5 y "Etapas" 1, aplicándole un degradado lineal basado en azules y blancos.

Efecto final

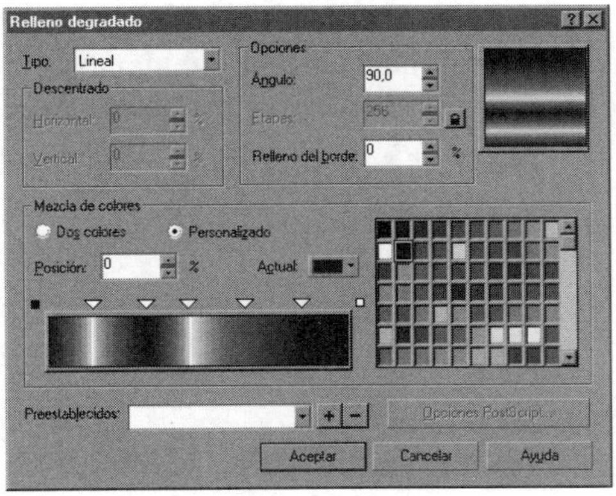

	C	M	Y	K
1	100	100	0	0
2	0	0	0	0
3	100	100	0	0
4	0	0	0	0
5	100	0	0	0
6	100	100	0	0
7	100	100	0	0

Para realizar la otra opción tenemos, dos posibilidades, disponer de una fotografía que se ajuste a nuestras necesidades o realizar un montaje fotográfico con lo que podremos elegir partes que se ajusten en sobremanera al efecto deseado. Vamos a eligir esta última opción ya que al ser un montaje sencillo se puede realizar *in situ*.

Importamos trozos de fotografías eligiendo la opción "Recortar" en el cuadro de diálogo "Importar", teniendo la precaución de cortar holgado, ya que posteriormente realizaremos fundidos.

Una vez importados los elementos necesarios para el montaje, seleccionamos la herramienta "*Transparencia interactiva*" y realizamos el montaje fotográfico.

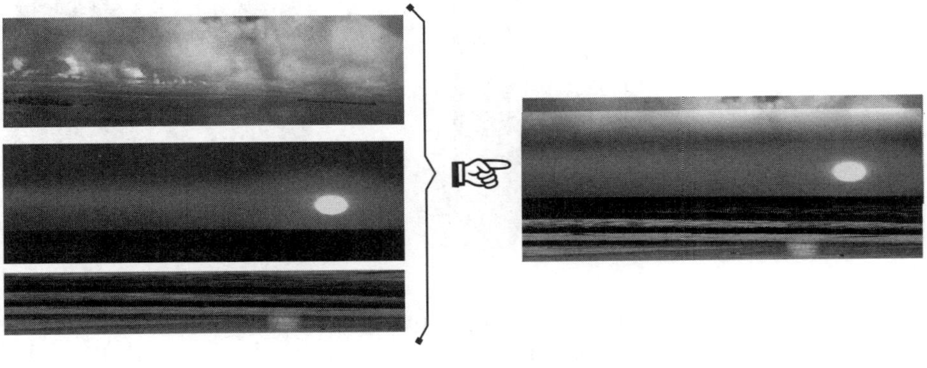

Aplicándolo acto seguido al texto a través de PowerClip y definiéndole a su vez al objeto una silueta que rellenaremos con un degradado de la gama de grises.

Otro forma de realizar efectos metálicos en objetos es la basada en el efecto Mezcla con rellenos especiales o rellenos directos en objetos tridimensionales. Dibujamos dos objetos les aplicamos un degradado de simulación oro, y los mezclamos, tomando el resultado el aspecto de un objeto dorado.

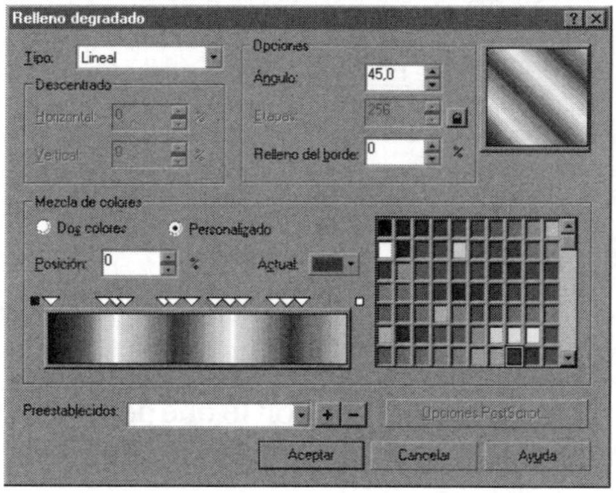

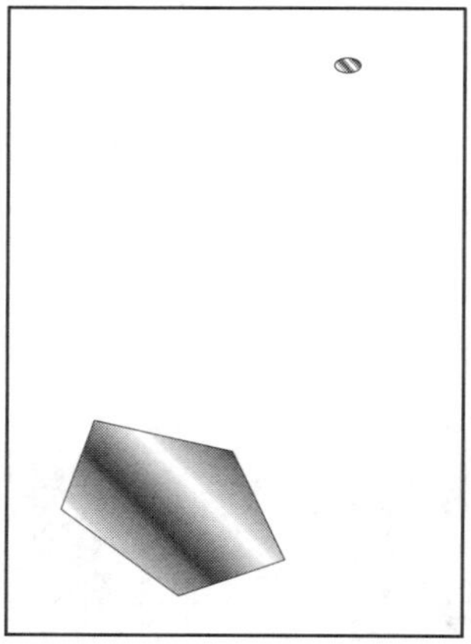

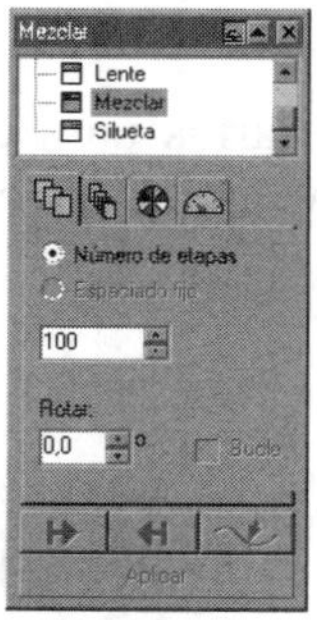

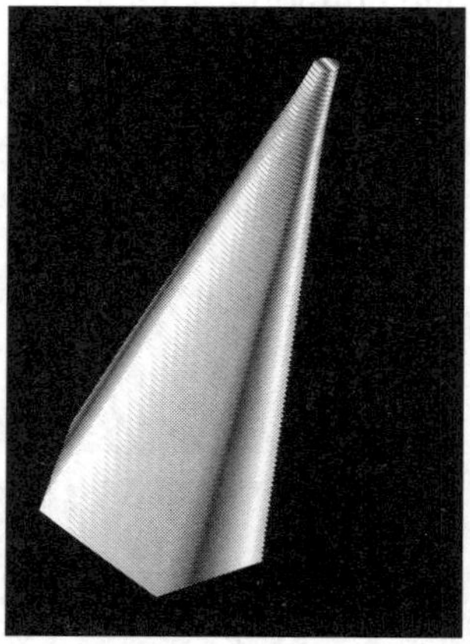

En el cuadro de diálogo "Relleno degradado" que se activa al seleccionar *Editar* en la persiana "Atributos-Relleno especial" hay un menú con una larga lista de degradados preestablecidos, que nos pueden servir de base para reproducir el efecto metálico o para otros efectos visuales muy interesantes.

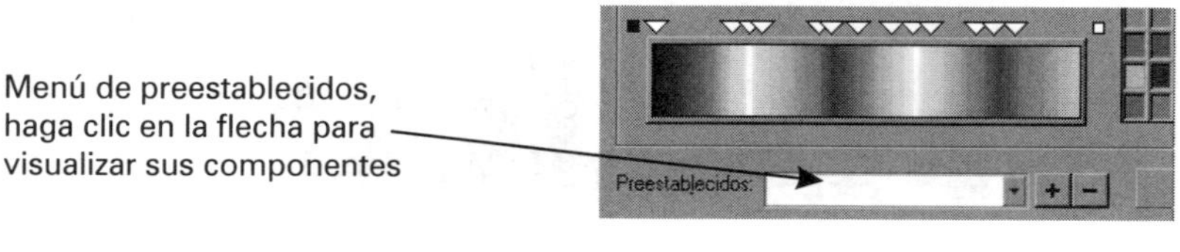

13 Creación de Páginas Web

Introducción

Antes de entrar en materia tengamos claro que el diseño de páginas Web no es un forum donde vale *el todo por el todo,* las páginas Web son documentos donde vamos a ofrecer una información, por lo que éstas deberían ser concisas para una mejor legilibilidad y comprensión así como para una navegación ágil.

Corel suma a la función de crear páginas Web todos los recursos de las aplicaciones que conforman la versión 8, y que puede hacer que estas páginas sean sumamente atractivas.

Al diseñar una página Web debe tener claro que los objetos que nos van a servir como vínculos; hipertexto, marcadores y elementos URLs, no deben superponerse ya que si esto ocurre se combinarían, adoptando éstos las propiedades de uno de ellos. A su vez y siguiendo esta sencilla regla conseguiremos documentos bien estructurados y limpios que facilitarán la comprensión de la información y provocarán nuevas visitas a nuestra página.

El primer paso para la creación de una página Web es su estructuración. Tiene usted que tener muy claro que es lo que quiere transmitir así como los pasos que seguirá un hipotético visitante al visualizarla.

Creación del documento base

El documento que vamos a crear contendrá texto, imágenes, vínculos, ect. El primer paso será crear un documento base en CorelDraw.

A este documento le seleccionamos un tamaño A5 horizontal a través del cuadro de diálogo *opciones de página*, "tamaño".

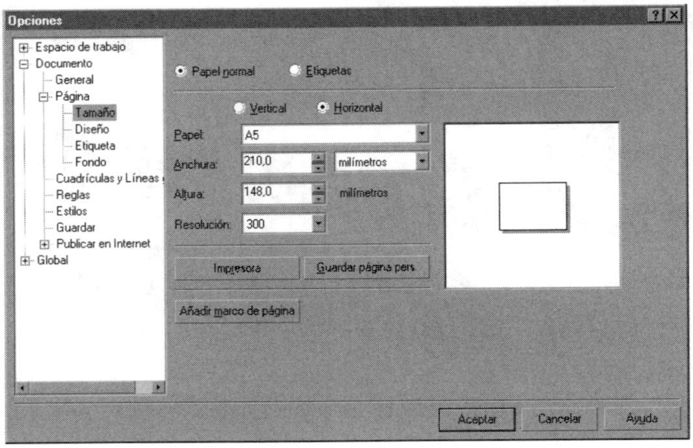

El documento constará de dos páginas que usted podrá añadir a través del menú *diseño* activando la opción *insertar página,* donde seleccionaremos "insertar 1 página" "detrás de". También deberemos activar la persiana "Administrador de objetos" con la cual controlaremos las diferentes capas donde situaremos los elementos de nuestra página Web. Esta persiana la puede abrir a través del,

MENÚ VER ⇨ VENTANAS ACOPLABLES ⇨ ADMINISTRADOR DE OBJETOS

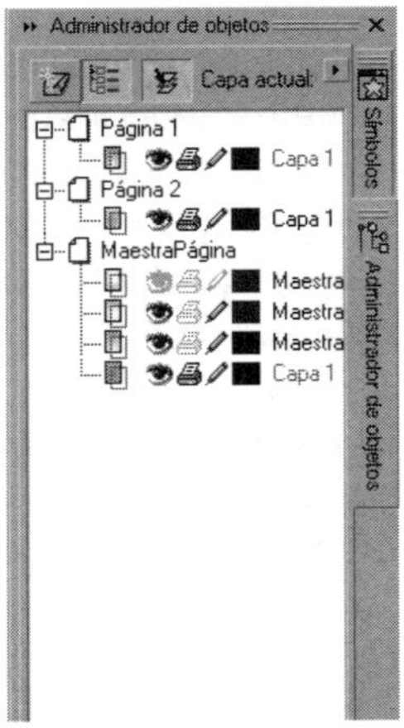

Situándose ésta en la ventana acoplable de la derecha de la pantalla.

Como podrá comprobar sólo hemos definido dos páginas, pero usted podría definir todas las páginas que necesitase para el diseño de su página Web, así como nuevos documentos, los cuales podrá interrelacionar a través de las asignaciones URL.

Antes de empezar a realizar nuestro diseño, debemos modificar la paleta de colores para adaptarla al tipo de formato que estamos creando, es decir, debemos seleccionar una paleta de color basada en colores WWW, como ya hemos explicado en anteriores capítulos CorelDraw nos permite seleccionar paletas específicas para diseños en la WWW "Microsoft © Internet Explorer", "Netscape Navigator ™". Estas paletas, como usted ya sabrá, se pueden activar a través del menú *ver* mediante la opción paleta de colores.

En la página 1 vamos a diseñar un fondo que colocaremos en la capa 1, para ello esta capa debe estar activa. La activación de la capa se realiza haciendo clic encima del nombre de la capa, en la persiana de administrador de objetos.

Seleccionamos la herramienta rectángulo y definimos un recuadro del mismo tamaño que la página del documento, el cual rellenaremos con el relleno de textura "cemento" de la biblioteca *muestras 8,* al cual le cambiamos el color de sombra por un color clarito.

También creamos textos que harán las veces de fondo a modo de titular de nuestra página Web, definiéndole un relleno degradado de dos colores que contraste con el fondo, al igual que una sombra mediante la herramienta *sombra interactiva*.

Igualmente definimos un texto que nos servirá de reclamo creando una expectativa de lo que nos podemos encontrar si entramos en esta página Web, definiéndole el mismo degradado y tipo de sombra.

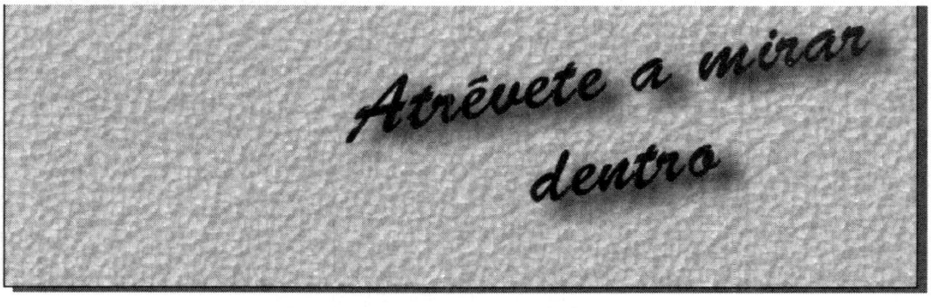

A continuación, vamos a crear un mapa de bits que nos servirá como vínculo para la segunda página que vamos a diseñar. Para ello nos servimos de la aplicación PhotoPaint. En primer lugar buscamos la fotografía de una modelo que tenga una mirada interesante, ya que vamos a preparar el camino hacia la segunda página a través de los ojos de la modelo.

Abrimos dicha fotografía seleccionando la opción "recortar" del cuadro de diálogo *abrir una imagen*, y hacemos clic en abrir. Se activará el cuadro de diálogo *recortar imagen*, donde seleccionaremos, relativamente ajustado, la mirada de la modelo.

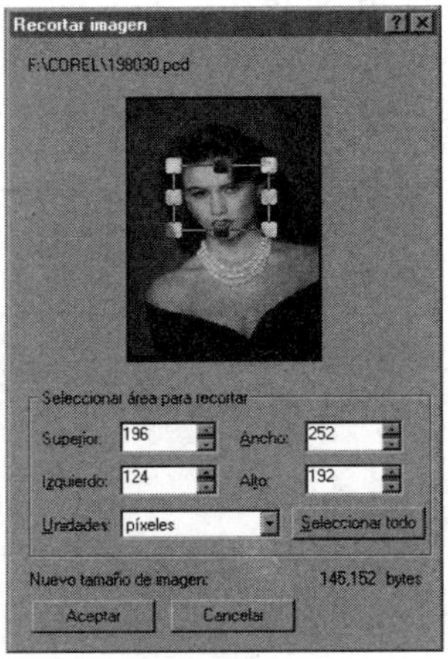

Una vez abierta la imagen, seleccionamos la herramienta *borrador*, y haciendo doble clic en ella seleccionamos, en la persiana "configuraciones de herramientas", un pincel con un valor de 100 en la opción *suavizar borde*, y del tamaño necesario para poder perfilar los ojos de la modelo, fundiendo, el contorno de los ojos, a la vez que borramos.

Una vez que tengamos siluetados los ojos de la modelo, y a través de las herramientas máscaras, seleccionamos éstos y guardamos ésta fotografía como formato CPT, sin desactivar la máscara. Esto lo realizamos de esta manera ya que cuando importemos en Corel 8 este mapa de bits, sólo será visible lo seleccionado con la máscara.

Volviendo al documento que estamos realizando en CorelDraw, vamos a proceder a la importación del mapa de bits que acabamos de crear.

Para ello creamos una segunda capa mediante el botón opciones del administrador de objetos.

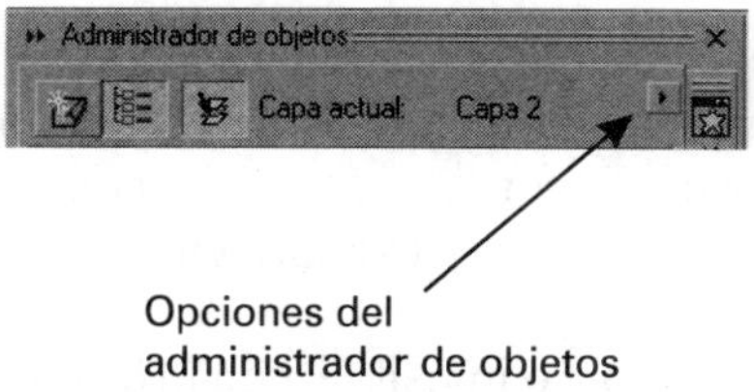

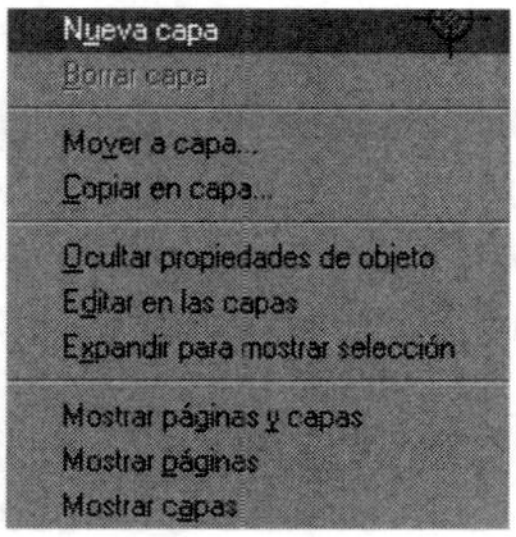

El cual activa un menú donde seleccionaremos "Nueva capa", apareciendo ésta reflejada en el administrador de objetos. Seleccionamos esta capa, e importamos el mapa de bits que creamos anteriormente.

Una vez importado y colocado nuestro mapa de bits en el sitio elegido, hacemos **clic**, botón derecho del ratón, y seleccionamos la opción "vínculos internet" donde se abrirá un menú que nos mostrará las diferentes páginas que hemos creado con anterioridad, en nuestro caso seleccionaremos "inicio de la página 2".

Para comprobar que este mapa de bits se ha convertido en un objeto internet vinculado a la página 2, abrimos el cuadro de diálogo "objetos de internet", que podemos abrir haciendo **clic** en la barra de herramientas y seleccionando la opción *objetos de internet*.

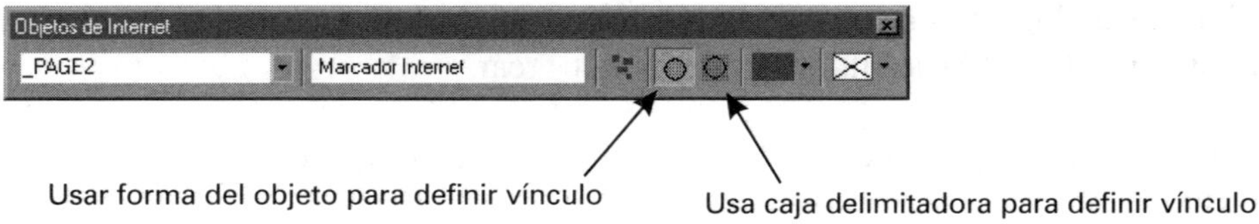

Seleccionando el mapa de bits, podemos definir que la zona de activación del vínculo sea de uno de los dos tipos siguientes. El primero sería "usar la forma del objeto", el cual se refiere al área seleccionada anteriormente con la máscara, o como segunda opción, una "caja delimitadora" que correspondería al objeto completo.

También podemos definir que este objeto sea visible o invisible, con lo cual podremos crear áreas activas para la vinculación de nuevos elementos. Este sería el caso de crear un área "marcador internet" encima de una parte determinada del fondo.

En la segunda página, vamos a utilizar este sistema, es decir, vamos a diseñar un fondo donde crearemos zonas vinculadas a otras páginas.

Antes de empezar la realización de este fondo comentar que CorelDraw incorpora objetos internet predefinidos, que usted podrá añadir a su página a través de la opción *Insertar objeto Internet del menú* "Edición". A continuación se muestra una relación de estos objetos. Asimismo podrá, a través de las opciones *Applet Java* y *Archivo incorporado,* incluir documentos Java, sonido, vídeo, fotografías, etc.

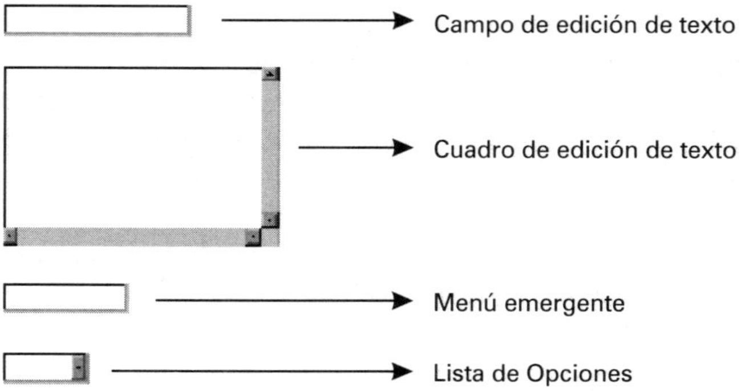

Estos objetos se basan en guiones CGI, estos guiones están pensados para recoger información del usuario y procesar la información recibida a través de nuestra página Web, le recomendamos que se ponga en contacto con su servidor de internet, para que éste le facilite guiones preestablecidos, ya que normalmente se necesita autorización de éste para incluir dichos cuestionarios.

Al incluir cualquiera de estos objetos preconfigurados, CorelDraw activa automáticamente una nueva capa llamada "capa de internet", donde se situarán por defecto este tipo de objetos.

Como se puede ver por medio de la barra de herramientas, cada uno de estos objetos tiene unas propiedades determinadas, que se pueden cambiar en esta misma barra o haciendo **clic** sobre el objeto y seleccionando la opción propiedades.

En esta segunda página, y una vez diseñado el fondo, vamos a incluir textos explicativos.

Si deseamos que este texto se convierta en un texto HTML, debemos crearlo como formato de "Texto de párrafo". Una vez definido el texto a incluir, seleccionamos éste y a través del menú *texto,* activamos la opción "Texto compatible HTML", colocándose este texto en la "capa de Internet".

Al convertir un texto de párrafo a texto HTML, se activa automáticamente en la barra de herramientas un submenú de tamaños de fuentes específico para HTML, que se compone de las opciones 1 a la 7, que corresponden a tamaño de punto específicos comprendidos entre 10 y 48 puntos. A este tipo de texto se le puede aplicar los atributos de **negrita**, *cursiva*, subrayado al igual que rellenos uniformes, pero en ningún caso podrá definirse un contorno para este tipo de texto.

Tenga en cuenta que no todos las fuentes son compatibles cien por cien con la WWW por lo que si usted ha incluido algún tipo extraño o raro, tiene dos opciones para que éste no cree un conflicto a la hora de publicar nuestro diseño en internet.

La primera sería convertir éste a curvas con lo cual dejaría de ser un texto para pasar a ser un objeto, el cual se convertirá en imagen JPG o GIF. La segunda es convertir el texto a tecnología TrueDoc, para ello deberá seleccionar, esta opción, en los cuadros de diálogo que se le mostrarán a la hora de publicar el documento en Internet.

Si usted no convierte un texto determinado a texto HTML, a la hora de exportar el documento como documento Web, el texto indicado se exportará como imagen JPEG o GIF perdiendo los atributos de texto. Tenga muy en cuenta esto, ya que si quisiese realizar futuros cambios en su página Web, podría modificar los textos HTML simplemente editándolos como texto normal, pero las imágenes JPEG o GIF tendría que crearlas completas de nuevo.

Para la realización del fondo abrimos un nuevo documento en PhotoPaint con un tamaño igual a la pagina que estamos diseñando, es decir A5, y basado en la misma paleta de color, que la que estemos utilizando en Corel Draw, rellenándolo con una textura que dé impresión de volumen, pero basada en colores grises.

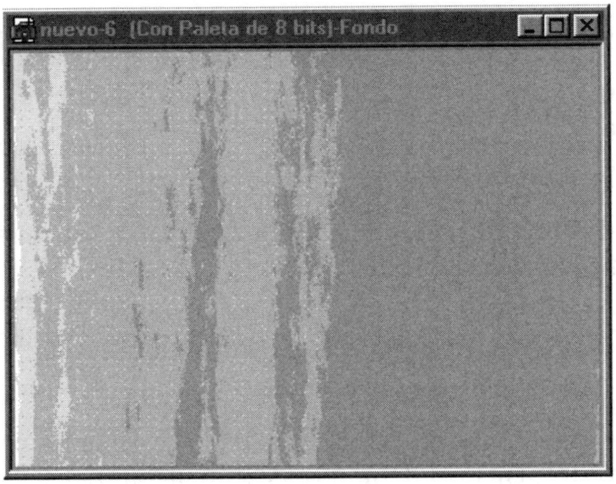

De la carpeta de *Objetos del* CD-ROM 3, abrimos el archivo "Dectre10" incluido en la subcarpeta *Nature.* Este tipo de archivo es ideal para su inclusión en páginas Web, ya que son objetos sobre fondo blanco que no están fundidos con éste.

Seleccionamos el objeto y lo arrastramos hasta nuestro documento, soltándolo en su interior. Antes de que el objeto se coloque en nuestro documento, nos aparecerá el cuadro de diálogo *convertir a imagen con paleta*. Este cuadro se activa porque estamos intentando incluir un objeto que está basado en un sistema de color, en otro sistema diferente, por lo que el objeto sufrirá una pequeña conversión para adecuarse a éste.

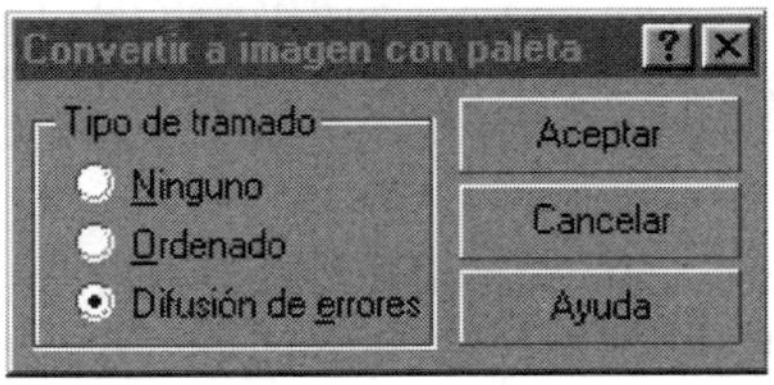

Colocamos este objeto en la parte superior izquierda y valiéndonos de la persiana *objetos* le definimos una opacidad del 20 %.

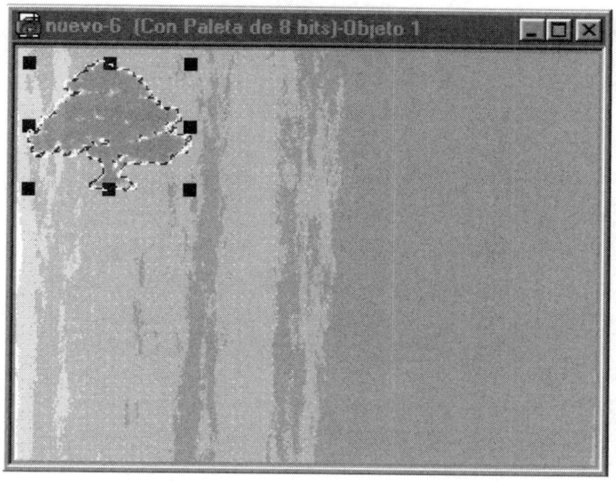

Lo repetimos 7 veces y lo distribuimos proporcionalmente a lo largo del documento. Una vez distribuido, seleccionamos todos estos objetos y los combinamos con el fondo, y a continuación abrimos nuevos objetos para su inclusión en el documento.

De la misma carpeta que el objeto anterior, abrimos el archivo *head*, y al igual que el anterior seleccionamos éste arrastrándolo hasta nuestro documento. Lo situamos en la parte superior derecha, y seleccionando la herramienta *transparencia de objetos,* le definimos un efecto de transparencia para que funda con el fondo, más o menos hacia la mitad del objeto, con lo que el espacio claro-oscuro será relativamente pequeño.

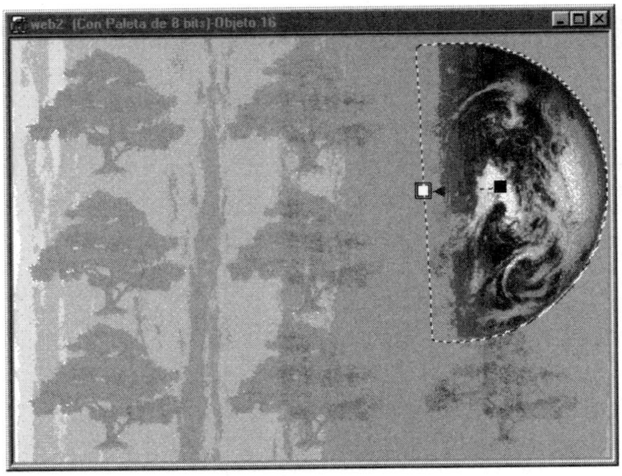

Siendo el siguiente paso fundirlo con el fondo.

De la carpeta *food* seleccionamos los archivos: *scandy1, scandy3, scandy5 y scandy7.* Estos archivos son los que nos servirán como fondo a los vínculos para navegar a nuevas subpáginas. Volvemos a realizar la misma operación, y colocamos cada uno de los objetos en nuestro documento, disponiéndolos en forma de columna en el lado izquierdo del fondo, fundiéndolos con éste.

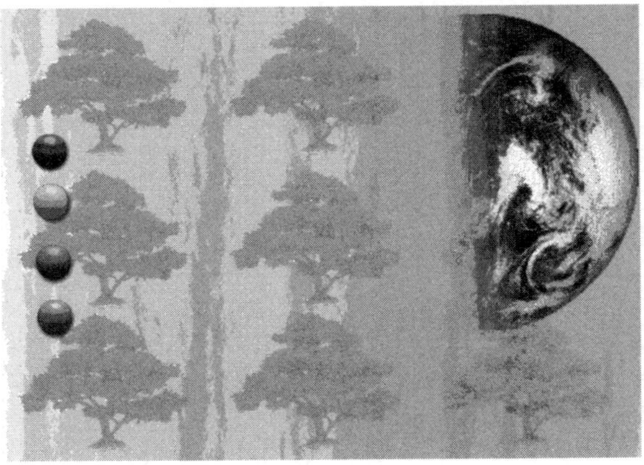

Fondo terminado

Una vez finalizado el fondo, lo guardamos e importamos a través de CorelDraw a la página de nuestro documento. El siguiente paso será definir tanto el texto de titulares como los diferentes textos que nos guiarán por la navegación de la página. En este caso como titular se ha colocado la frase "¿Cuidas tu casa?", a la cual le hemos aplicado un efecto de *adaptar a curva* para que su forma sea redondeada, dotándola de sombra con las siguientes características:

Opacidad de la sombra *80*, borde de la sombra *lineal*, dirección de la sombra *fuera*, color *negro*. Convirtiendo todo el conjunto a curvas.

A cada una de las esferas a modo de menú, le definimos un texto lateral explicativo de lo que nos vamos a encontrar si seleccionamos estas. Los textos en nuestro caso particular serán los siguientes:

- ✓ El Ozono
- ✓ Los Bosques
- ✓ Tu responsabilidad
- ✓ Organizaciones

Cada uno de estos textos lo convertimos a texto compatible *HTML*, para que en un futuro si queremos cambiar el nombre de esta dirección podamos hacerlo sin ningún problema.

Incluimos también símbolos que utilizaremos a modo de direccionamiento rápido para avanzar o retroceder en el visionado de las diferentes páginas, así como para el envío de correo electrónico, son los siguientes:

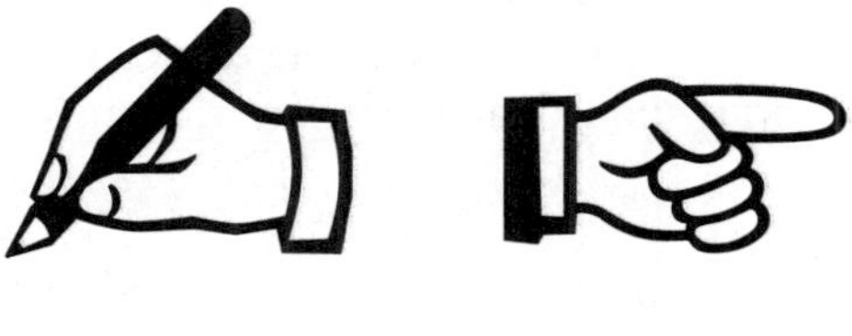

A estos textos, al igual que en el caso anterior de las esferas, les asignamos textos HTML para una mayor comprensión.

También vamos a incluir el mismo mapa de bits que incluimos en la página 1 del documento *la mirada*, acompañándolo de un texto explicativo, este objeto se repetirá en todas las páginas, ya que será el vínculo para volver a la página principal estemos donde estemos.

Una vez colocados cada uno de los elementos en su lugar correspondiente, pasamos a definir las diferentes áreas que contendrán los vínculos a las sucesivas páginas o sitios Web, así como definir los vínculos a los últimos objetos que hemos incluido.

Para seleccionar un área de vínculo encima del fondo, por ejemplo en las esferas, dibujamos un círculo encima de éstas, al cual le anulamos las características de relleno y contorno, y a través del cuadro de diálogo *objetos de internet*, le definimos la dirección vinculada. Repitiendo este proceso con todas las esferas.

A los últimos objetos incluidos les seleccionamos directamente un vínculo de dirección, siendo el de la mano con el lápiz, una dirección de correo electrónico.

Al mapa de bits *la mirada* le definimos el vínculo de dirección página 1, y a las de navegación, página anterior y página posterior, respectivamente. En las sucesivas páginas estos vínculos irán modificando según vayamos cambiando las páginas anteriores y posteriores.

Una vez terminado el diseño de la página Web sólo nos resta convertirla a formato HTML para su futuro visionado en un explorador Web.

Publicar en internet

Para convertir un documento a HTML, seleccionamos la opción *publicar en internet* del menú archivo. Al seleccionar esta opción se abrirá un cuadro de diálogo donde podremos ir seleccionando a través de sus diferentes páginas.

En la primera página este cuadro de diálogo se nos presenta la opción *¿qué tipo de archivo HTML desea crear?* pudiendo seleccionar tres tipos de archivo; HTML, Corel Barista, Imagen única.

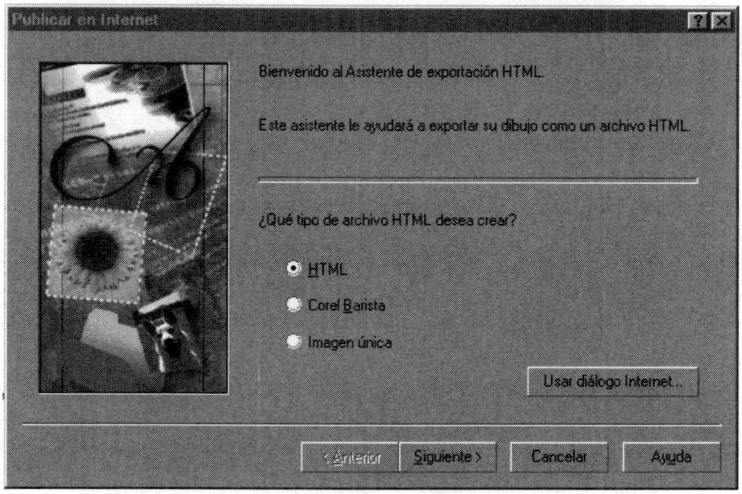

El formato HTML reproduce el documento exportado en un explorador de forma idéntica a como lo hemos creado. Al publicar un documento a través del formato HTML, CorelDraw crea un nuevo documento con extensión HTML, asignándole el mismo nombre que el archivo inicial. A los objetos que hayamos asignados vínculos o URLs, CorelDraw genera automáticamente códigos HTML.

El formato Corel Barista está basado en Java, con lo cual los documentos publicados con este formato serán documentos de programación Java.

Tanto en el formato HTML como en el formato Corel Barista, usted podrá seleccionar el formato de imagen al que quiere que se conviertan los objetos que no sean HTML en su documento. Los formatos a elegir son JPEG y GIF.

El formato de *imagen única* convierte nuestro documento en un mapa de imagen. Un mapa de imagen es un hipergráfico que se vincula a distintos URLs, al visualizarse el documento HTML con un explorador. Este mapa de imagen, se forma con un mapa de bits y las coordenadas necesarias para situar los distintos vínculos.

Es posible que al seleccionar la opción *publicar en internet,* nos aparezca un mensaje de advertencia donde se nos hace saber que hay conflictos potenciales en el documento que vamos a publicar. Asimismo, nos dará la opción de si queremos solucionarlos. Si aceptamos esta opción se abrirá la persiana analizador de conflictos HTML en las ventanas acoplables, mostrándose todas los errores de la página que estamos creando.

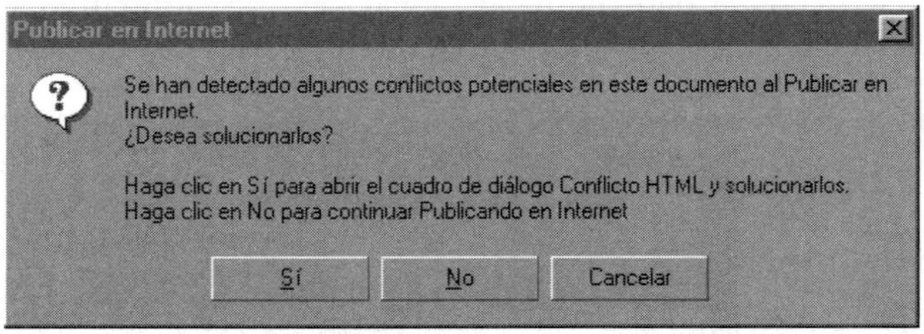

Estos errores pueden ser de muy diversos tipos, por ejemplo; que dos objetos vinculados con URLs estén superpuestos, que un objeto se salga en demasía de la página seleccionada, que hayamos incluido un *objeto internet* predefinido por CorelDraw sin haberle asignado un guión CGI, etc.

Haciendo doble clic encima de cada error, se activará el objeto en el documento que estamos creando, pudiendo así localizarlo y corregirlo perfectamente.

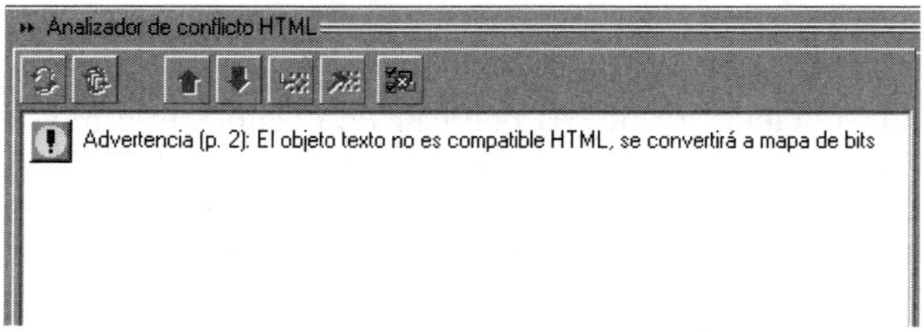

Una vez publicado el documento sólo nos resta abrir el mismo a través de un navegador u aplicación diseñada para tal fin y verificar que los URLs que hemos definido funcionan correctamente así como el aspecto físico a la hora de la edición.

Los URLs se manifiestan en los examinadores por el cambio de modo del "cursor" el cual se convierte en una mano.

14 Ayudas Gráficas

La Grabadora

Uno de los mayores asistentes en trabajos repetitivos, es la “Grabadora”, que nos permite automatizar los pasos realizados para conseguir un mismo efecto final basándose en archivos iniciales diferentes.

Esta grabadora se basa en la creación de *guiones* que son, la consecución de comandos para la realización de diferentes tareas.

La utilización del Grabador de comandos es muy sencilla ya que funciona igual que una grabadora de sonido convencional, eso sí, grabando los diferentes pasos o acciones, que realizamos a un diseño particular.

La grabadora se activa a través de la opción “Ventanas acoplables” del menú *Ver,* al seleccionar esta opción se abrirá el siguiente cuadro de diálogo:

Como puede comprobar este cuadro de diálogo está dividido en tres zonas. En la primera o superior están los iconos relativos a; la creación de nuevos guiones, apertura de guiones existentes, opción guardar guión, opción insertar nuevo comando, y, habilitar/deshabilitar los comandos seleccionados.

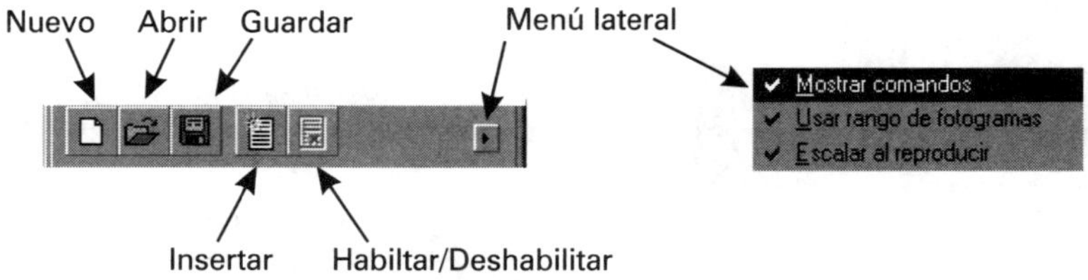

La ventana central es el espacio donde se irán mostrando las diferentes líneas de comandos según los vayamos grabando, o aquéllos que se editen al abrir un guión existente.

La parte inferior nos muestra los controles de grabado y reproducción de los guiones.

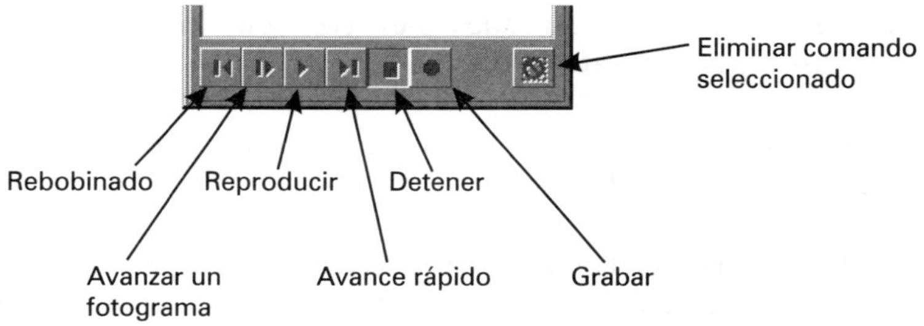

La creación de nuevos guiones se basa en la grabación de las aciones que usted realice sobre una imagen determinada en un momento dado. La forma de grabar será activar el icono "Grabar" antes de realizar la primera opción, en la pantalla de comandos irán apareciendo los mismos ordenados por orden cronológico.

No todas las acciones que se realizan con PhotoPaint pueden incluirse grabarse, a continuación se exponen aquéllas que por su formato no pueden incluirse en un guión.

- Comandos que personalicen la barra de herramientas, accesos directos del teclado o comandos de menús.
- Comandos del menú "Ventana" y "Ayuda".
- Cálculos, combinación y ensamblado de imágenes.
- Comandos de configuración del menú "Ver", como aumento, reducción, opciones de regla o valores de cuadrícula.
- Comandos de escaneo.

Si durante la grabación de un guión usted quisiera "no" grabar una determinada acción, sólo deberá parar la grabación por medio del icono "detener grabación" de la parte inferior de la ventana acoplable "Grabadora", una vez realizada la acción seleccione de nuevo el icono grabar y la grabación continuará en el punto donde se interrumpió.

Si usted graba sobre un guión abierto anteriormente, la grabación se realizará sobre el guión abierto borrándose éste. Para que esto no ocurra seleccione el icono "Nuevo guión" de la parte superior de la ventana.

A la hora de la utilización de distintos guiones en un mismo documento, para la realización de un diseño determinado, tenemos dos opciones la primera sería la de abrir primeramente un guión, aplicarlo y acto seguido abrir el siguiente, y aplicarlo de igual modo o seleccionar la opción "Reproducir por lotes" del menú *Herramientas*, al elegir esta opción se abre el cuadro de diálogo *Reproducir en lote.*

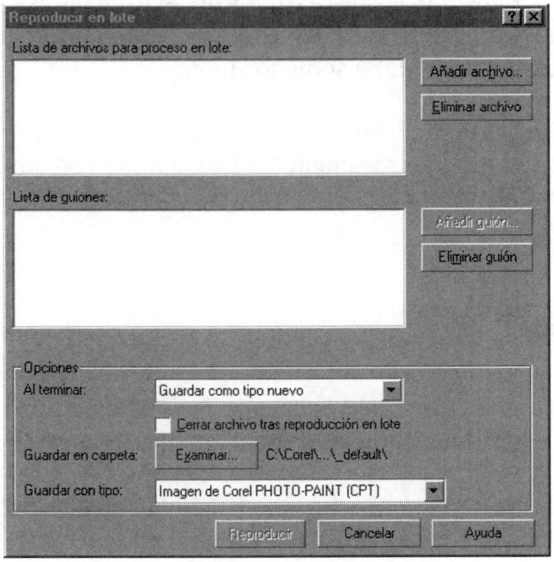

En este cuadro, por medio del botón "añadir guión" seleccionaremos los deseados haciendo clic en el botón "reproducir". También podemos utilizar la opción "Reproducción por lotes" para aplicar un guión o varios a diversos archivos a la vez, para ello, seleccionaremos en la *lista de archivos,* los elegidos mediante el botón "Añadir archivo" y procedemos de la forma anteriormente explicada.

En el cuadro opciones podremos elegir la forma en que quedará el archivo una vez modificado, así como el tipo de archivo que queremos que sea.

Corel PhotoPaint le proporciona guiones de casi todos sus efectos, y de efectos especiales. Éstos se localizan a través de la opción "Guiones..." dentro de *guiones* del menú *herramientas.*

Al seleccionar esta opción se nos mostrarán dos carpetas la primera, "Effects", es la que incluye los efectos fotográficos antes comentados, la segunda, "Scripts", incluye guiones sobre todo para la creación directa de películas y modificaciones específicas.

Por ejemplo, vamos a crear un nuevo documento utilizando uno de los guiones predefinidos, seleccionamos:

> ➪ MENÚ HERRAMIENTAS ➪ GUIONES ➪ GUIONES... ➪ SCIPTS ➪ FLAMING TEXT

En el caso de estos guiones no necesita usted abrirlos primeramente con la ventana grabadora bastará con hacer doble clic encima del guión elegido. Este guión crea una película de 10 fotogramas, en la que se simula un texto en llamas, si usted desea ver los diferentes comandos de este guión, sólo tendrá que abrir la ventana grabadora, una vez se ha terminado la aplicación del susodicho guión.

Si desea tener otra visión de un texto en llamas, más sugerente del que crea este guión pruebe a convertir el archivo resultante a "Color RGB (24 bits)" a través del menú "Imagen", opción *Convertir a...*

Corel Capture

Corel Capture es una aplicación para la capturación en tiempo real siendo su mayor característica, su versatilidad, gracias en gran medida, a sus múltiples opciones.

Al abrir la aplicación se nos muestra una barra de características donde podremos seleccionar las adecuadas para que la captura sea lo más precisa posible.

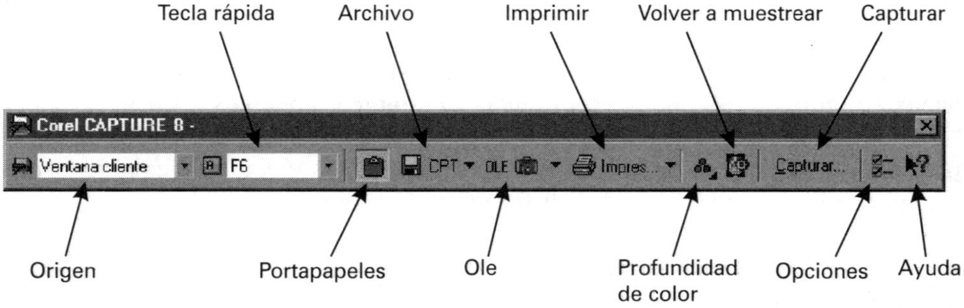

La primera opción y una de las más importantes es el menú *origen* ya que de esta opción dependerá el tipo de captura a realizar. El menú origen se divide en las siguientes opciones:

Ventana actual. Esta opción captura la pantalla activa. Activación automática.

Ventana cliente. Captura la pantalla activa pero excluyendo, las barras de título, herramientas y estado. Activación automática.

Ventana de animación. Captura documentos de vídeo. Activación automática.

Pantalla completa. Captura toda la pantalla del ordenador. Activación automática.

Objeto actual. Captura el objeto activo, para ello puede retardar la activación automática, con lo que tendrá tiempo de abrir éste en el caso de menú, ... Activación automática.

Objeto con bordes. Realiza el mismo tipo de captura que el modo anterior pero definiendo un borde alrededor del objeto capturado. Activación automática.

Área rectangular. Le permite definir un área rectangular de captura.

Área elíptica. Le permite definir un área elíptica de captura.

Área a mano alzada. Le permite definir un área a mano alzado de captura.

Como segunda opción de captura podemos definir la tecla rápida de activación. Corel le presenta un menú con varias teclas, incluyendo una opción para la definición por parte del usuario de la combinación para la activación de la captura.

La tercera función es muy importante, este icono, si se selecciona, activa el pegado de la captura en el portapapeles, aunque usted tenga definido una carpeta para este menester.

La opción "Archivo" nos permite seleccionar el formato de archivo que se creará tras la captura, a su vez activando la última opción del menú que se muestra, podremos definir la ruta de guardado de las capturas, eso sí, siempre que el botón portapapeles esté desactivado.

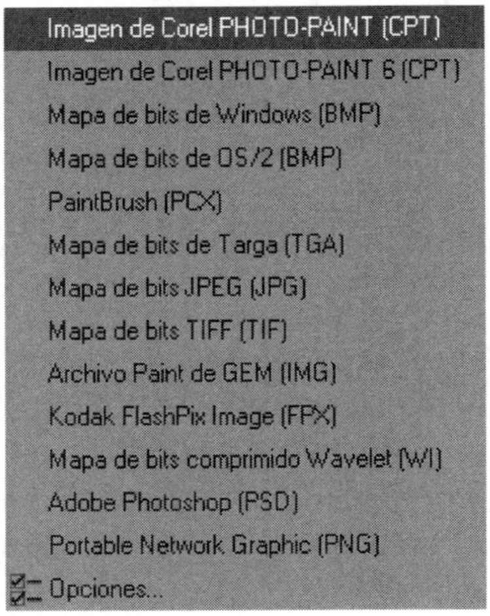

La opción "Ole" envía automáticamente la captura a la aplicación seleccionada. Asimismo la opción "Impresora" mandará la captura a la impresora que se seleccione en su menú.

La opción "Profundidad de color" nos permite seleccionar el modo de color de la captura. No de lo que se va a capturar sino de la captura una vez realizada.

La opción "Volver a muestrear" nos abrirá un cuadro de diálogo donde podremos seleccionar diferentes características de la captura.

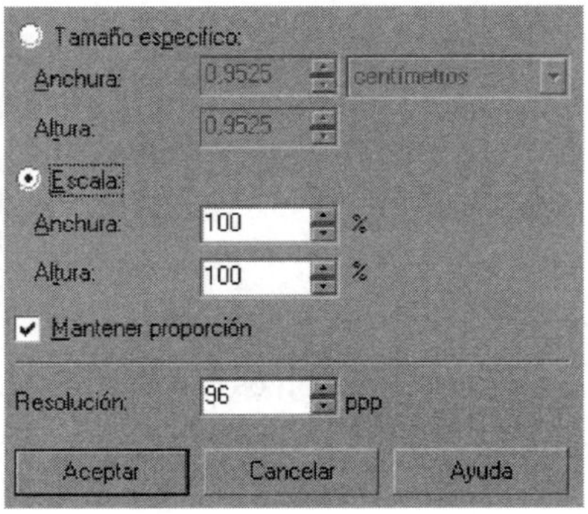

A seleccionar el icono "Opciones" se abre un cuadro de diálogo. En este cuadro de diálogo es donde usted podrá variar el tiempo de retardo para la activación de la captura, asimismo podrá seleccionar otras opciones entre las que se encuentra el poder capturar el cursor a la vez que elegir el estilo del mismo.

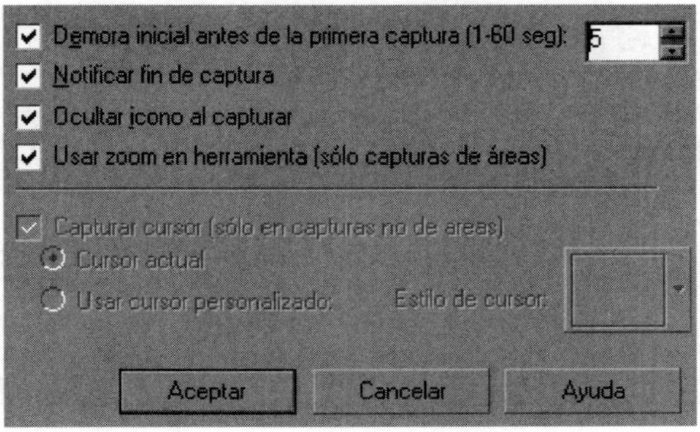

Corel Color Profile Wizard

Es relativamente normal decepcionarse después de imprimir un magnífico diseño, ya que los colores que la pantalla del ordenador nos mostraba, y que estaban llenos de vida, ahora yacen muertecinos en el papel. Esto es debido a que los modos de color de las pantallas y de las impresoras se basan en formatos de color totalmente distintos. La diferencia más esencial y básica es que la pantalla se vale de colores luz para mostrar todo el espectro, mientras las impresoras se basan en colores tinta que por supuesto carecen de luz propia.

Para solucionar este problema y acercar la visualización, a la impresión, Corel nos proporciona Color Profile Wizard.

Color Profile Wizard es un gestor de color que realizará un perfil dependiendo de los periféricos instalados en nuestro ordenador, relacionando impresión, visualización, y adquisición, realizando un cálculo, para mostrar en pantalla los colores lo más parecido a las posibilidades de las impresoras a color o de separaciones.

Al abrir la aplicación se nos muestra la siguiente pantalla:

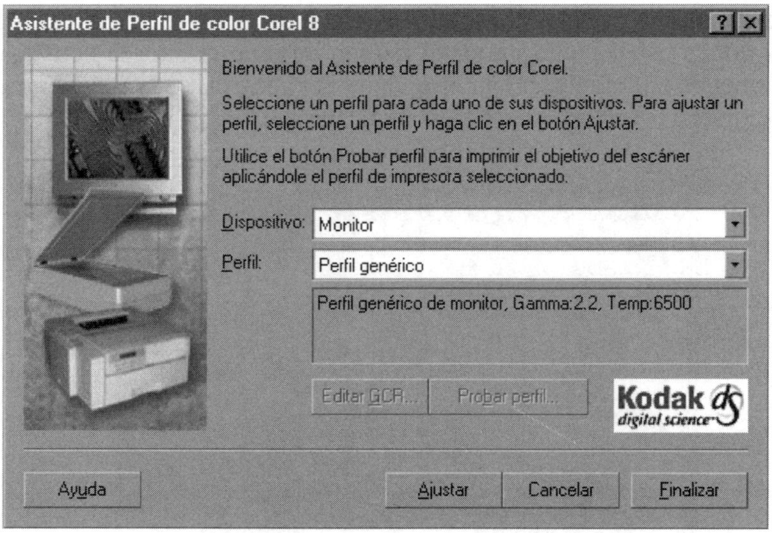

En esta pantalla podemos apreciar dos menús principales, en el primero seleccionaremos el tipo de dispositivo a especificar, en el segundo el dispositivo específico.

Los tipos de dispositivos que podemos seleccionar son:

Monitor
Escáner
Impresora compuesta o impresora de pruebas.
Impresora de separaciones o Filmadora.

Una vez seleccionado el tipo de dispositivo buscamos en el segundo menú, su perfil particular, si no encontrase su periférico en la amplia lista que Corel le muestra podrá adquirirlo de los discos del fabricante del dispositivo. Si no tuviese usted información de los perfiles específicos de periféricos seleccione la opción "Perfil genérico".

Una vez seleccionado todos los dispositivos que usted tenga conectados a su ordenador haga clic en el botón comprobar perfil, esta acción imprimirá una muestra de color.

Si el resultado no fuese satisfactorio podrá modificar manualmente el perfil creado. Si usted no está familiarizado con el tratamiento de color le recomendamos que no cambie los parámetros de éste ya que en vez de solucionar el problema, podría agravarlo.

Esta es la fotografía que utiliza Corel para verificar el perfil de color. Usted deberá comparar, para un resultado idóneo, la fotografía en sus diversas estados.

- La fotografía original que Corel 8 incluye en el paquete de la aplicación.
- La fotografía escaneada a través de la pantalla.
- La fotografía una vez impresa, lo ideal y recomendable sería hacer la comprobación impresa tanto, en la impresora compuesta como en filmadora, que vayamos a utilizar normalmente, tras la pertinente prueba a color por impresión.

Una vez admitido el perfil de color hacemos clic en finalizar, con lo que las aplicaciones que conforman el paquete de Corel 8 se basarán en este perfil a la hora de trabajar en ellas.

Índice Analítico

A

B

C

D

E

F

G

H

I

J

L

M

N

O

P

R

S

T

V

SERVICIO DE INFORMACIÓN PERIÓDICA

Envíe cumplimentado por correo este cuestionario y recibirá un catálogo completo de nuestros libros:

NOMBRE: ______________________

CALLE: ______________________

CIUDAD: ______________________

CÓDIGO POSTAL: ______________ PROVINCIA: ______________

TELÉFONO: ______________ FAX: ______________

ÁREAS DE SU INTERÉS

- Aeronáutica y Astronomía . . . . ❐
- Alimentación . . . . ❐
- Arquitectura, construcción, obras públicas, ingeniería . . . . ❐
- Audio-Estereofonía HiFi . . . . ❐
- Automovilismo-Motociclismo-Motores . . . . ❐
- Ciencias de la Información . . . . ❐
- Circuitos - Componentes - Semiconductores - Válvulas . . . . ❐
- Colección Filología Paraninfo . . . . ❐
- Colección "Lógica y teoría de la Ciencia" . . . . ❐
- Dibujo . . . . ❐
- Diccionarios . . . . ❐

- Educación ☐
- Electricidad ☐
- Electrónica ☐
- Filología ☐
- Física y Química ☐
- Geología - Cristalografía - Petrología - Topografía ☐
- Grafología ☐
- Hostelería - Turismo y Restauración ☐
- Informática ☐
- Legislación, Sistema constitucional, Reglamentos y normas ☐
- Matemáticas - Estadística - Problemas ☐
- Medicina - Enfermería ☐
- Metales - Soldadura ☐
- Navegación - Técnica naval ☐
- Neumática e hidráulica ☐
- Obras varias ☐
- Organización comercial y empresarial ☐
- Pedagogía - Enseñanza - Sociología ☐
- Peluquería y Esteticien ☐
- Psicología ☐
- Radio, transmisión, telecomunicación y radioafición ☐
- Refrigeración y calefacción ☐
- Seguridad y control ☐
- Televisión - Vídeo ☐
- Vestido y calzado ☐